물의 도시 도쿄

일러두기

1. 본문 각주는 모두 역자 주다.
2. 용어나 인명, 지명 등에 대한 간략한 설명은 따로 각주를 달지 않고 해당 단어 뒤에 첨자로 나타냈다. 단, 저자가 명시한 것은 ':' 뒤에, 역자가 추가한 것은 '.' 뒤에 나타냈다.
3. 인명 뒤의 생몰연대와 간략한 설명은 역자가 붙인 것이다.
4. 일부 캡션 뒤에 '*'표와 함께 편집자가 참고 삼아 추가 설명을 붙였다.
5. 도판에 나타낸 번호와 화살표 및 그 밖의 '표시 부분'들은 모두 편집자가 덧붙인 것이다.
6. 각 장 시작 부분에 간략한 지도를 실었다. 본문에서 언급한 곳들의 위치를 대략 가늠할 수 있게 했다.
7. 이 책에는 '용수(湧水)'라는 말이 많이 나온다. 일상적으로 좀 더 친숙한 말인 '용수(用水)'와 구분되는데, '샘물'과는 다르다고 생각되어 그대로 표기하고 필요한 경우 한자어를 덧붙였다.
8. 인명, 지명은 외래어 표기 원칙에 따랐지만, 일부 지명에서 장음을 그대로 살려 표기했다. (예: 이이다바시, 오오카와바타 등)
9. 저자가 다룬 곳들 가운데 일부는 편집자가 찍은 현장 사진을 '참고사진'으로 본문 맨 뒤에 소개했다.

표지 그림 이노우에 단케이, 〈에도다리에서 요로이다리 일대의 원경(遠景)〉
속표지 그림 가쓰시카 호쿠사이, 『후가쿠 36경(富嶽三十六景)』 중에서
(위) 〈후카가와의 만넨교 아래(深川万年橋下)〉 | **(아래)** 〈스미다강의 세키야 마을(隅田川関屋の里)〉

물의 도시 도쿄

진나이 히데노부 지음
안천 옮김

水都東京

효형출판

일본과 인연이 깊은 이웃 나라 한국에서 이 책이 출간되어 대단히 기쁩니다. 물의 도시 도쿄에 대한 새로운 시각을 제시하려고 쓴 이 책에 저는 특별한 애정이 있습니다. 출간된 지 오래되지 않은 이 책 2020.10 간행의 한국어판을 선뜻 내 주신 여러분께 깊이 감사드립니다.

도쿄를 물의 도시라는 관점에서 이야기할 때 늘 떠오르는 것이 청계천이었습니다. 2000년대 초반 세계를 놀라게 한 성공적인 청계천 재생 사업의 쾌거는 일본인에게도 큰 충격이었습니다. 오래전부터 도쿄의 중심 니혼다리 위의 고속도로를 철거하자는 논의가 있었지만 좀처럼 진전이 없었기 때문입니다. 언젠가 친구 박찬필朴贊弼 씨가 멋지게 되살아난 청계천변을 안내해 준 적이 있습니다. 『다시 태어난 청계천—역사와 환경 도시의 부활 서울의 도전』2012의 저자이자 호세이대학에서 가르친 분입니다. 서울의 이 천변에서 자란 그가 자신의 원풍경과 겹쳐지면서 되살아난 물가의 의미를 설명해 준 것이 인상깊었습니다.

물가 환경 재생과 더불어 역사의 자취를 시각적으로 보여주면서 풍수사상에 바탕을 둔 도시의 상징축으로 되살아난 청계천이 부러웠습니다. 도시의 자랑거리와 문화적 정체성을 만들어낸 점이 훌륭해 보였습니다. 물의 도시 재생이라는 빛나는 성과가 있는 한국에서 이 책이 처음으로 번역되어 매우 큰 의의를 느낍니다.

물의 도시로서의 도쿄에 흥미를 느낀 데는 베네치아에서의 경험이 큰 영향을 미쳤습니다. 1976년 귀국해 호세이대학에서 가르치기 시작한 후, 거대한 근대 도시로 변모한 도쿄에서 에도의 도시 구조를 이어받은 요소와 독자적인 공간 정체성을 찾을 수 있다고 생각해 현장 답사를 시작했습니다. 다행히 베네치아에서의 경험이 도움이 되어 에도·도쿄가 독특한 물의 도시였음을 발견하기에 이르렀습니다. 1980년대 초반의 일입니다. 작업에 몰두하는 동안 일본의 고베, 요코하마, 하코다테 그리고 도쿄도 1980년대 후반 워터프런트 붐을 맞이했습니다. 하지만 근대 구조물인 부두, 잔교와 창고들을 재생해 문화, 상업 및 관광 공간으로 활용하는 서구의 수법을 흉내 낼 따름이어서 많은 비판도 있었습니다. 아시아 사람들의 삶에 밀착한 물가를 재생시킬 수 있는 길을 찾아 히로시마에서 아시아 워터프런트 회의가 열려 '워터 커뮤니티'라는 개념이 새롭게 제시된 것이 생각납니다.

저도 도쿄가 지닌 독특한 물가 도시의 다양한 모습을 오랫동안 탐색해 왔습니다. 서구의 실용적인 접근과 달리 자연과 대화하려 해온 물의 성스러운 의미와 현장성 및 다양한 기능을 그려내려 했고, 그 성과를 『도쿄의 공간인류학』치쿠마쇼보, 1985에 정리했습니다. 이 책 역시 아시아 국가들에게도 시사하는 바가 있으리라 봅니다만, 당시 생각했던 기본적인 무대는 역시 저지대와 시타마치였고, 도쿄도 베네치아나 암스테르담과 비슷한 물의 도시였다는 생각에서 벗어나지 못했습니다.

일본에서는 오사카가 물의 도시로 다시 각광받으며 매력 있는 물가가 살아났지만 도쿄는 1990년대 초 거품경제 붕괴로 도쿄도가 추진한 해상 부도심 구상이 좌절되며 물가에 대한 관심이 급속히 식으면서 도시 개발이 다시 도심에 집중됐습니다.

물의 도시로서 도쿄의 장점을 되살리기 위해 어떻게 하면 좋을까? 저는 원점으로 돌아와 도쿄를 보다 큰 시야에서 다시 살펴보려고 여행을 떠났습니다. 세계 각지의 물의 도시를 둘러보고 비교하며 일본에서 물의 도시의 본질적인 특징과 매력을 더 명확하게 그릴 수 있도록 동료와 함께 비교 연구 프로젝트를 진행했습니다. 특히 서구에서 워터프런트는 대부분 큰 하천변유럽 혹은 해변미국의 항만 도시에서 성공했음을 재확인했습니다.

반면 도쿄에서는 변화무쌍하고 독특한 지형, 자연 조건과 맞물려 실로 많은 수자원과 다양한 형태를 나타내는 물 공간을 뚜렷이 살펴볼 수 있었습니다. 에도성=황거를 둘러싼 내호와 외호, 우에노의 연못, 용수湧水로 이루어진 연못이 있는 다이묘 저택 정원, 그리고 교외 벼랑선의 샘물을 따라 형성된 신사나 조몬시대 유적지 등 근세, 중세, 고대까지 거슬러 올라가는 중요한 물의 '장소성'이 차례차례 그려졌습니다. 저지대와 시타마치뿐만 아니라 서쪽으로 펼쳐진 야마노테, 무사시노·다마의 구릉, 교외 지역에도 눈을 돌려 도쿄의 도시와 그 주변 지역에 모두 풍부한 물가가 있었음을 알았습니다.

이 책은 이런 입장에서 연구 성과를 정리한 것입니다. 전반부1~4장에서는 종래 물의 도시론의 주역인 스미다강, 니혼바시강, 고토江東,

베이 에어리어를 새롭게 조명하고 국제적인 비교의 시점에서 재해석을 시도했으며, 후반부5~9장에서는 '황거와 호' '야마노테', 저의 원풍경인 '스기나미·나리무네', 더 바깥쪽의 '무사시노'와 '다마'를 거론하여 도쿄 전체가 수자원이 풍부하고 다양한 물을 축으로 도심은 물론 교외와 전원도 독특한 공간 구조와 개성 넘치는 풍경을 만들어 왔음을 논했습니다. 서구의 워터프런트에서 비롯한 발상과는 크게 다른, 새로운 물의 도시 이미지를 제시할 수 있었습니다.

개발이 계속되는 아시아의 대도시에서는 유럽처럼 옛 모습이 잘 보존, 계승되어 역사와 문화를 생생하게 말해주기 어려울 것입니다. 하지만 제가 시도한 것처럼 도시와 그 주변 지역을 지형 요소와 물의 관점에서 돌아보고 성聖과 속俗의 삶과 연결된 장소를 짚어보며 서양과는 다른 원리를 바탕으로 현대 도시로 이어진 풍경이나 도시 구조의 특징을 그려낼 수 있습니다.

서울의 고지도를 보면 뒤로 산과 언덕이 있는 이 도시에서 가운데를 흐르는 청계천에는 남쪽과 북쪽에서 많은 작은 하천이 흘러들어 독특한 물의 도시를 이룬 모습이 떠오릅니다. 물을 축으로 한 서울의 도시 공간에 대해서도 많은 연구가 있을 것입니다. 이 책에서 제기한 것과 같은 관점에서 도쿄와 서울의 비교 연구가 진전되기를 기대합니다.

끝으로 이 책의 한국어판 간행에 힘써주신 분들께 감사의 인사를 전하고 싶습니다. 우선 이 책의 번역을 적극 추천해주신 도미이 마사노리 전 한양대학교 건축학과 교수께 감사드립니다. 도미이 교수는 한일 교류 차원에서 호세이대학 학생들의 석사 논문 지도를 한 바 있습니다.

책임편집을 맡은 송승호 편집위원과 효형출판 직원 여러분 그리고 번역을 맡아 수고하신 안천 선생께도 깊이 감사드립니다.

2023년 7월 도쿄에서

진나이 히데노부

들어가며

1985년 치쿠마쇼보에서 졸저 『도쿄의 공간인류학』이 간행되고 35년이라는 긴 세월이 흘렀다. 그 사이 도쿄의 풍경은 눈에 띄게 달라졌다. 도시를 보는 사람들의 시선도 크게 달라진 것이 느껴진다. 고지도를 들고 울퉁불퉁한 지형을 발로 느끼며 거리를 걷는 것은 이제 매우 자연스러운 모습이다. 웬만한 사람은 도쿄가 에도를 잇는 '물의 도시'라는 것을 체감하며, 물가를 되살리려는 움직임도 확실히 전보다 활발해졌다.

또한, 도쿄에 관해 다양한 분야에서 방대하고 흥미진진한 연구 성과가 쌓여 왔다. 나도 이들 결과물에 자극받으며 더욱 시야를 넓혔다. 지중해권과 이탈리아의 도시뿐만 아니라 세계 각지의 도시를 탐사하며 의미 있는 실마리를 얻어 도쿄 연구의 새로운 주제에 도전해 왔다.

그간 많은 기회에 이런 연구 결과들을 발표해 왔지만, 이 책은 그 성과들을 체계적으로 모아 정리한 것이다. '물의 도시'로서 도쿄의 특징을 큰 스케일로 구분하고 서술하는 것에 중점을 두고, 지금까지와는 다른 이미지를 표현하려 했다.

『도쿄의 공간인류학』을 출발점으로 했지만, 이 책은 시간과 역사, 공간과 지역의 범위가 훨씬 넓다. 주제도 다양하고 복잡해졌으며, 연구 방법도 깊이를 더했다.

이 책 전체의 짜임새를 살펴보기 위해 각 장에서 다루는 내용을 간략히 소개한다.

전반부인 제1~4장은 저지대에 펼쳐지는 도심과 시타마치가 주요 무대다. 『도쿄의 공간인류학』에서 다룬 ''물의 도시'의 우주론'을 중심축으로 하천과 수로가 바다로 흘러드는 전형적인 '물의 도시' 론을 확대 심화하려 했고, 장소와 주제를 어떻게 엮을지에도 주안점을 두었다.

제1장에서는 도쿄의 어머니 같은 강으로 불리며 오늘날 '물의 도시 도쿄'의 가장 두드러진 상징인 스미다강을 주제로, 에도 이전의 오랜 옛날로 거슬러 올라가 이 강의 깊은 의미와 역할을 살펴본다. 파리 센강 및 런던 템스강과 비교하여, 도쿄 스미다강에 드러나는 강과 사람의 독특하고 친밀한 관계와 물이 지닌 다양한 기능을 더 넓은 시야에서 보여주려 했다.

제2장에서는 '물의 도시' 에도를 이은 도쿄의 도심 물가에서 문명개화의 시기와 모던 도쿄가 꽃핀 것을 언급한다. 특히 에도·도쿄의 주요 운하인 니혼바시강을 예로 들며, 이 물의 상징축과 베네치아를 비교해 살펴보았다. 상상력 넘치는 일련의 연구 과정을 이야기하면서, 쇼와시대 초기의 이 강가에 근대 물의 도시 도쿄를 장식하는 데 걸맞은 '물에서 솟아오른 듯한 건축물들'이 지니는 의미를 고찰했다.

제3장의 무대는 스미다강 동쪽에 펼쳐지는 '강 건너 물의 지역'이다. 근대 도쿄는 '물의 도시'에서 '뭍의 도시'로 변화하며 동쪽에서 서쪽으로 문화의 중심이 옮겨지는 시대가 이어졌다. 하지만 근래 물가가 되살아나고 도쿄 스카이트리가 등장하면서 동쪽 지역이

제자리를 찾아가는 움직임이 두드러진다. 이런 도쿄에서 벌어지는 동서東西 문제의 여러 실상을 다루면서, 근래의 스미다강 동쪽, 특히 기요스미시라카와清澄白川 주위에서 생겨난 물의 도시 재생을 위한 창조적인 움직임을 파헤쳐 보고, 그 의미를 생각해 보려 했다.

제4장은 1980년대 워터프런트 붐으로 각광받았지만 이후 도쿄의 화려한 개발에서 잊혀진 도쿄 베이 에어리어도쿄만 일대를 다시 조명한다. 옛 해안선을 따라 어촌 마을에서 역사의 기억을 찾는 한편, 도쿠가와 막부 말기의 오다이바, 쓰키지마와 시바우라 등 근대 초기의 매립지에서 시작하여 2차대전 후 매립으로 생겨난 섬들이 오늘날 특징적인 아키펠라고를 만들어내, 도쿄가 세계적으로도 독특한 물의 도시로 변화해 가는 과정을 이야기한다.

후반의 제5~9장은 '물의 도시' 도쿄에 대한 종래의 발상을 뛰어넘기 위한 새로운 시도에서 시작한다. 이른바 도쿄의 동쪽 저지대인 도심과 시타마치만을 '물의 도시'로 보는 견해에 얽매이지 않고 야마노테, 무사시노와 다마 지역까지 시야를 넓혀, 도쿄와 물의 밀접한 관계를 다각적으로 살펴본다. 새로운 물의 도시론에 대한 도전이라 할 수 있다.

우선 제5장에서는 울퉁불퉁한 지형을 살려서 만든 도심의 에도성=일왕과 그 가족의 거주지, 내호, 외호를 '물의 도시'라는 관점에서 다시 읽어본다. 간다강 오차노미즈 부근 계곡을 포함하여 세계적으로 드문 3차원의 물의 도시가 지니는 특수성과 그 의미를 이야기한다. 특히 오랫동안 잊혀 에어포켓처럼 잠들어 있던 외호에 주목하여, 니혼바시강으로 이어지는 물 순환 구조를 현대에 되살리려는 계획도 소개한다.

제6장에서는 『도쿄의 공간인류학』에서 주목한 '풍요로운 지형의 변화를 지닌 야마노테'를 다시 고찰 대상으로 하고 '물'을 키워드로 하여 울퉁불퉁한 대지에 복잡하게 엮인 이 입체 공간이 생겨난 비밀을 푼다. 다채로운 하천, 물가의 신사와 명소, 유곽 지대, 신성한 연못 등 야마노테에 이어지는 물의 장소성을 검증하고, 새로운 물의 도시 도쿄론이 지니는 중요한 역할을 설명한다.

제7장에서는 나의 원풍경을 이루는 스기나미구의 나리무네라고 부르던 지역 주변을 다룬다. 이렇다 할 특징이 없는 듯한 무사시노 근교 주택지이지만, 에도를 바탕으로 하는 도쿄 도심 이상으로 재미있는 공간의 맥락이 숨겨져 있다. 여기서는 '용수', '성역', '유적', '옛길'이 키워드가 되어 강의 존재감도 크게 부각된다. 에도의 근교 농촌이었다가 지금은 흔해진 이들 교외 주택지 가운데에도 새로운 돌파구로서 '물'을 매개로 한 지역 구조의 재미있는 특징을 나타내려 했다.

제8장에서는 무사시노의 더욱 넓은 범위에 주목했다. 특히 용수의 존재와 그 의미를 파헤쳐 보았다. 무사시노 대지의 선상지 끝에 분포하는 용수지와 그것을 수원으로 하는 중급 규모 하천의 대표격인 이노카시라와 간다강을 예로 들어, 그 물로 생겨난 연못과 유역에서 역사의 자취가 쌓여간 과정을 이야기한다. 무사시노 대지의 능선을 따라 흐르는 다마강 상수시설의 여러 기능을 돌아보고, 근래 새로이 떠오른 물 순환 도시라는 평가의 기준점도 '도쿄의 물의 도시론'에 중요한 실마리가 된 점을 다룬다.

마지막 9장에서는 다마 지역의 지형과 물과 역사의 관점에서 지역의 구조를 읽어낸다. 먼저 '물의 고향지역'으로 불려온 히노에서 대지와 구릉지, 충적평야에서 생긴 지형과 용수군, 강에서 취수하는 용수로망을 키워드로 지역 형성이 지닌 역동성과 경관 구조를 고찰한다. 이어서 고쿠분지 벼랑선의 용수군이 만들어낸 '송골매의 길', 더 나아가 구니타치의 야호 주변 벼랑선에 이어져 온 귀중한 물의 공간 구조와 그 의미를 이야기한다.

이 책 후반부에서는 도쿄가 지닌 '물의 도시', '물의 지역'으로서의 특징을 충분히 다루려 했다.

그럼, 물의 도시 도쿄로 생생한 여행을 떠나 보자.

목차

제3장

고토江東

'강 건너' 물의 도시론

제4장

베이 에어리어

개발은 문화로부터

제5장

왕의 거주지와 해자

역동적인 도시 공간

제6장

야마노테

울퉁불퉁한 지형에 숨은 의미

제7장

스기나미·나리무네

원풍경을 찾아서

제8장

무사시노

이노카시라 연못, 간다강, 다마강 상수시설

제9장

다마

히노, 고쿠분지, 구니타치

야나기바시의 밤 풍경(1963)

* 야나기바시는 간다강이 스미다강으로 흘러드는 곳에 있다. 오늘날 이 일대의 모습은 이와는 사뭇 다르지만, 옛 흔적을 보여주는 배와 음식점 등이 간혹 보인다. (참고사진 7, 7-1)

스미다강

'물의 도시'의 상징

1

도쿄도 23구

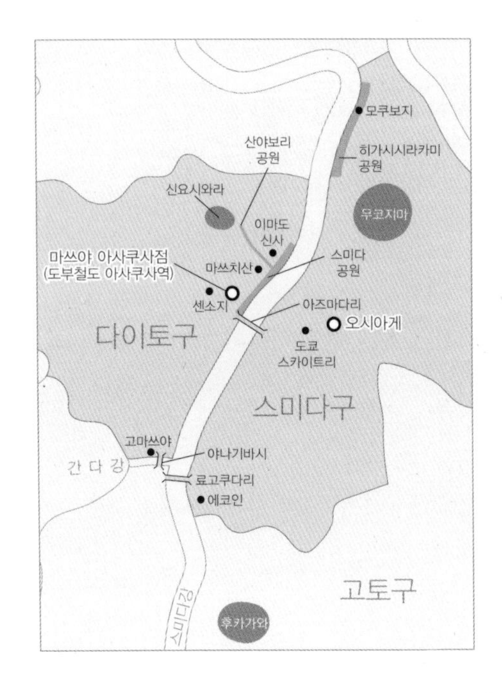

모쿠보지
산야보리
공원
히가시시라카미
공원
신요시와라
무코지마
이마도
신사
마쓰야 아사쿠사점
(도부철도 아사쿠사역)
마쓰치산
스미다
공원
센소지
아즈마다리
오시아게
다이토구
도쿄
스카이트리
스미다구
고마쓰야
야나기바시
간 다 강
료고쿠다리
에코인
고토구
스미다강
후카가와

기층

에도·도쿄와 스미다강

세계를 대표하는 도시는 대체로 큰 강 주변에서 생겨나고 발전했다. 그래서인지 강과 도시 공간의 관계에 주목하면 도시마다 큰 차이가 드러난다.

도쿄의 스미다강隅田川은 '어머니 같은 강'이라고 불릴 자격이 충분하다. 노能와 가부키歌舞伎, 닌교조루리人形淨瑠璃의 세계와 깊은 관련이 있고, 메이지시대1868~1912 이후에도 다키 렌타로滝廉太郎의 노래 〈꽃花〉에서 "싱그러운 봄을 맞이한 스미다강春のうららの隅田川"이라는 가사로 사람들에게 친근하다. 와세다·게이오 조정 경기, 료고쿠両国 불꽃놀이 등 전후戰後, 제2차 세계대전 후에도 계속 열린 수상水上 행사로 많은 사람이 찾는 명소가 됐다.

그러나 전후 고도경제성장기에 들어서자 도쿄의 강과 수로는 오염이 심해지고 악취가 풍겨 심각한 상황에 이르렀다. 소부선総武線 전철에서 졸던 승객이 스미다강을 건널 때 열린 창문으로 들어오는 악취 때문에 잠에서 깼다는 이야기가 있을 정도다.

1970년대가 되자 서서히 수질이 개선되고 물고기가 돌아오기 시작했다. 1970년대 후반에는 야나기바시柳橋의 선박 대여 업체에서 전통적인 야카타부네屋形船, 집 모양 배를 부활시켰고, 뒤이어 도쿄의 옛 어촌을 중심으로 널리 퍼져 각지에서 야카타부네를 볼 수 있게 되었다. 나아가 1980년대에는 도쿄에 워터프런트Water Front[1] 붐이 일면서 스미다강을 오가는 수상버스의 인기도 높아진다.

선박 운송을 이용한 물류, 산업 경제 활동, 문화 등 강은 많은 분야에서 큰 역할을 했다. 이 장에서는 세계 여러 도시와 비교하면서 에도·도쿄[2]라는 도시와 스미다강의 관계를 살펴보고자 한다. 도쿄의 경우 하구인 델타 지대에서 발전해 바다로 열린 입지이기 때문에 강의 역할이 다소 다르지만, 파리의 센강, 런던의 템스강과 비교하며 스미다강의 특징을 언급하겠다이하, 진나이 2017을 바탕으로 한다.

도시의 주변부

우선 에도시대 초기인 간에이寛永, 1624~1645 시기 지도를 보자. 스미다강 동쪽에는 아무것도 그려져 있지 않아 도시 구역이 스미다강에서 끝나는 것을 알 수 있다. 당시 스미다강은 도시 바깥쪽을 남북으로 흘렀다. 북쪽 너머 센주대교千住大橋가 있었지만 이 시기에 중하류에는 다리가 전혀 없었다. 메이레키明暦 대화재1657 후 료고쿠다리両国橋가 생기고 강 건너편인 지금의 고토구江東區, 스미다구墨田區에 도시가 발전하여 스미다강 주변이 시가지로 바뀌어 갔지만, 에도라는 도시의 주변부였던 점은 마찬가지였다. 스미다강 양안兩岸은 에도시대를 통틀어 때묻지 않은 자연이 많이 남아 있는 확 트인 공간이었다.

---

1 도시가 큰 강이나 바다·호수 등과 접하고 있는 넓은 면적의 개방적 공간. 과밀하고 폐쇄된 공간에 갇힌 도시민들에게 활력소가 되는 장소다.

2 에도(江戸)는 도쿄의 옛 지명으로, 도쿠가와 이에야스(徳川家康)가 에도 막부(1603~1867)를 세워 일본의 일인자가 된 후 실질적인 일본의 수도 기능을 하게 되었다.

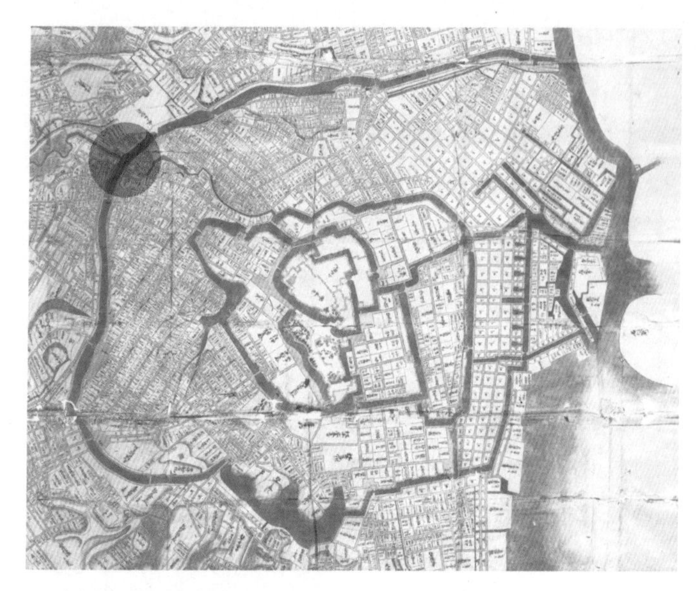

1-1 〈간에이 에도 전도(寛永江戸全図)〉의 일부

* 현존하는 가장 오랜 에도 지도.(91×77cm, 1642) 이 부분에서는 에도성과 외호, 내호 등이 선명하게 보이지만 오늘날에 해당하는 다른 곳들은 가늠하기 어렵다. 표시 부분은 JR 주오선이 지나가는 이치가야역 일대로, 왼쪽의 가느다란 물길은 외호와 만나는 간다강이다.

어떻게 스미다강은 지리적으로 중심에서 벗어나 있었는데도 에도시대부터 메이지시대에 걸쳐 사람들에게 사랑받고 문학·회화·음악에서 상징적인 장소로 여겨져 왔으며, 도시 문화의 주역으로 자리잡게 된 걸까? 이를 고찰하려면 에도 이전부터의 상황을 알아보는 것이 중요하다.

도시 속의 강

그 전에 파리와 런던을 살펴보면서 강의 위치를 비교해 보자. 파리에서는 센강이 도시를 관통하는 상징적인 공간축이다. 파리는 늘 중심에 자리한 시테섬에서 생겨나고 발전해 왔다고 할 수 있다.

이 도시가 탄생한 로마시대에는 시테섬에 신전이 있고 강 남측좌안에만 시가지가 있었다. 중세에는 북측 건너편우안도 개발돼 결과적으로 파리는 강 우안과 좌안, 북과 남이 저마다의 역할을 지니면서 대체로 균등하게 발전했다. 양안에 선착장과 하역장 같은 항구가 있어, 센강을 중심축으로 하여 전체적으로 활기 있는 강의 도시가 만들어졌다. 그 중심에는 지금까지 변함없이 시테섬이 있고, 그곳에 도시의 가장 상징적인 노트르담 대성당이 우뚝 서 있으며, 예전에는 왕궁이 있었다.

한편 런던은 템스강이 서에서 동으로 흐르는데, 로마시대에 생겨난 도시가 지금도 '시티'라고 부르는 지역에 있다. 여전히 런던의 주요 도심이다. 이와 함께 또 하나의 중심으로 서쪽 상류에 왕궁과 가장 중요한 교회가 있는 웨스트민스터 지구가 있다. 말 그대로 권력의 중심지다. 이와 달리 시티는 시민의 도시로, 상업 등 경제 활동의 무대이자 다양한 문화가 탄생하고 퍼져나가는 곳이다. 즉, 템스강에 접하여 두 개의 중심지가 있는 것이다. 바다는 동쪽이므로 그 북측인 좌안에 시가지가 있었고, 우안 즉 남측에는 시티와 런던교로 연결된 자그마한 시가지가 있었다.

템스강은 도시 외곽을 흐른다는 점에서는 에도와 스미다강의 관계와 약간 비슷하다. 하지만 런던은 도시의 주요 기능이 모두 템스강 주변에 자리했다는 점이 크게 다르다. 하역장 등 항구 기능은 18세기까지 좌안의 시티에 모여 있었고, 초창기 권력의 중심이던 런던탑도 시티 동쪽 끝 강가에 있었다. 웨스트민스터 사원을 비롯해 정치·종교·경제·문화의 모든 중심이 템스강 기슭에 집중적으로 자

1-2 18세기 말 파리 센강

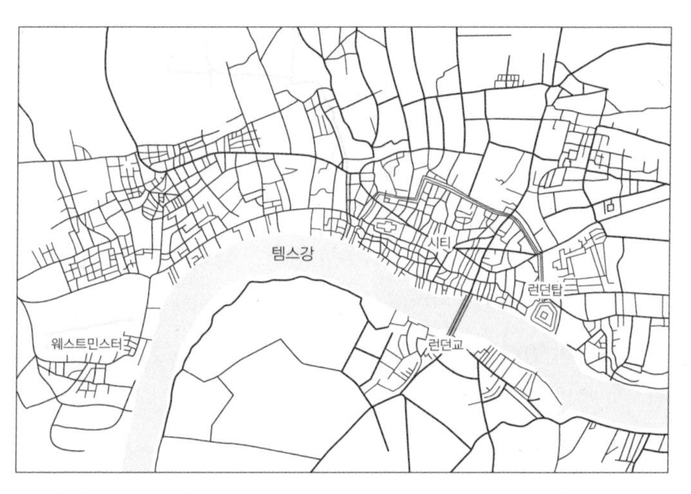

1-3 17세기 런던 템스강

리했고, 이것이 강의 상징성을 더욱 부각했다.

성스러운 강 = 스미다강

에도의 경우 정치 중심지인 에도성은 무사시노 대지武蔵野台地의 동쪽 끝에 위치해 스미다강에서 멀리 떨어져 있었고, 이 성의 동쪽 저지대에 경제 중심지인 니혼바시日本橋가 있었다. 이 일대는 큰 하천 연안이 아니라 니혼바시강, 곧 에도시대 초기에 인공적으로 정비한 수로의 중심부에 발전한 곳이다. 파리나 런던과 달리 에도는 정치·경제의 중심지가 스미다강 연안에 자리하지 않았다.

이처럼 스미다강은 도시 외곽에 위치하는 편인데도 늘 인기가 있었고 사람들을 매료해 왔다. 에도 중심부보다 오히려 스미다강에 에도를 상징하는 장소가 자리한 것이다.

그중에서도 중요한 것은 우메와카키梅若忌: 노能의 가사인 요쿄쿠謡曲 『스미다강隅田川』에 등장하는, 우메와카마루梅若丸의 혼령을 공양하는 마쓰리 행사가 이어져 왔다는 점이다. 그 무대인 모쿠보지木母寺 사원참고사진 1은 큰 의미가 있어 쓰루오카 로스이鶴岡蘆水의 〈동도 스미다강 양안 일람東都隅田川両岸一覧〉에도 묘사되어 있다. 센소지浅草寺 사원에서 약간 북동쪽에 있는 마쓰치산待乳山, 眞乳山도 중요한 곳으로, 작은 언덕이 성지로 여겨진다. 595년에 용이 나타나 이곳이 신성한 장소가 되었다고 한다. 그리고 센소지 사원은 7세기 전반에 스미다강에서 낚시하던 형제의 그물에 관음상이 걸려, 강에서 건져 올린 그 관음상을 모신 것에서 유래했다고 한다.

에도에는 물류의 중심축으로 니혼바시강이 있어 니혼바시를 중심으로 경제 및 이와 연관된 문화가 발전한 반면, 정신적 중심지 역

1-4 쓰루오카 로스이, 〈동도 스미다강 양안 일람〉(1781)의 마쓰치산

* 스미다강 서안의 마쓰치산은 해발 10미터 정도의 작은 언덕이며, 쓰쿠바산과 후지산을 볼 수 있는 명소로 인기였다. 마쓰치산 위에는 성관음종(聖観音宗) 사원인 혼류인(本龍院)이 있다. 마쓰치야마 쇼텐(待乳山聖天)이라고도 한다.

할은 스미다강이 맡는 흥미로운 역학이 작동하고 있었다. 시테섬에서 시작해 여전히 그곳이 공간적·정신적으로 중추 역할을 하는 파리와는 극명하게 대비되는 구조다.

애초에 일본에서 강이 지니는 정신적 의미를 생각해 볼 필요도 있다. 도쿄 후카가와深川를 흐르는 오나기강小名木川의 선박 운송 중심지 다카하시高橋에서 자란 가와타 준조川田順造, 1934~[3]는 그의 저서에서 『에도 후카가와 정서 연구江戸深川情緒の研究』의 저자 니시무라 신지西村眞次, 1879~1943가 '익사자 일람표'를 작성한 것을 소개하여, 강이나 해자가 투신 장소로 선택된 의미를 되묻는다. 집 앞 오나기강에

3 인류학자. 주로 아프리카를 대상으로 하는 민속학적 조사를 통해 많은 저작을 남겼다. 레비스트로스의 『슬픈 열대(悲しき熱帯)』 번역으로도 알려져 있다. 이야기나 음악 등을 통한 비문자 커뮤니케이션 연구에서 '구두(口頭) 전승론'의 영역을 개척하고 유럽, 서아프리카, 일본의 세 문화를 비교 고찰하는 '문화 삼각 측량'을 제창했다.

익사체가 흘러가는 것을 몇 차례나 목격한 경험을 계기로 물의 공간이 시타마치下町[4] 사람들에게 말 그대로 가까운 곳에 있는 저승으로 들어가는 입구였음을 고찰한 것이다. 센강에도 투신 자살하는 사람은 있었지만 도쿄가 파리보다 훨씬 많았다고 한다가와타, 2011. 스미다강에는 이승과는 다른 세계, 죽은 후의 세계와 연결되는 이미지가 있었음에 틀림없다.

성스러움의 기원

파리 센강, 런던 템스강과 비교하며 왜 스미다강은 이런 특징이 생겨났는지 생각해 보자. 원래 강과 수로는 물류와 선박 운송의 주요 경로다. 이 선박 운송에는 역할 분담이 있다. 오오카와바타大川端, 스미다강 하류를 부감하여 그린 경관화를 살펴보자.

그림 오른쪽 위가 쓰쿠다지마佃島, 왼쪽 위가 후카가와, 앞쪽이 에도의 중심으로, 니혼바시 쪽으로 들어오는 수로가 묘사되어 있다. 쓰쿠다지마 앞바다에 대형 범선이 정박하고, 작은 배로 옮겨진 짐이 니혼바시 방향 선착장으로 운반되었다. 에도 항구라고 불리는 이 지역과 니혼바시 주변, 현재의 주오구中央區 선착장에는 전통 창고가 늘어서 있었다. 물론 이는 파리나 런던에는 없는 광경으로, 항구 기능이 여러 수로에 분산되고 이들이 그물망처럼 연결되어 거대한 물류 공간을 형성했다. 서구에서는 베네치아와 암스테르담에서 이와 유사한 구조를 볼 수 있다.

한편, 스미다강 연안에는 도시 주변의 여유 공간을 활용하여 막

---

4 에도의 저지대를 지칭하는 말로, 에도시대 지배계층인 무사들이 주로 거주하던 고지대 야마노테(山の手)와 대비하여 쓰인다. 상공인이나 서민들이 살았다.

1-5 우타가와 히로시게(歌川広重), 〈동도 명소 에이타이다리 전도(東都名所永大橋全図)〉

부의 쌀 창고와 목재 창고를 지었고, 이에 특화된 물류 기능이 집중되었다. 에도 최대의 운하인 니혼바시강은 에도시대 초기에 인공적으로 정비되어, 실용적이지만 정서적인 분위기나 서사적 매력은 부족한 편이다.

니혼바시 인근에 어시장이 있어 한 블록 아래에 있는 에도바시의 큰 길이 번화가가 되었지만, 이 니혼바시강은 물류·상업 공간이었기에 스미다강이 이와는 다른 기능을 발휘할 수 있었을 것이다.

스미다강은 에도가 도시로서 발전해 가는 데 꼭 필요한 오랜 역사의 뿌리가 되는 문화적 정체성을 낳는 장소, 즉 에도에서 정신문화의 원류라는 의미를 지녔다. 에도보다 기원이 훨씬 오래되며, 사람들의 의식 구조와 연관이 있는 종교 시설이 많고, 에도가 도시로 발전하는 과정에서는 주변부의 성격을 띠게 된 덕택에 자연의 풍요로움이 보존되었다. 이로 인해 스미다강은 일본인이 선호하는 독특한 개방감 넘치는 곳이 되었고, 신앙과 유희의 요소가 맞물려 사람들의 마음을 사로잡을 수 있었다.

실제로 스미다강 중상류 유역은 고대·중세로 거슬러 올라가는 오랜 역사가 짙게 남아 있다. 다이토구台東區의 아사쿠사 주변과 강 건너 스미다구의 둔치墨堤 구역 주변도 역사가 상당히 오래된 곳으로, 중세부터 있어 온 절과 신사가 많다. 이들이 에도시대에도 성지로 여겨지며 종교적으로 중요한 역할을 했는데, 에도가 도시로 번영하면서 이런 장소가 인기를 얻고 행락지로 발전했다. 사시사철 사람들의 마음을 사로잡는 행사가 열리는 곳도 이런 사찰과 신사였다. 그리고 스미다강 연안에는 다양한 명소가 모여 있어 우타가와 히로시게를 비롯한 화가들이 그 모습을 그림에 담아 왔다. 강과 인접하여 경치와 요리를 즐길 수있는 료리자야料理茶屋, 에도시대의 음식점와 료고쿠의 불꽃놀이 광경도 묘사되었다.

예부터 도읍지였던 교토에 비해 에도는 역사가 짧은 신흥 도시다. 하지만 스미다강의 아사쿠사 주변에는 에도라는 도시의 탄생 전부터 있었던, 신앙과 연관된 중요한 장소가 곳곳에 있다. 그리고 '우메와카키'같이 그런 장소와 연결고리가 있는 고대·중세의 전승·전설이 에도 시민 사이에 신화화됨으로써 사람들에게 사랑받는 스미다강의 이미지가 형성된 것으로 보인다. 이리하여 고대·중세에 뿌리를 둔 스미다강의 전설과 신화가 에도 문화의 정체성에 뚜렷이 스며들었다고 할 수 있다.

고대 · 중세의 '도쿄 저지대'

'도쿄 저지대'에 관하여 고대부터 도쿄 역사를 재검토한 비교적 최근 연구를 살펴보자. '도쿄 저지대'라는 말은 '가쓰시카구葛飾區 향토와 천문 박물관'이 1993년 개최한 특별전 〈시타마치, 중세 재발견〉에서 대대적으로 쓰인 표현으로, 에도시대의 시타마치와 혼동하는 것을 피하고자 쓴 용어라고 한다. 이 특별전 도록에는 가쓰시카구가 한 부분을 이루는 '도쿄 저지대'의 역사에 관한 중세 문서 연구와 고고학 조사를 바탕으로 한 다양한 필진의 새로운 연구 성과가 실려 있다. 가쓰시카구에서 오랫동안 발굴 조사를 해 온 고고학자 다니구치 사카에谷口榮는 이처럼 축적된 연구를 더 다각도로 발전시키고 종합하여 흥미로운 저서들을 냈다.

다니구치에 따르면 시모우사노쿠니下総国에 속하는 가사이葛西 지역은 여러 갈래 하천으로 연결되어 예부터 선박 운송이 발달했고 경제 활동도 활발했다다니구치 2018. 고대의 관도官道, 국가가 관리·유지하는 도로였던 도카이도東海道를 비롯해 육상 교통도 오래전부터 발달했다. '강江'이나 '호戸'가 붙는 지명이 많은 것에서도 수상 교통이 발달했음을 짐작할 수 있다.

중세에는 요충지였던 이 지역을 통치하기 위해 가사이성葛西城: 현재의 가쓰시카구 아오토青戸이 지어졌고, 16세기 전반 에도성 성주 오다와라호조小田原北条 가문에 함락되기까지 세를 떨쳤다. 이처럼 에도라는 도시가 탄생하기 전에 가사이를 비롯한 도쿄 저지대에는 중요한 전사前史가 있었고, 고대와 중세에는 후에 에도의 중심지가 되는 곳보다 도쿄 저지대가 더 발전해 있었다. 스미다강의 아사쿠사와 그보다 조금 상류 지역도 수상 교통이 활발했으며, 강을 건너는 지점이 있는 시모우사노쿠니와 무사시노쿠니武蔵国를 연결하는 중요한 장소로 발전했다. 도쿠가와 이에야스가 에도성 주변 시가지를 건설하기 전에 이미 스미다강을 포함한 도쿄 저지대에 경제적·문화적 잠재력을 갖춘 지역이 형성되어 있었음을 다시 생각해 봐야 한다.

한편, 에도·도쿄의 하천에 관해 여러 책을 낸 스즈키 마사오鈴木理生, 1926~2015, 일본사 연구자도 예부터 아사쿠사는 항구 기능을 갖춘 중요한 장소였다고 추측했다. 그 근거로 문헌상 스미다강의 이름이 처음 등장하는 835년 태정관부太政官: 율령제 하에서 태정관이 관할하는 각 관청, 각 지역 관아에 보낸 정식 공문서에 아사쿠사 부근 선착장에서 스미다강을 건너는 사람이 늘어남에 따라 선박을 증편했다는 기록이 있는 점을 든다. 또, 전후 센소지 사원에서 관음당을 재건할 때 나라시대8세기 기와가 출토된 점을 들어 아사쿠사가 이미 8, 9세기에 개척된 지역으로 추정된다고 했다. 나아가 무사시노쿠니가 아사쿠사를 중심으로 아즈마노쿠니東国[5] 및 그 외의 광범위한 지역과 수운으로 연결되어 있었고, 많은 도래인[6]이 아사쿠사 부근에서 하천을 더 거슬러 올라가 간토関東 지방 내륙부에 진출하여 정착했으리라 설명한다스즈키, 1975. '중세 에도는 한산한 어촌이었다'라는 설에 이의를 제기하는 오카노 도모히코岡野友彦, 1961~, 일본사 연구자도 도쿠가와 이에야스가 에도를 선정한 배경으로 이곳에 수운과 연결된 항구 기능이 있었던 점을 들며, 시나가와品川와 연계해 아사쿠사도 그 역할을 맡았다고 본다오카노 1999.

어쨌든 이처럼 아사쿠사 주변이 예부터 지역적 발전을 이룬 것은 다니구치의 고고학 발굴 성과를 바탕으로 한 최근 연구로 더 명확해지고 있다. 에도 막부 하에서 에도성을 중심으로 거대한 주변

---

5 긴키 지방보다 동쪽에 있는 지역을 통틀어 지칭하던 옛 지명으로, 현재의 동일본과 거의 같다.

6 고대에 주로 한반도에서 일본으로 건너온 사람.

시가지로서 새로운 도시 구조와 공간의 위계가 형성되어 스미다강 및 아사쿠사 주변 지역이 주변부가 되었지만, 잠재력이 있었던 이 지역이 에도 사람들의 의식 속에서 특별한 의미를 지닌 것을 충분히 이해할 수 있다.

아사쿠사 상류 지역의 산업과 문화

또한, 다니구치는 오랜 역사가 있는 '동쪽 도쿄 저지대'와 에도의 관계를 고찰하면서 스미다강 연안 이마도今戸 주변에 도자기 공방이 집중적으로 자리잡았던 점에 주목한다. 가쓰시카구의 오니즈카鬼塚 유적고분시대 후기인 6~7세기, 쇼후쿠지正福寺 유적9세기경에서 하지키土師器: 고분시대부터 나라·헤이안시대까지 생산된 초벌구이 토기를 구운 가마터군이 발견된 것으로 보아 근처 지역에서 축적된 기술과 경험을 흡수하면서 방화防火에도 유리한 하천 연안부인 이마도 주변에서 도기 제조업이 주요 산업으로 발전한 것으로 추측한다다니구치, 2019.

이렇게 역사가 축적된 지역에서 산업도 성장하면서 스미다강 기슭에는 사람들의 마음을 사로잡는 다양한 장소가 생겨났다. 스미다강과 관련해 더욱 흥미로운 점은 안쪽으로 깊숙이 강을 거슬러 올라갈수록 중요한 시설이 자리하며, 마키 후미히코槇文彦, 1928~, 건축가가 말하는 '깊숙함奥性'이 도시 차원에서 느껴진다는 것이다. 예를 들어 센소지 사원, 에도시대 말기에 옮겨 온 사루와카猿若 연극 거리, 가장 안쪽의 신요시와라新吉原 유곽 등에서는 '깊숙한 곳의 마력'이 느껴진다.

스미다강은 신앙과 연결되어 신성한 의미가 있었고, 그 주변에는 연극 같은 세속적인 놀이 공간과 유곽 같은 욕망의 장소가 생겨

났다. '성'과 '속'이 뒤섞이거나 표리관계로 공존하는 에도의 특징이 드러나는 곳이었다. 에도라는 도시 전체를 볼 때 스미다강 안쪽 깊숙한 곳에 이처럼 성스러운 것과 세속적인 것이 뒤섞이게 되었고, 그것이 사람들을 매료했다. 히로스에 다모쓰広末保, 1919–1993[7]는 이를 '주변의 나쁜 곳辺界の悪所'이라 하며 에도 공간 구조의 특징으로 논했다히로스에, 1973.

물론 스미다강에 물류 기능이 없었던 것은 아니다. 조금 하류로 내려가면 기능이 바뀐다. 이미 말한 것처럼 에도 막부가 관리하는 대규모 보관형 물류 기지로 구라마에蔵前에 쌀 창고가, 그리고 지금의 고쿠기칸国技館과 '에도도쿄 박물관'이 세워진 강 건너편 료고쿠에 목재 창고가 있었다.

어촌의 기억

또 하나 흥미로운 점은 스미다강 인근에 어촌의 기억이 남아 있다는 사실이다. 고대에는 현재의 스미다강 하구河口도 도쿄만의 일부였고 아사쿠사도 바다와 가까웠다. 그래서 어부의 그물에 걸린 관음상을 모신 센소지 사원과 아사쿠사 신사가 탄생했다.

스미다강 하구 근처까지 내려가면 후카가와에도 에도시대에는 바다로 이르는 곳에 어촌이 있었다. 그리고 쓰쿠다지마에는 간사이関西 지역의 셋쓰摂津에서 사람들이 이주해 온 어촌이 있었다. 나아

---

7 근세 문학 연구자, 연극평론가. 야나기타 구니오(柳田國男), 오리구치 시노부(折口信夫)의 민속학적 방법을 배워, '나쁜(惡) 장소'라 불리던 연극과 유곽을 민중 에너지의 원천으로 삼아 근세 문화를 재조명했다. 이런 발상은 이후 근세론에 큰 영향을 미쳤다. 1980년대 후반 시작되는 에도붐에 비판적이었는데, '억압 속에서 나온 민중의 에너지'라는 발상이 '서민도 행복했다'는 이미지로 변질됐기 때문이다.

가 스미다강에서 멀리 떨어져 있지만 시바우라, 시나가와, 오오모리 그리고 하네다에까지 존재했던 과거의 어촌이 현재의 도쿄 기층부에 자리하고 있다는 것이 흥미로운 특징 중 하나다. 이곳 모두 오늘날도 공동체의 유대관계가 끈끈하고 동네 축제가 활발하게 열린다.

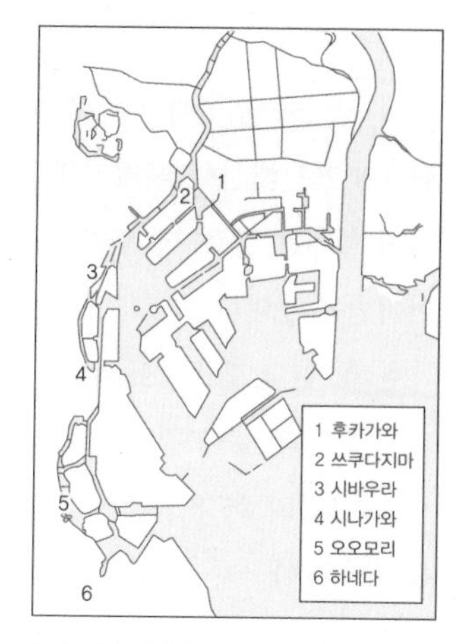

1-6 도쿄만에 분포했던 어촌

근대에 매립이 진행되어 항만 시설과 공장이 늘어섰을 때도 기층부에는 이들 어촌이 남아 있어, 어업 행위가 이루어지지 않는 지금도 선박 대여 업체가 손님을 맞이한다. 어촌을 대표하는 쓰쿠다지마에서는 고도경제성장기에 들어서기 직전까지 핫카쿠미코시八角神輿, 신위를 모신 팔각형 모양의 가마를 바다에 넣는 해중 행차海中渡御를 했다. 센소지 사원의 제례에서 에도시대 말기까지 배로 신위 가마 행차를 한 것도 관음상이 바다에서 왔다는 점과 더불어 어촌 특유의 정서가 배경에 있었던 것으로 생각된다.

근대 들어 매립이 진행되자 후카가와의 어촌은 바다로 나아가기 쉬운 곳으로 옮겨갔다. 그 인근에 지금 야카타부네, 낚싯배의 선박 대여 업체가 많은 것도 흥미롭다.

간다묘진神田明神 신사의 간다 축제, 아카사카 히에日枝 신사의 산노山王 축제와 함께 에도 3대 축제로 꼽히는 도미오카 하치만富岡八幡宮 신사의 후카가와 축제는 지금도 성대하게 열린다. 50개가 넘는 동네 미코시神輿, 신을 모신 가마 연합 행차의 마지막을 장식하는 것이 어촌의 역사를 대변하는 후카하마深濱의 거대한 미코시다. 후카하마란 1962년 해산한 후카가와우라深川浦 어업조합 '후카가와하마深川濱'를 일컫는 말로, 옛 후카가와 14개 어촌에 있던 어부들의 긍지를 이어받은 것이다.

한편, 런던 템스강에서도 어부들이 어업을 했고, 그물이나 닻이 다리의 토대土臺에 걸리곤 했다고 한다. 하지만 어촌 공동체가 도시 사회·문화의 역사 속에서 커다란 영향력을 지녀온 것은 에도·도쿄 특유의 흥미로운 특징 중 하나라 할 수 있다.

권력과 도시 구조

권력 중추와 연결되는 센강과 템스강

지금까지 보아 온 강과 도시의 관계를 조금 다른 각도, 즉 성城 등 권력 중추로부터의 거리라는 관점에서 다시 살펴보자.

전 세계의 도시 조감도 등 경관화景觀畫는 특정한 의도를 담았으며 보는 각도도 절묘하게 골라 그린 것이다. 파리를 그린 조감도는 서쪽에서 동쪽을 바라보는 각도로 그리는 경우가 많았다. 한가운데 시테섬이 자리하고 그곳에 종교의 중심인 노트르담 대성당과 왕궁이 그려진다. 정치 권력을 상징하는 왕궁은 이전하여, 유명한 루브르 궁전은 나중에 지어지지만, 권력의 중심은 여전히 강 주변에 자리한다. 시청사는 시테섬 북쪽 항구에 있는 그레브 광장에 접해 세워지는데, 이 또한 선박 운송과 연계된 도시 공간의 일부라 할 수 있다. 센강을 상징적인 축으로 하여 권력과 종교의 중심지가 물가를 중심으로 가시화되는 구조다. 게다가 서쪽에서 동쪽을 바라보는 구도이기에 상징성 있는 노트르담 대성당과 시청사의 정면을 조감도에 그려볼 수 있다Pitte 2000.

런던은 이미 살펴본 것처럼 런던탑이 권력의 중심지인 왕궁이었는데, 11세기 중반경 템스강 상류의 웨스트민스터로 권력의 중심지가 옮겨지면서 웨스트민스터 사원을 중심으로 같은 이름의 궁전이 함께 자리했으며, 궁전 안에 국회의사당까지 만들어졌다.

한편, 시티에는 시민과 상인이 살았다. 여기에 특권이 부여되어 자치권을 갖는 중세 도시 런던이 탄생한 것이다Clout 1997. 이 지구는 시민이 활동하는 상업 공간으로, 에도에 빗대자면 니혼바시를 중심으로 한 조닌町人[8] 땅에 해당한다. 에도성에 해당하는 런던의 권력 중추는 서쪽에 치우쳐 있지만, 모두 템스강 인근에 있어 그 구조가 잘 드러난다. 시티 동쪽 끝에 런던탑이 있고, 그 서쪽에 유일한 다리 런던교가 있어 이 장소의 중요성을 더했다. 국왕의 런던 입성식 Royal Entry이나 개선 행진 때는 이 런던교를 건너 도시부로 들어가는 상징적인 연출이 이루어졌고, 다리 문은 경고로 삼고자 반역자의 목이나 능지처참한 시체를 걸어두는 장소로도 쓰였다Harding 2020.

도쿄 스카이트리와 조감도

그러면 에도·도쿄는 어떨까? 이를 살펴보기 위해 도쿄 스카이트리에 올라가 보자. 도쿄의 새로운 상징인 이 탑은 특별한 위치에 세워졌다.

고층 빌딩이 어깨를 견주는 도쿄에 새 TV 전파탑이 필요하여 그 부지를 정하기 위한 새 타워 건설지를 2005년에 모집했고, 다른 유력 후보지를 제치고 오시아게押上가 뽑혔다. 나도 그 선정위원이었는데, 이곳으로 정해진 결정적인 이유 중 하나는 탑의 전망대에서 현재의 도쿄를 바라보는 각도가 19세기 초 구와가타 게이사이鍬形蕙齋, 1764~1824가 에도의 조감도를 처음 그렸을 때 고른 각도와 겹친다

8 에도시대는 사농공상, 즉 무사·농업인·상공인 순의 계급 사회였고, 이 중에 상공인을 '조닌'이라고 했다.

는 점이다.

구와가타 게이사이의 그림은 스미다강 동쪽 고지대에서 서쪽으로 에도 시가지를 부감한다. 여기서 바라보면 앞쪽에는 스미다강이 오른쪽상류에서 왼쪽하류으로 유유히 흐르고, 거기서 갈라지는 간다神田강, 그리고 에도만현재의 도쿄만으로 흘러드는 니혼바시강이나 그 외의 수로가 보이며, 그림에서 대각선이 만나는 곳 부근에 에도의 중심 니혼바시가 자리한다.

이렇게 도시의 주역인 시마타치의 여러 물가가 근경近景에서 중경中景에 걸쳐 세밀하게 묘사되어 있다. 멀리 그림 위쪽에 해자와 숲에 둘러싸인 에도성이 있고, 그 뒤편에 지리적으로 기복이 심하고 숲에 둘러싸인 야마노테가 펼쳐진다. 그림 제일 위에는 약간 과장되어 묘사된 후지산이 도시 최대의 상징으로 당당하게 그려져 있다. 이와 함께 일왕의 거처가 있던 교토, 그리고 도쿠가와 가문의 근거지 슨푸駿府, 현재의 시즈오카시가 위쪽에 자리해 그 상징성을 강조한다는 해석도 있다.

구와가타 게이사이가 처음 채택한 이 각도에서의 조감도는 후대 화가에게도 그대로 계승되어 다이쇼시대1912~1926까지 이어져 왔다. 이렇게 동쪽 고지대에서 서쪽의 도심을 바라보는 구도는 사람들 마음속에 새겨진 도시의 이미지에 큰 영향을 주었을 것이다.

오늘날 스카이트리에서 내려다보는 도쿄의 경치는 후지산이 조금 더 오른쪽에 있다는 것 외에는 구와가타 게이사이의 조감도 각도와 놀라우리만큼 일치한다. 21세기 도쿄 시민도 이 높은 곳에 오르면, 저 그림을 보던 에도 사람들과 같은 각도로 도시를 바라보는 스릴 넘치는 체험을 할 수 있는 것이다. 에도와 도쿄가 시간을 넘어

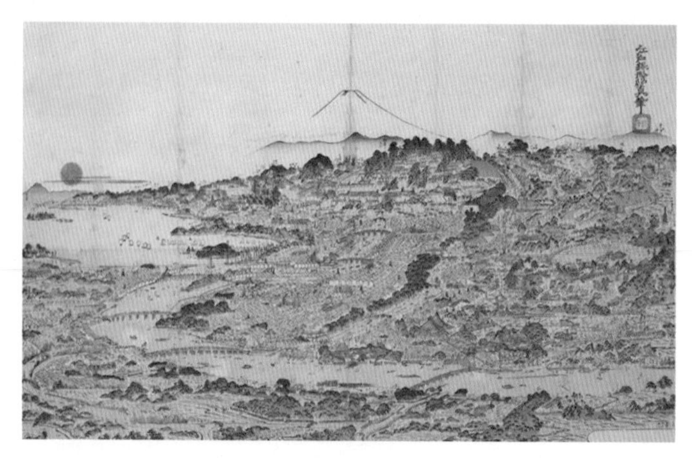

1-7 구와가타 게이사이, 〈에도 명소 그림(江戸名所の絵)〉

* 오른쪽 아래에서 왼쪽 위 부분으로 흐르는 스미다강 위로 오늘날 손꼽히는 다리들이 보인다. 오른쪽에서 차례대로 아즈마다리, 료고쿠다리, 신오오다리, 에이타이다리.

1-8 스카이트리에서의 조망

* 맨 오른쪽 아래 다리는 도부스카이트리라인 철교. 그 왼쪽으로 기타짓켄강이 스미다강으로 흘러든다(화살표). 이 철교를 건너자마자 마쓰야 아사쿠사점 건물 안에 있는 출발역(아사쿠사)에 이른다. 오른쪽 표시 부분에서 아래는 아사쿠사 센소지 사원, 위는 우에노 공원.

공존한다. 아울러 선정위원들은 도쿄의 근대가 늘 서쪽을 향해 발전해 간 만큼, 오랜 역사가 축적되어 있으면서도 뒤처진 감이 있는 동쪽 곧 스미다강 근처에 새 타워를 지으면 '물의 도쿄'를 부활시킬 수 있지 않을까 하는 뜻도 담았다.

바로 앞에 기타짓켄北十間강이 있는데, 이 강은 간토대지진1923 직전의 도쿄시 조사에도 선박 통행이 매우 많았던 것으로 기록되어 있다. 선정위원회에서도 이곳이 선박 운송이 되살아나는 거점이 되기를 기대했다.

권력의 성에서 먼 곳에

이처럼 실제로 스카이트리 전망대에서 바라봐도 조감도의 인상과 동일하게 에도성은 다소 먼 곳에 자리한 것을 알 수 있다. 어머니로 상징되는 하천 스미다강은 권력의 중심과는 상당한 거리를 유지하며 존재해 왔다. 센강과 템스강에서 강과 권력의 중심이 밀접한 것과 뚜렷한 대비를 이룬다.

에도라는 도시에서는 권력의 상징에도성과 큰 강스미다강이 멀리 떨어져 있었다. 그래서 이 선착장에 다다르면 막번幕藩 체제[9]하의 도시였음에도 일상의 여러 속박에서 벗어나 물가에서 자유롭게 지낼 수 있었다. 축제와 행사를 즐기고, 세속적인 놀이를 경험할 수도 있었다. 스미다강 중상류 유역의 에코인回向院[10]이나 센소지를 비롯한 사원에 참배하러 간다는 구실도 있었다. 이처럼 에도는 스미다강

---

9 에도시대의 통치 체제. 막부의 쇼군과 번(藩)의 다이묘 간 봉건적 주종 관계를 토대로 한다.

10 도쿄 스미다구 료고쿠 2초메에 있는 정토종 사원. 메이레키 대화재로 죽은 10만 8천 명을 매장한 만인총에서 비롯했다. 이후 안세이(安政, 19세기 중반) 대지진 때 죽은 사람들을 비롯하여 익사자, 불에 타 죽은 자, 사형당한 자 등 연고 없는 사람들의 혼령을 모셨다.

1-9 템스강 남쪽 선착장의 극장들(1630년경)

건너 보쿠토墨東 지역 또는 스미다강을 거슬러 올라 더 깊숙이 들어가는 원심력이 작용하는 도시였던 것이다. 시테섬이 구심력을 지닌 파리의 센강과 대조적이다.

한편, 템스강과 함께 발전한 런던에서 남쪽우안에 해당하는 선착장 근처에 16세기 후반에서 17세기 전반까지 소극장 거리가 있었던 점은 에도와 유사하다. 만조 때 침수되기 쉬운 선착장에서 연극이 생겨난 일본 도시와 서로 통하는 면이 있다. 1630년경의 조감도를 보면 템스강 남쪽 선착장에는 서쪽부터 스완Swan, 호프Hope, 로즈Rose, 글로브Globe 극장이 있다.

다리와 물길

스미다강과 다리

강과 도시를 고찰할 때 다리는 중요한 의미를 지닌다. 이미 이야기한 바와 같이 에도시대 초기에는 스미다강에 센주대교밖에 없었지만 '메이레키 대화재' 이후인 1661년, 료고쿠다리가 건설된 것을 시작으로 겐로쿠 시기1688~1704에 신오오다리新大橋와 에이타이다리永代橋가 만들어지고, 그 후 생긴 아즈마다리吾妻橋: 1774년까지 더하면 에도시대 후반에 다리가 다섯 개나 있었다.

이와 더불어 강 건너편인 후카가와와 혼조本所까지 시가지가 확대되고 오나기강과 수로망 등을 활용하면서 조닌 지구, 다이묘大名. 봉건 영주 저택, 기바木場 등의 산업 공간 그리고 사원을 중심으로 사람들이 모이는 명소와 유흥지가 물가를 따라 늘어서 이동 효율성이 높은 도시가 형성되었다. 선박도 적극적으로 활용되어 물자를 나르는 배뿐만 아니라 후카가와의 '도미오카하치만 신사'와 '가메이도 텐진 신사'에도 근처 수로에 참배객용 선착장이 마련되었다.

다리와 수운 — 센강, 템스강

이에 비해 센강과 템스강은 오랫동안 다리가 세워지는 장소가 한정되어 있었다. 고대부터 파리의 중심이던 시테섬은 강의 남북을 잇는 중계 지점이어서 예부터 다리가 있었고, 14세기 말에도 시테섬과 우안, 좌안 각각을 잇는 다리가 만들어졌다. 다리 위에는 양쪽 가장자리에 건물이 빼곡히 자리했고, 중세적인 이 지역 특유의 경관이 18세기까지 계속 남아 있었다.

돌로 만든 아치형 다리인 만큼 교각이 커져서 물의 흐름이 막혔고, 상류 쪽 수위가 높아졌다. 또, 시테섬 상류에는 더 작은 두 개의 섬생루이섬, 루비에섬이 있어 이들 또한 둑처럼 물의 흐름을 억제했다. 자연을 인간의 힘으로 제어하고 활용하려는 서구답게 이 물 낙차를 에너지로 변환해 돌다리의 아치 아래 제분용 물레방아간도 만들어 빵이 주식인 유럽에서는 물레바퀴를 동력으로 한 제분소가 필요했다 유속을 느리게 했다. 그래서 폭우가 내리면 상류 쪽은 물이 넘쳤으며 그 기세로 내려오는 힘에 다리가 떠내려가고, 다리 위의 건물이 무너지는 큰 수해를 몇 번이나 겪었다. 센강을 중심으로 발달하여 수해로 골머리를 앓

1-10 아치와 큰 교각이 특징인 파리의 다리(1756) 오른쪽 아래 안쪽에 물레바퀴가 보인다.

아 온 파리는 일찍부터 바닥을 높이고 돌로 고정한 튼튼한 선착장을 건설했다사가와 2009. 오늘날 파리에서도 이를 볼 수 있다.

한편 에도의 스미다강에서는 수해에 대비하고자 소박한 둑을 만들었다. 도심 근처에서는 지금의 아키하바라秋葉原에서 야나기바시아사쿠사바시로 향하는 남쪽 선착장에 버드나무를 심은 둑을 만들었고, 스미다강을 거슬러 올라가 아사쿠사를 지난 지점에는 산야보리山谷堀 수로를 따라 니혼즈쓰미日本堤라는 제방을 쌓았다. 한편, 무코지마向島에는 보쿠테이墨堤 제방을 만들었고, 8대 쇼군 도쿠가와 요시무네 시기에 이곳에 벚나무를 심어 제방이 더 튼튼해졌다치수와 명소 만들기를 겸했다는 점이 흥미롭다. 이렇게 해서 스미다강의 아사쿠사 부근에서 상류를 향해 역팔자逆八字 모양으로 배치된 두 개의 제방이 축조됐다. 이 제방 덕에 스미다강 상류 일대는 홍수 때 넘치는 물을 저장하는 유수지가 됨으로써 에도를 지키는 치수 시스템이 정비되었다. 하지만 홍수를 완전히 막지는 못해 때로 골머리를 앓았다.

'도네강 동천利根川東遷'은 몇 단계를 거쳐 실현되었다. 이는 에도의 선박 운송, 수해 방지, 새 농경지 개발 등을 겨냥한 사업이었다. 도네강 강줄기를 인위적으로 동쪽으로 틀기 위해 여러 제방을 만들었지만, 여기에는 위험이 도사리고 있었다. 이들 제방이 무너지면 과거에 강이었던 남쪽으로 물이 흘러내려 스미다강 동쪽 저지대, 혼조와 후카가와에 피해를 끼친 것이다와타나베 2020. 이 위험은 현재의 도쿄에도 그대로 남아 있다.

에도성을 비롯한 에도 중심부는 홍수로부터 보호되었지만, 혼조와 후카가와의 낮은 지대는 늘 피해를 입었다. 1742년 대홍수 때와 같이 스미다강 서안인 아사쿠사, 시타야下谷 일대까지 큰 피해를 입는 경우도 있었다.

강과 수로가 많은 '물의 도시'에서 준설은 꼭 필요한 작업으로, 이를 게을리해 홍수가 나기도 했다. 센강에서 시테섬을 비롯한 세 섬이 물의 흐름을 억제해 홍수의 원인이 되기도 했는데, 스미다강에서도 1742년 대홍수로부터 30년 후 나카즈中洲에 간척지를 만들고 유흥지를 개발한 결과 물의 흐름을 억제해 수해의 원인이 되었다. 결국 1792년에 이 나카즈 간척지는 철거된다와타나베 2019.

어쨌든 홍수의 위험을 느끼면서 에도 사람들은 '홍수 방재'를 의식했고, 재해 피해를 줄이고자 힘쓰며 물과 밀접한 관계를 맺어 왔다. 이를 다채롭게 활용하여 경제와 독자적인 문화를 발전시킨 점에 에도라는 도시 사회의 특징이 있었다고 할 수 있다.

실은 런던도 수해로 골머리를 앓았다. 특히 템스강 남쪽 선착장우안 지역이 낮은 습지대로 홍수에 취약했다는 점이 에도·도쿄와 흡사한 구조인데, 다리 부근의 남쪽 선착장과 강의 남쪽 교외 지역은 수세기에 걸쳐 개발이 뒤처졌다데이비스 2020.

다리가 수운에 미친 영향

파리에서 홍수의 원인이 된 이러한 다리의 존재는 센강을 오가는 배의 항로를 가로막게 되어, 상류와 하류의 선박 운송에 큰 차이가 생겼다. 시테섬에 세워진 다리 바로 상류의 토사가 쌓이기 쉬운 선착장에 항구 기능이 발달해 루비에섬에는 뗏목을 활용한 목재 하역장이 생겨났다. 또한, 우안의 그레브 광장 선착장에는 상류에서 짐을 싣고 온 배가 계류되었다.

동력선이 없던 시대에 선박은 강물을 타고 내려오기는 쉽지만,

거슬러 올라갈 때는 말이나 소로 끌어야 했다. 일본에서는 오로지 사람 힘으로 배를 끌었다. 이 비용을 줄이려고 센강 상류 유역에서는 강을 따라 내려가는 소박한 목조선을 짐이 있는 동안은 계류해 두면서 창고로 썼고, 짐이 없어지면 해체해서 장작으로 썼다. 이처럼 배가 계류된 그레브 광장은 시장, 시청사와도 하나가 되었다. 결국 이곳은 강의 선박 운송과 연계된 파리의 도시 구조가 뚜렷이 드러나는 장소였다고 할 수 있다. 한편, 하류 유역의 선박 운송은 그 구조가 달랐다. 대서양을 건너 들어오는 향신료, 염료, 커피콩, 카카오 등 고급 물자는 시테섬보다 하류에 있는 생니콜라항에서 내려졌다. 값비싼 상품인 만큼 바다에서 내륙까지 강물을 거슬러 끌고 온 것이다바쿠쉬 2009; Chadych & Leborgne 1999.

런던에서도 다리가 있는 곳은 한정되어 있었다. 18세기 전반에 새로운 형태의 웨스트민스터교가 등장할 때까지 런던교가 유일한 다리였다. 다리를 대신하여 스미다강과 마찬가지로 양안 여러 곳이 나룻배로 연결되었다. 런던교도 시테섬의 다리와 같이 돌로 만든 아치교로, 19개나 되는 교각이 제방과 다름없이 물 흐름을 방해했고, 상류와 하류의 수위 차가 커졌다. 여기서도 수력을 이용하기 위해 물레바퀴를 설치해 제분과 양수揚水에 활용했다. 파리와 마찬가지로 다리 위에는 주택과 상점은 물론 예배당도 세워져 활기 넘치는 독특한 경관을 형성했다곤도 2007.

런던교는 1831년까지 남아 있었고, 파리의 다리와 같이 구조적인 이유로 오랫동안 템스강의 선박 항해를 제한했다. 런던은 간만干滿의 차가 7미터에 이른다. 이로 인해 조수 간만 속도가 빠를 때는 배로 런던교를 지나기 힘들었다. 따라서 상류에는 범선과 대형 선

1-11 런던교(존 로덴 그림, 1600)

박이 들어가지 못했고 본격적인 항만 기능은 하류에 집중되어, 소형선과 거룻배에 짐을 옮겨 실어 상류 선착장으로 날랐다. 쓰쿠다지마 앞바다에 정박하는 대형 범선에서 작은 배로 짐을 옮겨 실어 수로와 이어진 선착장으로 운송한 에도와 구조 면에서 비슷한 점이 있다고 할 수 있다.

1800년 전후에는 시티 동쪽 끝에 있는 런던탑으로부터 상류 2킬로미터 구간에 부두와 선착장이 34곳 있었는데, 런던교 하류의 10곳에는 대형 범선 등이 모이고 세관도 설치된 것에 비해, 상류의 24곳에는 수많은 선착장에 작은 배가 모여드는 독특한 항구 구조를 갖추고 있었다. 그 상류 유역에는 웨스트민스터의 상징적인 공간이 집중되어 있었다. 아울러 배가 하구에서 런던 내륙으로 템스강을 거슬러 오를 때 만조를 효과적으로 이용했다. 이는 고대 로마 시대에 이곳에 도시가 탄생하고 이후 크게 발전할 수 있었던 까닭 중 하나이기도 하다.

파리와 런던에서는 앞서 말한 바와 같이 도시의 바로 중심지에 세워진 돌다리가 상징적인 기능을 했고, 그 상류와 하류가 각기 다른 역할을 했다. 도시를 상징하는 거대한 다목적 대교의 존재 자체가 물 흐름과 선박 통행에 장애가 되어 하천을 활용할 때 상류와 하류의 차이가 생겨난 것이다.

스미다강의 수운 풍경

이 관점에서 스미다강을 서구의 두 도시와 비교하면 독자적인 성격을 더욱 뚜렷이 이해할 수 있다. 스미다강의 다리는 모두 목조로 더 가벼워서, 폭우로 홍수가 나면 상류에서 쓸려 내려온 배, 나무, 가옥이 교각에 부딪혀 다리가 파손되는 일은 있어도 다리가 홍수의 요인이 되지는 않았다. 또한, 풍경화에 그려진 스미다강 상류에서 하류로 떠내려가는 뗏목의 모습에서도 알 수 있듯이 다리가 통행에 방해가 되는 일은 없었다. 선박 운송 등을 이용해 강 전체를 잘 활용했을 것으로 보인다.

여기서 스즈키 마사오가 작성한 에도의 선착장 분포도를 살펴보자. 에도의 조닌이 사용하던 선착장이 니혼바시강과 내부 수로에 집중되어 있던 반면, 스미다강 인근은 료고쿠 히로코지 큰길 주변이나 하류 유역에 조금 있었을 뿐이다. 스미다강 인근의 물류 거점은 각기 특화된 용도가 있어, 이미 말한 바와 같이 조금 더 거슬러 올라간 구라마에에 조공품으로 모인 쌀이나 사들인 쌀을 보관하는 막부의 쌀 창고가 있었고, 그 건너편 료고쿠에 마찬가지로 막부의 건축용 자재를 보관하는 목재 창고가 있었다. 이처럼 넓은 면적이 필요한 시설이 도시 중심에서 다소 먼 선착장에 있는 것은 합당한 일이다.

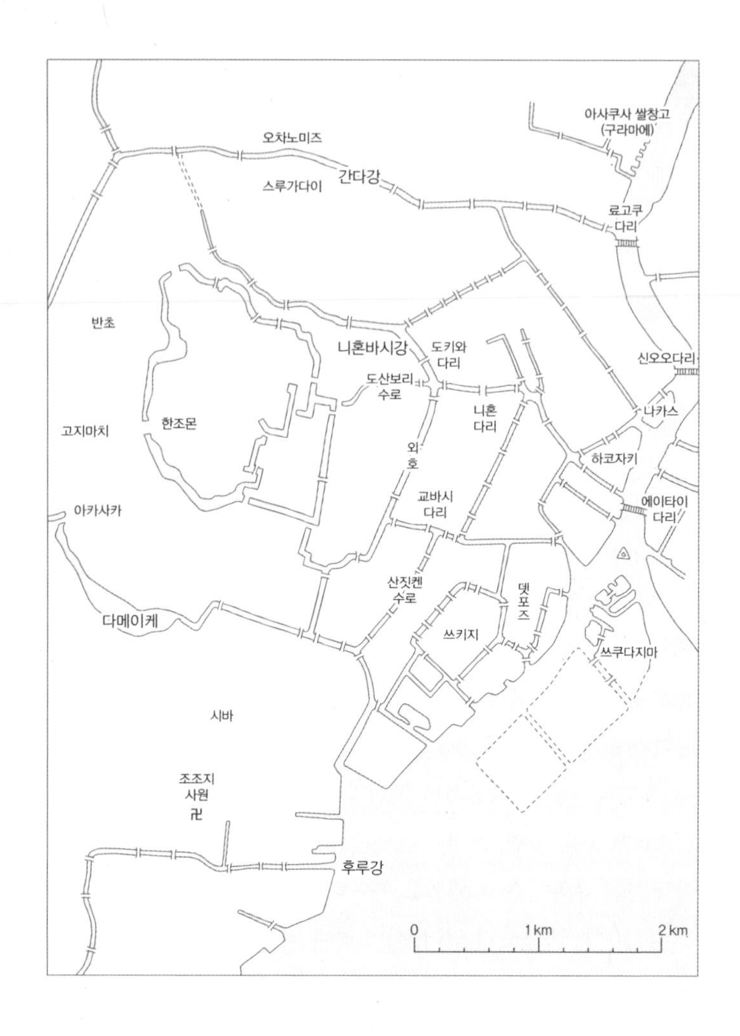

1-12 에도 후기의 수로와 선착장(스기모토 1989의 그림을 토대로 작성)

스미다강과 그 연안은 막부의 물자 운반과 보관을 위한 장소였는데, 이를 위한 선박 운송은 적어도 근세에는 물류용 선박이 많이 오가던 센강이나 템스강과 달리 배나 뗏목이 오가고 놀잇배가 여럿 떠 있는 상당히 한가로운 풍경이 펼쳐졌다고 할 수 있다.

물류에 그치지 않는 강의 다양한 역할

프랑스 아날학파의 저명한 역사가 알랭 코르뱅 씨가 일본을 방문했을 때 스미다강과 센강에 대해 이야기를 나눈 적이 있다. 센강 주변에 에도·도쿄와 같이 창부娼婦가 있는 유흥가가 있었는지 물었다. 그는 그런 장소는 더 안쪽에 있었으며, 그보다 전 시기는 다를 수 있겠지만 18세기의 센강 주변에는 없었다고 했다코르뱅·진나이 2004. 그 시대의 센강 주변에는 위풍당당한 건축물이 줄지어 어깨를 견주었고, 화려한 돌다리가 몇 개나 걸려 있어 물가의 서민적이고 외설스러운 분위기는 모습을 감춘 것이리라.

이에 비해 일본 도시의 물가에는 유희와 세속적 분위기가 있었다. 그런데 그 배후에서 신성함과 연결되는 것이 특징이다. 도시의 활력이라는 의미에서는 유흥가도 중요했으며, 그런 장소적 특징으로 료고쿠 히로코지 큰길의 물가에 번화가가 생겨나고, 강 건너편인 히가시료고쿠의 다리 인근에는 요타카夜鷹라고 부르는 길거리 창부가 출몰했다. 스미다강 양안에는 물가에서 즐거운 시간을 보낼 수 있는 음식점료리자야이 여럿 있었고, 산야보리 수로를 거슬러 올라간 가장 안쪽의 요시와라吉原에는 유곽이 자리했다.

스미다강 기슭의 유명한 요릿집에서는 덴포 시기1830~1844 전후 '서화회書畵會'라는 행사가 유행하여 문화 살롱 역할을 했다고 한다.

저명한 유학자, 서예가, 화가 등의 서화書畫를 사람들이 감상하고, 료리자야에서 나오는 음식을 즐긴 것이다고야마 2017.

스미다강은 부처님이 출현한 강이기에 신성한 공간의 성격을 띠며, 이로 인해 1692년에 막부가 팻말을 세워 남쪽으로 스와초諏訪町부터 북쪽의 쇼덴초聖天町까지 물고기를 잡거나 새를 죽여서는 안 되는 살생금지의 강이 되었다고 다케우치 마코토竹内誠, 1933~2020, 일본사 연구자는 말한다다케우치 2017.

사람들은 스미다강에 신성한 힘이 있다고 믿었기에 오오야마大山: 현재의 가나가와현에 있는 산로 참배하러 가기 전에 료고쿠다리 옆에서 무병장수와 안녕을 기원하며 강물로 들어가 목욕재계하는 습관이 있었다.

일본 도시에서 스미다강을 비롯한 강의 역할은 실로 다양했다. 식수, 농업, 어업, 선박 운송, 물류·상업 활동, 공업 그리고 특히 중요한 요소로 신앙, 의례, 제례, 아울러 레크리에이션, 연극 등 다채로운 목적으로 활용되었다. 물류, 생산 등 경제 활동 외의 분야에서 물이 이처럼 두루 중요성을 띠는 일은 파리나 런던에서는 없었을 것이다.

근대에서 현대로

시대에 따라 달라진 경관 묘사

나라 현립 미술관이 소장한 〈아사쿠사 요시와라 그림 두루마리〉浅草吉原図巻, 17세기 말~18세기 초는 스미다강의 역할과 의미를 상징하는 매우 흥미로운 회화 사료다. 신요시와라에 이르는 뱃길의 중요한 기점이었던 야나기바시에서 신요시와라까지 사시사철의 경치를 녹여낸 것이다. 그림에서 배는 야나기바시를 출발, 스미다강의 넓은 수면으로 나아간다. 물 위에는 야카타부네 배, 불꽃놀이배, 물건 파는 배 등이 보인다. 스미다강 상류로 향하여 우안에는 아사쿠사 쌀 창고 물기슭에 있는 수미首尾 소나무[11], 선착장이 있는 고마가타도駒形堂 사원참고사진 4, 이어서 마쓰치산쇼텐 사원을 보면서 간다. 스미다강을 서쪽으로 꺾어 산야보리山谷堀 수로참고사진 5, 6에서 내린 다음 니혼즈쓰미 제방을 걸어가 큰 문을 지나 신요시와라에 이른다. 놀거리와 볼거리가 가득한 이 경로가 두루마리에 절묘하게 묘사되어 있다에도도쿄 박물관 2010.

'물의 도시'의 다양한 상징, 스미다강변의 지리적 특성, 그리고 '깊숙함'을 품은 에도 특유의 도시 공간이 여기 모두 표현되어 있

---

11 스미다강에서 구라마에다리(蔵前橋) 서쪽 주변은 일찍이 에도 막부의 쌀 창고가 즐비했다. '수미 소나무'는 그 무렵 현재 위치보다 100미터가량 하류에 있었으며, 가지가 물 위에 가지런히 드리워져 있던 모습으로 알려져 있었다. 그 유래에 대해서는 여러 설이 있다. 1962년 현재 위치에 심어졌고, 기념비가 세워져 있다. (참고사진 2, 3)

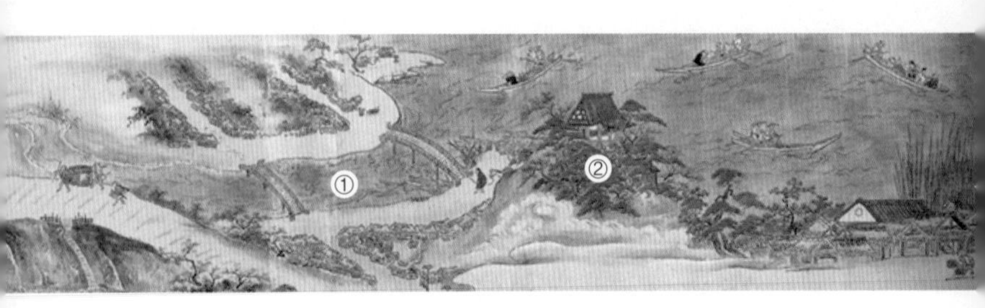

1-13 〈아사쿠사 요시와라 그림 두루마리〉의 일부
* 산야보리 수로(①), 마쓰치산(②)과 센소지 사원 부근을 나타냈다.

다. 정치 권력에서 멀리 떨어져 있고 도시 창건 전설과 신화가 저변에 있는 스미다강 상류, 이 주변의 센소지 사원과 마쓰치산, 나아가 '주변의 나쁜 곳'이라고도 불리는 신요시와라가 에도 도시 공간 안쪽에 자리해 사람들을 매료하는 독특한 구조를 이 두루마리는 보여준다.

이 두루마리에 묘사된 선착장 풍경은 에도시대 내내 크게 변하지 않았다. 그런데 메이지시대 중기부터 산업 진흥 정책 아래 공업화가 시작되자 스미다강의 역할에 큰 변화가 생긴다.

『신찬 도쿄명소 도회新撰東京名所図会』에 실린, 야마모토 쇼코쿠山本松谷, 1870~1965가 1897년경에 그린 〈나카즈 부근 경치中洲附近之景〉가 시사하는 바가 크다. 나카즈에는 아직 마사고자真砂座, 메이지시대에 손꼽히던 소규모 극장가 있어 에도 정서가 남아 있는 반면 스미다강 건너편에는 아사노浅野 시멘트가 있고, 물 위를 오가는 배는 대개 짐 나르는 운반선으로 놀잇배는 거의 보이지 않는다. 야마모토 쇼코쿠가 그린 무코지마 마쿠라다리枕橋의 요정 '야오마쓰八百松'와 하마초浜町의 요정가 등 에도에서 이어받은 선착장 특유의 영업 형태는 계속된 반

1-14 야마모토 쇼코쿠, 〈나카즈 부근 경치〉, 『신찬 도쿄명소 도회』

면, 스미다강의 이미지는 바뀌었으며 특히 강 건너편은 공장 지대로 변한 것이다.

런던 템스강 남안의 채소밭, 극장, 목재·석재 보관소, 가죽 무두질 및 가공 공장 등이 근대 공업 지구로 발전한 것과 유사하다.

근현대의 변화

그 후, 간토대지진을 계기로 스미다강 주변 환경은 크게 변했다. 에도 정서를 이어받은 요정의 상당수는 자취를 감추고 하마초 공원, 스미다 공원 같은 서구 근대 디자인의 건축공간이 물가에 등장했다. 도부東武철도는 혼조구本所區의 기타짓켄강 인근 오시아게가 종착역이었는데, 대지진 후에는 스미다강 건너편에 신축한 마쓰야松屋 아사쿠사점 안으로 열차가 들어갔다40쪽 아래 사진 참조. 모던한 터미널 역이기도 한 이 대규모 백화점은 흰색 서양풍 건물로, 낮은 건물

밖에 없던 선착장에서 스미다강 쪽으로 위용을 과시했다. 일본 최초의 상설 백화점 옥상 정원이 등장해 스미다강을 내려다볼 수 있는 '항공정航空艇'이라는 케이블카가 설치되는 등 근대의 꿈을 한껏 드러냈다.

앞머리에서 언급한 것처럼 특히 고도경제성장기에 근대화·공업화가 진행되면서 수질이 나빠지고 선착장 주변 환경도 크게 훼손되었다. 그러나 시대는 다시 바뀌어 탈공업화와 함께 환경과 문화에 대한 사람들의 의식이 높아졌고, 1970년대 중반부터 도쿄의 물가는 다시 살아나기 시작했다. 그런 움직임은 사람들에게 특별한 의미가 있었던 스미다강에서 도드라졌다.

반갑게도 요즘 스미다강 부활이 자주 화제가 된다. 2012년 3월 18일에는 에도시대 전통이던 '배 행차船渡御'가 54년 만에 되살아났다. 같은 해 5월 6일에는 '도쿄 반딧불이' 행사가 많은 이를 매료했다. 완공 직후인 도쿄 스카이트리에서 약 10만 개의 태양광 충전식 LED '소원별'을 스미다강에 흘려보낸 것이다. 에도의 전통과 첨단 기술 세계가 어우러진 물가 풍경은 현대 도쿄 이미지를 잘 반영한다.

야나기바시 화류계 풍경 재현

스미다강이 더욱 본격적으로 되살아나는 분위기에 맞춰, 놀이 문화가 자리잡았던 도쿄의 물가 풍경을 다루려 한다.

사람들은 스미다강의 화려한 물가 풍경으로 과거의 번화한 야나기바시를 떠올린다. 간다강 하구 야나기바시 부근에는 지금도 많은 야카타부네 배가 있어 에도 정서를 느낄 수 있다. 내가 가장 좋아하는 도쿄 풍경 중 하나다. 그러나 야나기바시의 진짜 중심은 스미다강에 면한 요정가에 있었다. 지금은 아파트와 오피스 빌딩 같은 고층 건물들이 들어섰는데, 고도경제성장기 이전 스미다강에서 본 야나기바시의 빼어난 야경 사진이 남아 있다이 장의 시작 사진. 불야성 같은 요정가에서 술과 잔치를 즐기는 사람들의 모습이 보인다.

화류계는 우리 세대와는 거리가 멀다. 다행히 고등학교 때 친구의 본가가 1987년까지 야나기바시를 대표하는 '갓포 고야스割烹小安'를 운영하여, 그 마지막 여주인 고야스 유키코小安幸子 씨에게 이야기를 듣고 자료를 살펴볼 기회가 있었다. 에도바시江戸橋 히로코지 큰길 복원은 자주 화제가 되는데, 최근까지 있었던 야나기바시의 요정가가 번화했던 모습을 기록하는 것도 중요하다.

에도시대 이래 '료고쿠강 납량 대 불꽃놀이両国川開大花火'를 내내 뒷받침해 온 것은 스미다강가의 야나기바시 요정가였다. 1957년에는 소부総武철도 철교를 경계로 구라마에다리까지 상류에 노포 '이

1-15 야나기바시 요정가를 그린 〈선착장 가의 집(河岸ぶちの家)〉

나가키いな垣'를 비롯한 열세 곳, 료고쿠다리까지 하류에 이 '갓포 고야스'를 필두로 열 곳의 요정이 자리잡았으며, 불꽃놀이 대회에 활기를 북돋던 주역이었다. 내가 가끔 야카타부네 배 연회 때 신세를 지는 야나기바시 선박 대여 업체의 노포 '고마쓰야小松屋, 참고사진 7'의 회상록에 따르면 요정들은 스미다강 쪽에 각자 간이 선착장을 만들어 작은 지붕 달린 배가 자유롭게 오가며 강에 활기를 더했다고 한다. 되살리고 싶은 장면이다.

오랫동안 자취를 감추었던 야카타부네 배를 1977년에 부활시킨 것이 이 선박 대여 업체 '고마쓰야'고, 이를 응원한 것이 '갓포 고야스小安'의 유키코 씨 선대 여주인 고야스 도시코寿子다. 내 친구의 큰어머니다. 도치기현 출신으로, 젊을 때부터 화류계와 인연을 맺어 1947년 남편 가이치로嘉一郎와 함께 야나기바시에 점포를 냈다. 가이치로 씨가 화류계의 인맥 유지로 바쁜 가운데 여주인 도시코 씨가 점포 전반을 관리했고 야나기바시의 얼굴이기도 했다. 그런 '고야스'의 장남 고야스 가즈토시一利와 결혼한 유키코 씨는 일본 무용에 일가견이 있으며 젊은 여주인으로서 가즈토시 씨와 함께 야나기바시에 활기를 불어넣었다. 스모계의 도치기니시키栃錦와 데와니시키出羽錦, 그 후원자였던 재계인, 후쿠다福田파의 정계 거물 등도 '고야스'의 단골 고객이었다고 한다.

그러나 1964년 도쿄 올림픽 전후에는 오염이 심해진 강에서 냄새가 진동해 창문도 열 수 없는 상태였고, 이는 선착장 부근 요정에 치명적이었다. 이런 역경 속에서도 도쿄 지자체에 요청해 오염 물질이 섞인 진흙을 준설했고, 배를 강에 띄워 제방 안쪽 틈에서 작은 규모로 불꽃을 쏘아 올려 고객이 즐길 수 있게 했다. 그런 노력들이 열매를 맺어, 하천 오염과 교통 사정으로 중단했던 료고쿠의 불꽃놀이 대회가 1978년 17년 만에 '스미다강 불꽃놀이 대회'로 부활했다. 다만, 불꽃을 쏘아 올리는 장소는 상류로 옮겨졌고, 많은 사람이 볼 수 있도록 행사장도 두 곳으로 나뉘었다.

유키코 씨의 안내를 받으며 야나기바시의 옛 화류계 지역을 거닐었다. 하나마치[12]의 중심인 겐반検番, 업계 사무실은 '갓포 고야스'의 대각선 건너편에 있었다. 유키코 씨가 1987년에 폐업하고 몇 년 뒤 겐반도 자취를 감추었다. 하지만 지금도 화류계 분위기의 목조 다실 구조 건물이 몇 채 있다. 요리를 배달시켜 요샛말로 하면 2차 장소로 쓰이던 마치아이待合나 게이샤芸者가 머물던 오키야置屋 건물이다. 멋진 요정풍 건축물도 간간이 눈에 띄고, 젊은 게이샤들이 모여 있던 스낵바 '도키와', 노포 '미야코즈시美家古鮨' 등도 지난날을 떠올리게 한다. 목욕탕, 미용실, 고가 철도 아래 인력거 가게 등 예전 하나마치 모습들이 유키코 씨 기억을 통해 눈앞에 되살아난다.

하나마치에는 작은 신사가 여럿 있다. '갓포 고야스'의 신사는 화재로부터 지켜주는 신을 모신 이시즈카이나리石塚稲荷 신사로, 입구 양쪽에는 '야나기바시 예기藝妓조합', '야나기바시 요정조합'이라는 글자가 크게 새겨져 있다. 다마가키玉垣, 신사 주위를 둘러싼 담장에는 고야스를 비롯한 여러 요정이나 마치아이의 이름이 기증자로 새겨져 있다. 그 외에 『에도 명소 도회江戸名所図会』, 〈에도시대 지역 지도切絵図〉에도 명시된 시노즈카이나리篠塚稲荷 신사가 있어, 이곳의 다마가

12 기생집, 유녀 집이 모여 있는 지역을 가리키는 명칭. 매춘방지법(1957년 시행)까지는 많은 하나마치에 기생과 창기(娼妓)가 있었지만, 오늘날 하나마치로 불리는 지역은 기생놀이를 할 수 있는 가게를 중심으로 형성된 구역이다. '삼업지'라고도 하는데, 음식점·마치아이차야(待合茶屋)·오키야(게이샤야)를 묶어 '삼업'이라 하기 때문이다.(151~152쪽 참고)

키도 여러 점포가 기증했음을 알려준다.

과거의 하나마치를 한 바퀴 둘러보고 계단으로 콘크리트 호안護岸을 넘어 물가로 가 보았다. 넓은 수면 건너편에 도쿄 스카이트리가 우뚝 서 있는데, 일대가 확 트인 분위기다. 유키코 씨에 따르면 선대 여주인 고야스 도시코는 "물가를 쾌적하게 거닐 수 있는 길이 있으면 좋겠다"고 했다고 한다. 요정가는 막을 내린 지 오래지만 갓포 고야스를 비롯한 야나기바시 화류계 사람들의 노력으로 불꽃놀이와 야카타부네 배가 부활해 스미다강 재생의 큰 원동력이 된 것은 반가운 일이다.

스미다강의 가까운 미래

스미다강은 센강이나 템스강과는 다른 독특한 역사와 특징이 있고, 고유의 이야기를 쌓아 왔다. 메이지시대 이후 일본인에게 센강과 템스강은 동경하는 서구를 대표하는 하천이었다.

노트르담 대성당, 루브르 미술관부터 근대 건축에 이르기까지 아름다운 기념물을 갖춘 세계유산 센강의 경관은 뛰어나지만, 그렇다고 해서 센강을 그대로 도시 조성의 모델로 삼는 것은 지양해야 한다. 시티나 웨스트민스터의 역사적 건축물과 재개발된 첨단 건축물을 역동적으로 조합한 최근의 런던을 모범으로 할 필요도 없을 것이다.

도쿄 스미다강에는 문학작품, 라쿠고落語,[13] 우키요에浮世絵, 일본

---

13 유머러스한 내용을 재미있게 이야기하는 일본 특유의 서민 예술. 기모노를 입은 라쿠고가(落語家, 만담가)가 유일한 소도구인 수건과 부채를 쥐고 방석에 앉아 목소리와 얼굴 표정 등을 변화시키며 다채로운 세상 이야기를 해학적·풍자적으로 들려준다.

음악을 통해 다양하게 표현된 에도, 또는 그 이전부터 켜켜이 쌓인 역사가 다채로운 이미지를 환기하는 '물의 문화'가 있다. 그 경험과 기억이 일본인의 몸에 남아 있다. 여기서 기존 요소와 새 요소가 독특한 상상력과 미의식으로 결합된 현대 일본 문화의 지역적 특색이 탄생한다.

거대한 도시 공간을 구성하는 서양적인 논리에 따른 도시 조성이 아니라, 다양성이 공존하고 사람들의 재치와 창조적 활기로 가득찬, 일본다운 자유로운 공간으로서의 물가야말로 21세기의 스미다강에 어울린다.

정면으로 강을 마주하는 일본은행 본점(1910년경)

니혼바시강

모던 도쿄의 주요 무대

2

도쿄도 23구

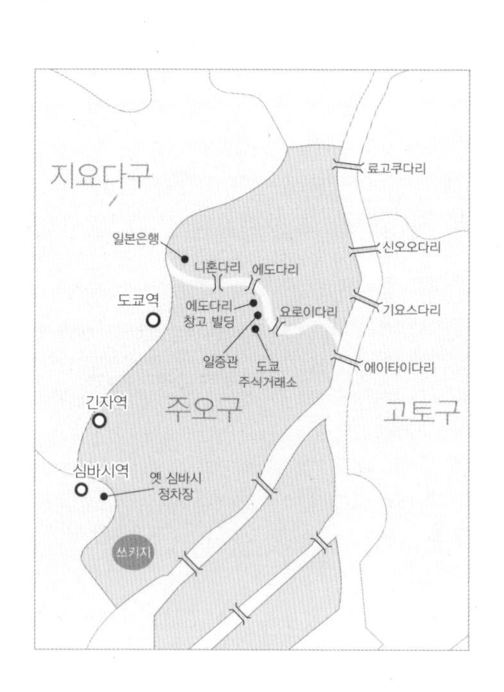
지요다구
료고쿠다리
일본은행
신오오다리
니혼다리
에도다리
도쿄역
에도다리
창고 빌딩
요로이다리
기요스다리
일중관
도쿄
주식거래소
에이타이다리
긴자역
주오구
고토구
심바시역
옛 심바시
정차장
쓰키지

근대의 선박 운송과 선착장
도쿄로 이어진 물의 도시

수상 교통의 시대

에도가 '물의 도시'였다는 것은 널리 알려져 있지만, 철도와 노면 전차가 등장한 근대 도쿄는 땅의 도시로 변모했다고 생각하는 경향이 있다. 하지만 에도를 계승한 메이지시대의 도쿄는 여전히 여러 강과 운하를 품은 물의 도시였다. 수운水運의 중요성 또한 변하지 않았다. 오히려 근대에 들어 동력선이 생기면서 속도가 빨라지고 수송량도 늘었다. 쇼와시대1926~1989 초기에도 도쿄에서 강과 수로는 여전히 중요했고 오가는 배도 많았다.

에도에서 도쿄로 바뀌며 '수운에서 육운으로'라는 큰 변화가 생겼지만, 중요한 것은 문명개화 이후 근대는 물론 쇼와시대가 된 후에도 수상 교통이 여전히 활발했다는 점이다.

도쿄가 '물의 도시'로서의 성격을 잃은 것은 전후戰後로, 수상 교통과 완전히 결별한 것은 1964년 올림픽 무렵 이후다.

선박 운송 강화

근대 들어 물류를 증기선으로 대량 운송하는 시대를 맞이했다. 1877년에는 '쓰운마루通運丸'라는 목조 외륜 증기선이 도네강 수계

水系에서 정기 화객선貨客船 영업을 시작했다. 처음에는 오나기강小名木川의 오기바시扇橋가 출발점이었는데, 후에 료고쿠에 터미널이 생겨 화물과 승객이 늘었고, 가미토네上利根와 조시銚子 방면으로 배가 다니며 많은 승객이 이용했다. 1장에서 언급한 가와타 준조의 고향 다카하시도 선박 운송 기지로 번성한 곳이다.

메이지시대 중기에 선박 운송이 중요시되었음을 여실히 보여주는 예가 있다. 에도시대에서 메이지시대로 넘어갈 무렵, 현재의 니혼바시강 상류 지역은 배가 다닐 수 없었다. 이는 간다강과 연관이 있다. 에도시대 초기에 수해로부터 마을을 지키기 위해 상류에서 내려오는 히라강平川의 물길을 동쪽으로 옮겨, 스미다강으로 흘러드는 현재의 간다강으로 만들었다오차노미즈御茶ノ水 부근 계곡은 인공적으로 판 수로다. 메지로目白 쪽에서 흘러오는 간다강의 물길을 동쪽으로 바꾸고, 니혼바시 쪽으로 흐르지 않도록 강의 일부를 매립한 것이다. 이로 인해 막힌 수로 형태가 된 니혼바시강 상류 부분은 1884년 시작된 시구市區 개정 계획에 따라 1900년대에 굴삭 공사를 하여 간다강과 니혼바시강이 연결되고 배가 오갈 수 있었다. 메이지 정부가 선박 운송을 중시했음을 엿볼 수 있다.

같은 시기에 철도가 도입되어 고부甲武철도의 종점 '이이다마치飯田町역'이 지어지는데, 이 역은 에도시대 선착장 같은 기능을 했다. 그 후 이곳에 화물역도 생기고, 나아가 미토水戸번의 저택 터에 '포병공창砲兵工廠'까지 생기면서 이 지역에서도 선박 운송이 중요해졌다. 에도시대에는 이치가야市ヶ谷 지구의 고지대에 오와리尾張번의 저택이 있어서 가구라神楽에 선착장이 있었는데, 근대에 들어 강변을 크게 정비하고 선박 운송이 늘었다다카미치 2018. 메이지시대 이후 근

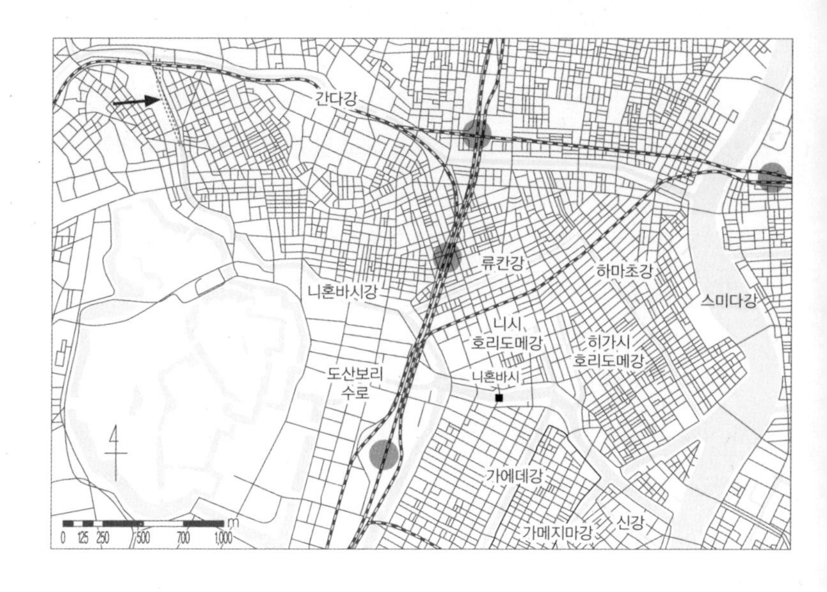

2-1 현재 도시 구조에 에도시대 말기의 수로를 포갠 지도(온다 시게나오恩田重直의 지도를 토대로 작성) 왼쪽 위 화살표가 가리키는 점선이 1900년대에 굴삭한 부분이다. * 표시 부분은 아래에서 시계 방향으로 오늘날의 JR 도쿄역, 간다역, 아키하바라역, 료고쿠역.

대화 과정에서 오히려 도쿄의 선박 운송은 더욱 활성화된 것이다.

고부철도의 벽돌 교각은 간토대지진도 견뎌내, 간다강에서 니혼바시강으로 들어오는 철도교 아래 지금도 남아 있다. 메이지시대의 귀중한 토목 구조물이다. 니혼바시강 인근에는 에도시대의 돌담, 메이지시대 초기의 돌다리인 도키와常磐다리, 쇼와시대 초기에 재건한 교량 등 역사적 유산이 많다. 시대의 흐름에 따라 오래된 건축물이 많이 사라지는 반면, 도시의 기반이 되는 인프라로서 토목 구조물은 오랜 세월 유지되어 왔다. 물론 이 대량의 무거운 석재도 에도시대부터 근대에 걸쳐 먼 곳에서 배로 옮겨온 것들이다.

니혼바시 상류에 모습을 드러낸 다쓰노 긴고辰野金吾, 1854~1919의 '일본은행 본관1896년, 이 장의 시작 사진'은 세토내해瀬戸内海의 기타기섬北木島 등에서 배로 가져온 양질의 화강암으로 지었다. 정면을 장식하는 커다란 돌덩어리를 몇 개나 옮겨야 했고, 이를 하역하기 위해 먼저 선착장을 정비해야 했다. 달리 말하자면 수로에 접해 있었기에 이토록 거대한 석조 건축물을 구상할 수 있었을 것이다.

선착장과 철도역

선착장에 등장한 철도역은 근대 전반기에 수운에서 육운으로의 과도기를 나타내는 상징인데, 앞서 말한 이이다역을 비롯해 여러 곳에 있다. 여객을 위한 기능이 없어지고 화물용 역으로 남은 사례가 많은데, 최근에는 이 또한 불필요해져 재개발이 필요한 지역이 되어 가고 있다.

예를 들어 아키하바라의 화물역은 북쪽으로 일부러 수로를 만들어 배가 들어오게 했다. 료고쿠의 '에도도쿄 박물관' 인근은 막부의 자재를 두는 목재 창고였는데, 1904년 그 한쪽에 소부總武철도의 '료고쿠바시역'이 치바 방면에서 오는 종착역으로 세워졌고, 스미다강으로 이어지는 운하를 이용해 수운과 연결되는 화물역도 생겼다. 나중에 이 역은 간토대지진 후 '료고쿠역'으로 이름이 바뀌었으며, 선로가 연장되어 스미다강을 건너 도심으로 가는 소부본선이 되었다.

상징적인 또 하나의 예로, 도쿄 스카이트리가 들어선 도부東武철도의 '오시아게'가 있다. 이곳도 선착장에 만든 철도 종착역으로, 배와 이어지는 지점이었다. 간토대지진 후 철도가 스미다강을 건너 아사쿠사 방면까지 연장되자 원래의 오시아게역은 화물역으로 남게 되었다. 그 넓은 터를 효율적으로 활용해 도쿄 스카이트리가 세워진 것이다.

도시 내 중심지는 시대에 따른 교통수단의 변화와 함께 크게 바

2-2 니혼바시의 우오가시 선착장(다이쇼시대)

뀌었다. 에도시대부터 메이지시대 초기까지는 놀잇배가 많았던 스미다강 일대는 근대에 와서 물류와 공업으로 역할이 바뀌고 화물선만 오가게 되었다. '아사노 시멘트' 공장을 비롯하여 굴뚝이 늘어선 광경이 펼쳐지고, 1960년경까지 이어졌다. 고토 지구의 수로에는 물자를 운반하는 배가 수면을 가득 메웠다.

한편, 니혼바시의 '우오가시魚河岸' 선착장도 다이쇼시대까지 배가 드나들었다. 이른 시기부터 이전하자는 논의가 있었으나 결국 간토대지진 후 쓰키지築地로 옮길 때까지 바닥이 얕은 히라타平田 배로 생선을 척척 날라 하역했다. 대지진 직전인 1921년 도쿄시가 실시한 교통량 조사 결과를 나타낸 그림〈도쿄시내 하천 항통도東京市内河川航通図〉, 『도쿄시내 하천 항통 조사보고서東京市内河川航通調査報告書』, 도립 중앙 도서관 소장이 있는데, 배의 왕래가 활발했음을 잘 보여준다. 오나기강, 기타짓켄강 등도 통행량이 많았다.

물가에 등장한 개화의 상징

근대 물가의 달라진 경관

메이지시대 이후에는 오히려 선박 운송이 늘어 물 위를 오가는 배도 여전히 많았다. 물 쪽에서 도시를 보는 관점도 에도시대부터 이어져 그림은 물론 사진에도 물의 공간 특유의 아름다운 정경이 표현되었다. 그러나 강변, 수로변, 워터프런트의 도시 경관이라는 점에서는 큰 변화가 있었다.

일본의 도시에는 숙명적인 자연 조건이 있다. 하천에 급류가 많고, 태풍과 호우를 자주 겪으며, 홍수와 해일 등 수해가 빈번하다. 도시의 기반을 다진 에도시대, 사람들은 수해 위험이 있음에도 선박 운송이 가능하고 물을 활용할 수 있는 장점 때문에 선착장이나 하구에 도시를 건설했고, 재해를 막기에 힘쓰며 경제적·문화적으로 번영을 이루었다. 그 대표적인 도시가 바로 에도였다.

일본 하천의 특징을 나타내는 표현 중 하나로 '가와라河原'[1]가 있다. 외국어로 변역하기 어려운데, 실제로 해외 도시에서는 유사한 곳을 찾기 힘들다. 호우 때는 많은 물이 흐르지만 평소에는 메마른 드넓은 공간으로, 이곳에서 여러 활동을 했다. 예를 들어 일본 연극

---

1 모래(자갈)밭이나 바닥이 드러난 선착장.

은 '가와라'에서 탄생한 것으로 여겨진다. 역사가 아미노 요시히코網野善彥, 1928~2004가 논한 바와 같이 '가와라'는 '인연을 끊음'으로써 그때까지의 사회적 얽매임에서 벗어나 자유로워지는 '무연無緣'의 원리가 작동하는 구역으로, 서구의 보호시설이나 피난처asylum와 마찬가지로 당국의 손길이 미치기 어려워 서민적이고 자유로운 공간이 생겨나기 쉬웠다아미노 1978. 강변에서는 그 불안정성의 대가로 더욱 친근하며 자유로운 공간이 성립했던 것이다.

이런 배경 때문에 일본에서는 파리, 런던, 베네치아, 암스테르담과 달리 하천과 운하를 따라 물가에 웅장한 건물이 들어서며 화려한 도시 경관이 생겨나는 일은 없었다. 스미다강 상류 유역이나 고토江東 지구 수로변 등에 신사나 사원이 예부터 자리잡았지만, 본전이나 본당은 안쪽의 다소 높은 지대에 세워지고 경내를 둘러싼 흙담 등이 물가 근처에 세워졌다. 스미다강 하류 유역의 시모야시키下屋敷, 다이묘의 별저도 물가에는 흙담을 쌓아 만든 폐쇄적인 공간이었다.

이와 대조적으로 다리와 연결된 대로는 활력이 넘쳤다. 물가에 가설 음식점이, 안쪽에는 노점상이 즐비했다. 언제든 철거할 수 있는 가설물들이 특유의 서민적인 분위기를 자아냈다.

물가의 개방적인 구조를 갖춘 건축물로는 스미다강, 간다강, 연못 주변에 지은 요정들이 있었다. 에어컨이나 공기청정기가 없던 시대에 사람들은 물가에서 불어오는 선선한 바람을 즐기며 상쾌하고 아늑한 환경에서 시간을 즐겼다. 이곳을 무대로 서화회 같은 문화 살롱 활동도 펼쳐졌다. 한편, 경제 활동이 활발했던 니혼바시를 중심으로 한 안쪽 수로변에는 흰색 벽의 옛 창고가 늘어서 있었고, 이 또한 건축미를 자랑하는 서구와는 달랐다.

그러나 문명개화를 계기로 큰 변화가 생겼다. 물가에 웅장한 서양풍 건물이 잇따라 등장한 것이다. 당당하게 우뚝 선 건물들이 새로운 명소나 랜드마크가 되어 호기심을 불러일으켰으며, 화가들은 그 모습을 여러 회화 작품으로 남겼다. 물가는 개방적인 배경으로, 이른바 '그림이 되는 장소'였던 만큼 여기에 서양풍 건축물이 등장하면 더욱 눈에 띄는 존재가 된 것이다.

물가의 웅장한 건축물

문명개화를 대표하는 시미즈 기스케清水喜助, 1815~1881, 시미즈건설 창업자의 두 가지 '화양和洋, 일본과 서양 절충 건축'이 등장한 것은 바로 물가 주변부였다. 워터프런트에 쓰키지 외국인 거류지가 마련되고 서양식 저택이 해변을 장식했다. 그 대표적인 상징인 '쓰키지 호텔'은 콜로니얼 스타일[2]의 낮은 층 위에 성곽 형태의 건축물을 올린 독특한 절충 양식으로, 서양에 대한 동경과 일본적 풍격風格 및 신뢰감을 절묘하게 표현했다.

니혼바시강에서 나뉘는 가에데강楓川의 가이운다리海運橋 옆에 1873년 모습을 드러낸 또 하나의 화양 절충 건축물 '가이운다리 미쓰이구미 가와세자海運橋三井組為換座'는 정부 정책에 따라 이듬해 일본 최초의 은행인 '제일국립은행'이 되었는데, 1897년경 해체될 때까지 문명개화의 상징이었다. 도시 한가운데에 자리했던 만큼 풍경에 미친 영향은 지대했고 그 모습이 여러 니시키에錦絵, 유색 목판화에 그려졌다.

---

2 식민지에서 식민 모국 건축 양식을 모방하는 경향. 모방 과정에서 지역성이나 사회적 풍토의 차이 등으로 전체적으로 통일되지 않고 나름의 독특한 개성을 지닌다.

2-3 〈가이운다리 미쓰이구미 가와세자〉

* 왼쪽의 가이운다리는 간토대지진으로 파괴되어 1927년 철교로 교체되었다가 1962년 가에데강이 매립되면서 철거되었다.

문명개화 도쿄의 풍경이 지닌 의미를 해독한 마에다 아이前田愛, 1931~1987[3]는 제일국립은행에도 관심을 보였다. 그는 가이운다리 부근에 등장한 문명의 '피라미드'가, 후지산으로 대표되는 자연의 원근법과 조화를 이룬 평탄한 에도의 안정된 도시 경관 구조에 균열을 일으켜 새로운 도시의 수사법을 탄생시켰다는 흥미로운 해석을 제시한다마에다 1982. 원경으로서의 후지산을 대체하는 랜드마크 건축물이 도심의 다리 부근에 등장한 것은 강렬한 반전이었다.

1872년에 만든 '심바시 정차장'心橋停車場, 현재 철도역사전시실도 역 앞 광장을 사이로 중요한 선착장과 접해 있어 상징적 건축물 역할을 했다. 광장에 인력거가 정차하고 바로 앞 수로에 작은 배가 떠 있는 옛 사진이 있는데, 문명개화의 기차역이 풍기는 분위기를 잘 전해준다.

---

3 일본 근대문학 연구자. 『근대 독자의 성립』, 『도시 공간 속의 문학』 등의 저서가 있다.

에도성과 황궁 안쪽 해자에 접하며 좋은 위치에 있던 이이井伊 저택 터에 '참모본부1879'가 모습을 드러냈다. 부드러운 곡선을 그리는 사쿠라다桜田 해자의 수면과 황궁의 우거진 둑을 근경으로 자리하며 당당한 랜드마크로 우뚝 선 모습이 사람들의 눈길을 사로잡았다. 일본 정부가 고용하여 1876년 일본에 온 이탈리아인 건축가 조반니 빈첸조 카펠레티가 설계한 서양풍 건축물로, 에도 분위기가 물씬 풍기는 물과 수풀의 공간에 새 시대의 건축물이 절묘하게 더해졌다.

앞서 언급한 '일본은행 본관'도 강으로 바로 가는 도로 측에 정문을 세우고 중심축 위에 앞뜰, 현관, 돔을 배치했는데, 이는 은행 건축에서 중요한 요소인 지폐 운송 동선이며, 오히려 니혼바시강 쪽으로 공식 현관과 2층에 귀빈실을 두어 당당한 도시형 건축에 걸맞은 외관 장식을 갖춘 것으로 보인다. 이런 건축 조형은 물 위를 오가는 배에서 볼 때 가장 미려했을 것이다이 장의 시작 사진.

에도·도쿄의 중심 운하인 니혼바시강의 '니혼다리'는 메이지시대 말기에 화강암으로 다시 지었는데, 1908년 착공하여 1911년에 완성했다. 이때 설계를 맡은 쓰마키 요리나카妻木頼黄, 1859~1916의 '물의 도시'를 향한 마음을 흥미롭게 풀어낸 것이 하세가와 다카시長谷川堯, 1937~2019다. 하세가와는 에도 막부 신하의 피를 잇는 쓰마키가 근대적인 도시로 전환하는 메이지시대의 도쿄에 에도시대부터 이어져 온 '물의 도시' 이미지를 부활시키고자 물 위의 기념비적인 건물을 구상했다고 주장한다. 그리고 이 니혼다리를 '물 위의 샹젤리제'라고 이름 붙인 것이다하세가와 1975.

이처럼 근대의 수도가 된 도쿄를 무대로 한 문명개화는 다름 아닌 물가에서 시작되었다고 할 수 있겠다. 그뿐 아니라 뒤에 언급하는 바와 같이 지진 재건 시기의 도쿄에서도 건축, 교량, 강가의 공원 등 실로 다양한 건축물이 물가에 지어져 새로운 도시 도쿄의 공간 이미지를 만들어 간 것이다.

도쿄에 투영된 베네치아

도쿄 = 베네치아

이처럼 물의 도시가 지니는 성격은 에도에서 도쿄로 면면히 이어졌다. 특히 도심부인 시타마치는 수로가 그물망처럼 뻗어 있어 베네치아와 닮았다고 여러 차례 언급되었다. 그뿐만 아니라 도쿄에는 메이지시대 이후 베네치아 풍경을 재현한 듯한 건물이 여럿 등장했으며, 베네치아를 동경하여 그 이미지를 본뜬 물의 공간을 만들어내려는 구상이 몇 번이나 제안되었다. 물의 도시로 재평가할 때 베네치아와의 유사성을 언급하며 논하는 일도 많았다. 전후시대에는 베네치아의 복사판 같은 공간이 조성되기도 했다. 이처럼 베네치아는 도쿄의 물의 공간의 중요성을 재인식시키는 데 어느 시대에나 큰 역할을 해 온 것이다.

에도시대 말기부터 쇼와시대 초기에 걸쳐 물의 도시 도쿄의 변천을 '도쿄=베네치아론'의 관점에서 살펴보자이하, 진나이 2013을 토대로 이야기하겠다.

콘도르가 남긴 베네치아풍 건축

베네치아와 도쿄가 닮았다고 처음 언급한 사람은 에도시대 말기1862~64에 스위스 외교사절단 단장으로 일본에 온 에이메 암베르

Aimé Humbert다. 스미다강 선착장을 둘러본 암베르는 평화로운 분위기에 사람들로 가득한 활기차고 아름다운 물의 공간을 높이 평가하며 이를 세계의 다른 곳에서 찾는다면 아드리아해의 여왕, 즉 베네치아의 해변과 광장밖에 없을 거라고 했다암베르 1970.

문명개화 시기의 도쿄에 베네치아의 이미지를 처음 도입한 것은 런던 태생의 영국인 건축가 조시아 콘도르Josiah Condor: 1852~1920다. 이미 건축가로서 뛰어난 재능을 보이기 시작한 그는 1877년, 일본 공부성工部省 초빙으로 일본에 와서 현 도쿄대학 공학부 건축학과의 전신인 공부工部대학교 조가造家학과 교수공부성 영선국 고문 겸무가 되었고, 일본 건축가 제1세대인 다쓰노 긴고, 가타야마 도쿠마片山東熊, 1854~1917, 소네 다쓰조曾祢達蔵, 1853~1937 등을 가르쳤다. '일본 건축계의 아버지'라 할 수 있다.

이와 함께 콘도르는 도쿄에 필요한 중요한 공공건축을 설계했다. 먼저, 일본에 와서 바로 '도쿄 제실帝室 박물관'1881년 준공과 '홋카이도 개척사開拓使 건물'1880년 준공을 설계했다. 건축 양식은 다소 특이했다. 콘도르는 일본에 어울리는 근대 건축을 설계하며 서양 것을 바로 도입하지 않고, 서양과 일본의 중간에 있으며 오리엔트적 문화를 대표하는 이슬람 양식을 의도적으로 골랐다. 또한, 오리엔트의 영향을 받아 성립한 베네치아 건축 양식이 동서의 가교로 걸맞다며 차용했다후지모리 1979.

콘도르가 태어나고 자란 19세기 후반 영국에는 이국적인 것을 선호하는 로맨티즘 경향이 있어 오리엔트, 인도, 중국, 나아가 일본에까지 사람들의 관심이 향했다. 자연스레 콘도르도 일본 문화에 관심이 많았다. 게다가 1876년 일본으로 오는 도중 프랑스에서

며칠 체류한 후, 11월에는 이탈리아에서 약 한 달을 머물며 밀라노, 파비아, 베로나, 제노바, 베네치아, 피렌체, 로마, 폼페이, 나폴리 각지를 돌아보고 건축 스케치에 열중했다. 이슬람의 영향을 받아 오리엔트적 풍모를 지닌 베네치아 건축을 살펴보아 잘 알고 있었던 것이다 오노기 1979.

도쿄 제실 박물관은 처음 계획안 1876은 안토니오 폰타네지 Antonio Fontanesi: 공부대학교에서 고용한 외국인으로, 이탈리아인 화가의 것으로 보이지만, 그 뒤를 이어 콘도르가 완전히 양식을 변경해 이슬람 양식으로 완성했다 가토 1980.

그다음 작품인 개척사 건물은 물의 도시 도쿄를 상징하는 장소에 세워졌다. 니혼바시강이 스미다강으로 흘러가는 곳으로, 에이타이다리 근처에 강물이 넓게 펼쳐져 조망이 뛰어난 부지였다. 낮은 벽으로 둘러싸이고 문이 있는 곳에 홀로 세워진 건물은 네 면 모두 아름다운 외관을 뽐냈다.

콘도르가 그린 원본 도면을 보면 이 건물이 붉은 벽돌색 건물임을 알 수 있다. 1층에는 흰색과 적갈색을 조합한 이슬람 양식 특유의 두 가지 색 아치가 있고, 2층은 베네치아 고딕 양식의 창과 발코

2-4 홋카이도 개척사 물산매팔소(物産賣捌所) 설계도 중 입면도(남쪽 면, 동쪽 면)

니를 조합했다. 장방형 프레임 안에 반디나물 모양삼엽형三葉形 아치를 두세 개 연이어 배치하는 것이 베네치아 건축의 특징이다. 그리고 벽면은 14, 15세기에 유행한 정통 고딕 양식이라기보다 더 자유로웠던 '네오 베네치아 고딕 양식'이라 할 만하다.

콘도르는 도쿄를 대표하는 이 상쾌한 물가에 다름 아닌 베네치아 건축의 이미지를 표현하려 했다고 할 수 있다. 설계 단계부터 다쓰노 긴고 등 콘도르의 제자들도 도왔고, 도면을 그리며 소중한 경험을 쌓았다후지모리 1979.

베네치아 양식의 '시부사와 에이이치 저택'

콘도르에게 건축을 배운 일본 건축가 제1세대 중 한 사람 다쓰노 긴고는 스승의 가르침을 더욱 발전시켜 1888년 4월 도쿄의 중심 운하, 니혼바시강 부근에 뛰어난 베네치아풍 건축물을 세웠다. 이것이 일본 재계財界의 창설자로도 불리는 시부사와 에이이치渋沢栄一, 1840~1931[4]의 저택이다. 1884년 7월 참모본부 측량국이 작성한 상세 지도를 보면 이 부지는 아직 공터였으니 그 직후 건설되었음을 알 수 있다.

이곳은 '물의 도시' 에도·도쿄의 간선 수로인 니혼바시강이 크게 호를 그리고 있어 경관상 중요한 위치로, 파노라마처럼 펼쳐지는 매력적인 풍경이 메이지시대 전기 우키요에 화가 이노우에 단케이井上探景, 1864~1889의 〈에도다리에서 요로이다리 일대의 원경江戸橋ヨリ鎧橋遠景〉에 매우 잘 표현되어 있다. 시부사와 에이이치 저택은 도쿄를

4 '일본 자본주의의 아버지'라고도 불린다. 2024년부터 1만엔 권 지폐에 등장한다. 2022년 NHK 대하 드라마 〈푸른 하늘을 찌르라(青天を衝け)〉의 주인공.

베네치아 같은 국제 무역 도시로 만들려는 꿈을 간직한 시부사와가 영국 유학에서 갓 돌아온 다쓰노 긴고에게 의뢰한 베네치아풍 건축물로, 정면이 강물 쪽을 향하는 개방적인 구조다.

이 건물은 2층 건물로, 베네치아적인 3분할 파사드facade, 건물 정면 외벽로 구성되었다. 단, 폭이 넓다. 중앙 부분을 일반적인 건물보다 넓게 하여 그곳에 아치를 여섯 개 잇따라 배치했다. 고딕풍이라지만 1층에 연속된 아치의 주랑柱廊이 배치된 구조는 고딕에 앞선 비잔틴 양식12~13세기에서 자주 활용된 것으로, 동방에서 운반해 온 값비싼 상품을 배에서 내려 쉽게 운반하도록 1층을 개방적인 형태로 만들었다. 다쓰노가 만든 이 아치는 고딕 양식의 첨두형이 아니라 비잔틴 양식의 반원형이다. 원형 장식 요소인 메다이용médaillon의 활용도 비잔틴 양식의 표현에 안성맞춤이다.

2-5 이노우에 단케이, 〈에도다리에서 요로이다리 일대의 원경〉 * 오른쪽이 에도다리 부근, 왼쪽 다리가 요로이다리다.

다쓰노 긴고의 베네치아 체류

다쓰노 긴고는 1879년 대학 졸업 후 이듬해 런던으로 유학하여 3년 남짓 건축을 배웠다. 1882년 3월부터 거의 1년간은 프랑스와 이탈리아를 여행하며 각지의 유명한 건축물을 둘러보고 스케치했다. 그해 12월 이탈리아에 입국해 베네치아에 머문 것으로 알려져 있다. 당시 일본인 조각가 나가누마 모리요시長沼守敬: 1857~1942가 베네치아 상업고등학교현재의 카 포스카리 베네치아대학교에서 일본어를 가르치면서 왕립미술연구소현재의 베네치아 미술 아카데미에서 공부하고 있었다. 다쓰노는 나가누마를 의지하여 베네치아에 갔고, 그의 도움으로 그리고 아마도 그의 하숙방에 함께 기거하면서 이 도시에 머물렀다. 다행히도 다쓰노가 이탈리아 여행지에서 베네치아의 나가누마에게 보낸 그림엽서 다섯 장이 남아 있어 둘의 돈독했던 관계와, 12월 20일경에는 그가 베네치아에서 피렌체로 이동했음을 알 수 있다이시이 1999, 치바 2006.

다쓰노는 3주 정도 베네치아에 머무는 동안 이 도시에 매료되어 건축의 구성과 장식을 비롯하여 세세한 부분까지 많은 것을 배웠고, 귀국 후 시부사와 저택을 설계할 기회에 그 경험을 살린 듯하다. 스승 콘도르가 초기 작품에서 베네치아 건축 양식을 동서의 가교로서 적극적으로 적용한 것도 그에게 큰 영향을 주었을 것이다.

시부사와 에이이치 저택을 짓기 전에도 다쓰노는 베네치아 건축 양식을 적용해 설계했다. 런던 유학에서 돌아온 그는 바로 은행 집회장 설계를 의뢰받았고 1884년 7월 준공했다. 위치는 후에 짓게 되는 시부사와 에이이치 저택과 가까운 가부토초兜町였다. 안드레아 팔라디오Andrea Palladio의 건축에서 영감을 받은 고전적인 모습을 기반으로 하면서도 장방형 프레임에 아치 창을 배치하는 베네치아 건축의 특징이 드러난다. 나아가, 와타나베 유즈루渡辺譲, 1855~1930를 돕게 되어 다쓰노가 설계에 합류해 1885년 준공한 '체신성 전신 본국'에도 이러한 베네치아풍 창이 쓰였다. 이 건물이 콘도르의 지도하에 설계되었을 수 있다는 주장도 있다후지모리 1979, 다마이 1992.

니혼바시강에 베네치아를 겹쳐보면

비교문학 연구자 히라카와 스케히로平川祐弘는 그의 저서에서 메이지시대 일본인의 베네치아를 향한 동경을 흥미롭게 논한다히라카와 1962. 시인 기노시타 모쿠타로木下杢太郎: 1885~1945는 제1고등학교 시절1903~1904 수업에서 괴테의 『이탈리아 기행』1816년 간행, 일어 번역판은 1914년을 낭독하는 수업을 계기로 베네치아에 큰 관심을 가졌다. 석양에 물든 시나가와의 가스 탱크를 산 조르지오 마조레 교회처럼 느꼈고, 가부토다리兜橋의 시부사와 저택은 카 도로Ca' d'Oro: '황금의 집'이라는 이름의 귀족 저택를 환상처럼 떠올리게 했다는 것이다. 이 젊은 일본인은 괴테의 『이탈리아 기행』을 애독하며 고아미초小網町의 선착장과 가부토초의 다리에서 아직 본 적 없는 베네치아를 상상했다. 일본에서는 안데르센의 『즉흥시인』1835년 간행이 모리 오가이森鷗外의 번역으로 1900년대에 출판되었으니, 괴테의 『이탈리아 기행』 원서도 쉽게 접할 수 있었을 것이다. 흥미롭게도 이탈리아를, 그리고 베네치아를 일본에 처음으로 전한 것은 이탈리아 문학자가 아니라 '남유럽 낭만주의'에 사로잡혀 마차를 타고 남쪽에 있는 물의 도시로 향한 북방의 시인들이었다.

도쿄의 중심 운하 '니혼바시강'에 베네치아풍 시부사와 저택이 세워진 메이지시대 후기, 히라카와가 지적했듯이 일본의 젊은 지식인 사이에 '물의 도시' 도쿄와 베네치아를 겹쳐 생각하는 분위기가 생겨났다. 와세다대학 출신 건축가 나카무라 마모루中村鎭는 1912년 「도쿄의 베니스」라는 에세이에서 '수상 공원 계획'을 세워 '도쿄에 베네치아를 만들자'는 구상을 했다. 무대는 니혼바시강의 에도다리에서 요로이鎧다리 일대로, 그 중심에 베네치아풍 시부사와 저택이 있다. 나카무라는 베네치아를 향한 동경을 강하게 내비치면서도, 도쿄에 만들 베네치아라면 에도적 특징을 최대한 살리고 싶다며 이렇게 썼다.

"모든 집은 물 있는 쪽을 향하고, 배로 현관에 들어올 수 있어야 한다. 여러 건물들은 전통적인 일본 소극장, 카페, 갤러리, 요정, 레스토랑, 영화관 등 환락 기능이 모두 갖추어져야 한다. 구획마다 광장이 있는 게 바람직하다. 광장에는 콘서트홀이 있어서 배 안에서도, 레스토랑의 베란다에서도 바라볼 수 있게 하고 싶다."나카무라 1936, 진나이의 요약

니혼바시강 부근을 무대로 나카무라가 구상한, 베네치아와 에도 정서를 융합한 물의 도시는 실로 매력적이다.

지금까지 근대 문학사와 문화사에서 종종 소개되어 온 기노시타 모쿠타로木下杢太郎, 1885~1945, 기타하라 하쿠슈北原白秋, 1885~1942 등은 프랑스파로 '빵의 모임'을 이끌었다. 도쿄를 파리로, 스미다강을 센강으로 여기며, 스미다 선착장과 고아미초의 서양요릿집 혹은 후카가와의 요릿집에 모여, 카페에서 이야기 나누던 프랑스 예술가들과 자신들을 겹쳐 보면서 문학·예술을 논하는 자유분방한 청춘을 보냈다. 서구를 향한 동경이 메이지시대에 물의 도시를 촉매로 젊은 예술가들의 상상력을 자극했다는 점이 흥미롭다.

메이지시대 후기부터 다이쇼시대 초기에 걸쳐 항구 기능은 에도시대 이래 중심이었던 니혼바시강에서 해안 지역으로 옮겨갔다. 베네치아의 이미지와 겹치는 물의 도시에 걸맞은 장소도 내부의 강과 운하에서 바다에 면한 새 항구 지역으로 옮겨가고 있었다.

서양화가 나카무라 후세쓰中村不折, 1866~1943는 1920년 잡지 《일본 및 일본인》 춘계 증간호에 실린 「동양의 베니스 도쿄만」이라는 소논문에서 메이지시대 중기 이후 여러 호텔이 지어져 유흥지가 된 쓰키시마月島를 '도쿄의 베니스'라고 하며 미래의 도쿄를 풍부한 상상력으로 표현했다하시즈메 2005.

실제로 1921년 조감도를 보면 앞쪽에 묘사된 쓰키시마 주변을 중심으로 많은 배가 오가는, 활기 넘치는 근대적 물의 도시가 잘 표현되어 있다.

그 후 다이쇼시대에 베네치아와 닮은 물의 도시의 면모를 가장 잘 이어받은 곳은 스미다강 동쪽에 자리한 후카가와였다. 이에 관해서는 다음 장에서 이야기한다.

니혼바시강과 모던 도쿄의 건축물들

물가에 모습을 나타내다

베네치아를 향한 청년 예술가들을 자극하던 시부사와 저택이 간토 대지진으로 사라진 후 이를 대신해 등장한 것이 '일증관'日証館: 옛 도쿄 주식거래소 대여 빌딩 건물이다. 역시 근대 도쿄의 선착장을 장식하는 매우 흥미로운 작품이다참고사진 8.

메이지시대의 시부사와 저택과 쇼와시대 초기의 일증관을 비교하면 재미있는 사실을 발견할 수 있다. 베네치아의 경우, 대운하에 면한 중세의 '상인 귀족 저택=상관商館'은 수면 위로 건물이 우뚝 솟아나는 모양새에 정문을 물가에 면하게 배치한다. 이런 건축 방식이 베네치아를 방문한 동서고금의 유명인을 놀라게 했고, 그 강렬한 인상을 적은 글이 후세에 남아 있다.

다쓰노 긴고가 설계한 시부사와 저택은 양식 및 구성은 베네치아의 대운하에 면한 중세 상관 건축과 흡사하지만, 남겨진 사진을 보면 물에 접하게 지은 게 아니라 앞 부분에 공터를 마련하고 약간 뒤쪽에 건물을 지은 듯하다. 간지석間知石: 사각뿔 모양의 석재을 쌓은 호안護岸 위에 난간이 있어 강에서 직접 건물로 들어올 수 없고, 건물 정면 왼편에 설치된 돌계단을 올라야 건물에 들어갈 수 있게 설계한 것으로 보인다.

2-6 일증관
방조제 윗부분의 장식용 밸러스터(난간을 받치는 작은 기둥)가 아치 아래에 보인다. 1928년 준공.

이에 비해 쇼와시대 초기의 대지진 재건 때 등장한 일증관은 베네치아의 대운하에 면한 상관과 매우 닮아, 수면 위로 건물이 솟아나는 방식을 취했다. 흥미롭게도 같은 시기 니혼바시강에 면하여 새로 등장한 철근 콘크리트조 근대 건축물은 모두 유사한 방식으로 지어졌다.

그런 의미에서 일증관을 필두로 대지진 재건 때 세워져 지금도 남아 있는 니혼바시 선착장의 몇몇 근대 건축물이 메이지시대 시부사와 저택보다 물에서 직접 솟아오르는 듯한 베네치아 건축에 더 가까웠다고 할 수 있겠다. 선박 운송이 아직 활발하여 도시의 상징적인 얼굴을 물 쪽으로 향하게 하는 방식이 주류인 시대였고, 이 건축물들은 대지진을 딛고 부활한 도쿄의 꽃이라 할 만한 작품으로 등장한 것이다. 아울러 물가의 건축적 구성에는 각 부지의 지반 상황과 기능에 따라 다채로운 아이디어가 적용된 것도 알 수 있다.

2-7 니혼바시 선착장의 근대 건축군
다리 옆 도쿄 주식거래소(1927년 준공, 참고사진 9), 강에 면한 일증관(오른쪽 가운데)과 에도다리 창고 빌딩(오른쪽 위) * 왼쪽 아래가 요로이다리 남단이고, 오른쪽 위 에도다리 창고 빌딩 뒤로는 에도다리가 있다. 에도바시 창고 빌딩은 2014년, 외관의 약 70퍼센트를 보존하며 지상 18층 오피스 빌딩인 '니혼바시 다이야 빌딩'으로 준공했다.

생각해 보면 문명개화 시기에 물가에 지어진 상징적 건축물은 모두 각자의 존재를 화려하게 과시했지만 무리를 이루어 시가지를 이루지는 못했다. 당시에는 도시 설계나 도시 공간 문맥에 대한 이해가 낮았기 때문이다. 그래서 에도에 하나의 점으로 등장하여 눈에 띄는 명소이자 랜드마크가 될 수 있었다.

이에 비해 쇼와시대 초기의 모던 도쿄에서는 서구 도시 공간에 대한 이해가 높아져 물가에 등장한 여러 건축물이 서로 그 맥락을 고려하여 지어졌고, 상관관계 속에서 무리를 이루어 물의 공간축 또는 시가지를 형성했다. 베네치아의 대운하와 상통하는 건물군이 생겨났다고 할 수 있다. 앞에서 모던 도쿄가 물가에서 시작되었다고 했는데, 이와도 부합한다.

현존하는 당시의 다른 건축물과 비교하면서, 물에서 솟아나게 하는 방식 즉 물가의 공간 구성에 초점을 맞추어 일증관의 특징과 그 위치에 담긴 의미를 살펴보자아베 2017. 그전에 베네치아 운하의 물가에 지은 상관 건축물을 눈여겨보자. 약한 지반에 지은 건물인 만큼 소나무 말뚝을 단단한 점토층까지 박고, 그 위에 이스트리아석을 쌓아 기초를 만든 다음 벽돌을 쌓고 석회칠을 하여 마무리했다. 물에 닿는 곳은 돌 부분만으로, 나무 말뚝은 몇 세기가 지나도 굳건하게 유지된다. 이 방식은 다이쇼시대부터 쇼와시대 초기에 걸쳐 니혼바시강에 나타난 근대 건축물에서 공통적으로 보인다.

특히 1930년 준공된 '에도다리 창고 빌딩'통칭 '미쓰비시 창고 빌딩', 현재 '니혼다리 다이야 빌딩'은 준공 당시의 귀중한 사료가 있어 자세히 비교할 수 있다. 현재는 1972~1973년에 설치한 밀물막이 제방이 원래 돌을 쌓았던 하층부 외관을 가리고 있기 때문에 남겨진 당시 도면과 사진이 유력한 단서다.

이 에도다리 창고 빌딩은 창고 건축의 특성상 정면이 물 쪽을 향하고, 작은 배에서 호이스트 크레인으로 짐을 내려 반입할 수 있는 구조다. 철골 철근 콘크리트조로 6층 중 1~2층은 외벽에 돌을 사용해 풍격風格을 표현했고, 강 쪽은 돌을 쌓은 것처럼 보이게 한 기단부와 건물이 하나가 된 구조다. 그 안에는 지하층이 있고, 채광용 원형 창과 사각형 창다리 쪽이 나란히 배치되었다. 건물 전체의 단면도를 보면 2층부터 5층까지 기둥 열에서 강 쪽으로 바닥 슬래브가 튀어나와 실내 공간을 확보하며, 그 아래 1층은 벽면을 후퇴시켜 하역 장소로 만들었고, 아울러 주랑이 배치된 구조다. 그 아래 지하

2-8 에도다리 창고 빌딩(1931)

* 에도다리 남쪽 끝에 위치하며, 오늘날엔 일부가 초현대식 고층 건물로 세워져 있다. 1층 로비 한쪽에 이 건물의 역사를 알 수 있는 전시관이 있고, 강에 면한 일부 공간은 갤러리로 쓰인다. (참고사진 10, 11)

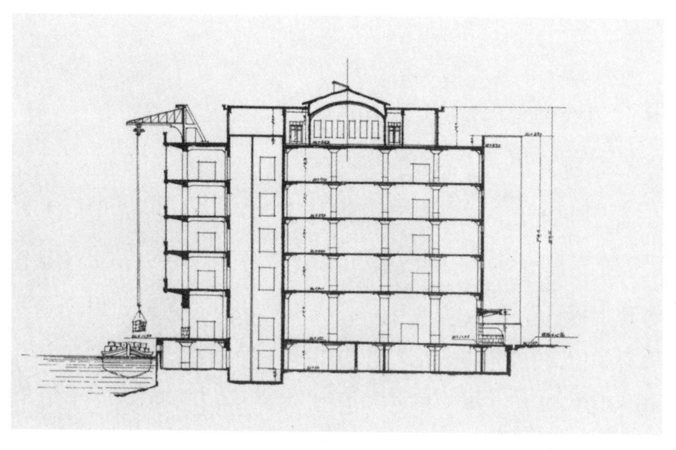

2-9 에도다리 창고 빌딩 단면도(1931)

층에 해당하는 기단부는 건축물과 일체화되어 있다.

당시 설계 자료에는 땅 속 깊숙이 소나무 말뚝이 박혀 있다고 되어 있다끝동부리 11촌, 길이 55척으로, 일증관의 8촌, 50척보다 조금 더 굵고 긴 나무 말뚝으로 보인다. 평면도를 보면 하중이 가해지는 기둥과, 특히 강쪽 외벽 부근 아래는 빈틈없이 말뚝을 박았다. 지하층과 기초 부분의 단면도를 보면 강쪽 면에는 지하층 콘크리트벽에 석재를 붙였고, 그 아래쪽은 기초 부분에 해당하는 물가에 커다란 간지석間知石이 깊숙이 박혀 있는 것을 알 수 있다.

그 안쪽, 즉 지하층 아래는 두꺼운 콘크리트 기초내압판로 물가 건축물의 구조적 안정성을 확보한 듯하다. 그 아래에 수많은 소나무 말뚝을 박았고, 그 사이에는 할률석암석을 깨트린 돌 및 자갈층이 있다. 나무 말뚝을 박은 기초 위에 건축물이 지어져, 그대로 물에서 솟아올라 있다는 의미에서 베네치아 상관 건축과 흡사하다고 할 수 있겠다.

독특한 구조의 일증관

이에 반해 일증관 건축은 매우 특이한 해결 방법을 보여준다. 니혼바시강 쪽 건물 외벽 밖에 드라이 에어리어지하실에 자연광이 들어오게 하는 마른 도랑를 만들고 강 쪽에 방조제철근 콘크리트조를 설치한 것이다. 이렇게 건물 전용 방조제를 설치하여, 드라이 에어리어에서 채광해 지하에 공간을 확보할 수 있었다. 이 제방은 그대로 건물 아래로 이어져 방조제와 기단부를 연결한다. 그 아래에 수많은 소나무 말뚝을 박았고, 그 주변에는 할률석 층이 있다.

그 위에 방수층을 두고 콘크리트 슬래브를 만들어 건축물을 세웠다. 토목과 건축이 하나가 된 흥미로운 구조물인 것이다. 게다가 방조제라는 토목 구조물이면서도 그 위에는 서양 건축이나 조원造園의 고전적 양식으로 활용되는 밸러스터까지 갖추어 절묘하게 장식했다. 놀랍게도 후에 그 터가 물가에 건설된 밀물막이 제방 안쪽에 그대로 쓰인다.

'물의 도시' 에도·도쿄의 중심, 니혼바시강의 가장 화려한 물가에 대지진 후 새롭게 등장한 일증관. 토목 기술과 하나가 되어 탄생한 독특한 근대적 건물이 지닌 가치를 다각도로 검증하는 것은 물의 도시 도쿄를 부활시키는 데 큰 힘이 될 것이다.

최근 또 하나의 중요한 논점이 떠오르고 있다. 주식 매매가 인터넷 상에서 이루어지면서 이곳 가부토초의 증권회사 창구에 사람들이 모일 필요가 없어졌고 거리가 활기를 잃었다. 공실이 늘어가는 오피스 빌딩이 아파트로 바뀌기 시작하여 우려의 목소리가 들린다. 하지만 이곳에는 일본 최초의 비즈니스 거리라는 빛나는 역사와 긍지가 있으며, 일증관 외에도 여러 근대 건축물이 자리한다. 모두 쇼와시대 초기에 지은 것으로, 개성있는 디자인이 돋보인다.

다행히 물가의 부활도 서서히 진행되고 있다. '물의 도쿄' 중심에 자리한 지리적 이점과 역사·문화적 유산을 활용한 가부토초 부활이 논의되는 것이다.

〈대도쿄 조감도〉(1921)

* ①황거와 에도 성터 ②이이다바시역 부근 ③우에노 공원 시노바즈노 연못 ④아사쿠사 센소지 사원 일대 ⑤료고쿠다리 ⑥에이타이다리 ⑦쓰키시마. 오른쪽 아래, 스미다강 동쪽 후카가와 일대에는 많은 공장 굴뚝에서 연기가 뿜어나오고 있다.

3

고토江東

'강 건너' 물의 도시론

도쿄도 23구

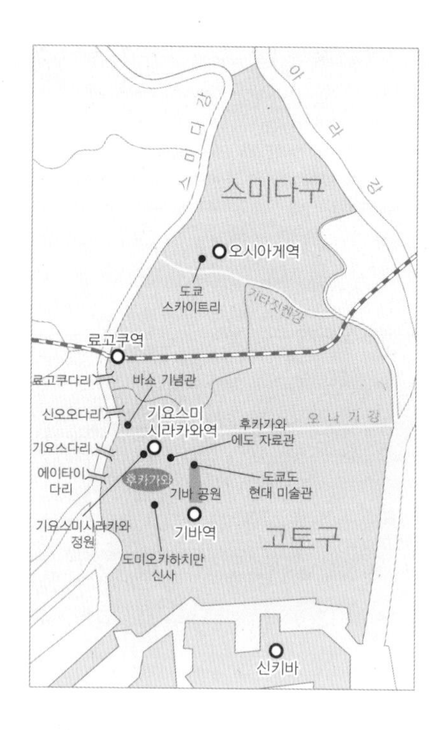

스미다강
아라강
스미다구
오시아게역
도쿄
스카이트리
기타짓켄강
료고쿠역
료고쿠다리
바쇼 기념관
신오오다리
기요스미
시라카와역
후카가와
에도 자료관
오나기강
기요스다리
에이타이
다리
후카가와
도쿄도
현대 미술관
기바 공원
기바역
기요스미시라카와
정원
고토구
도미오카하치만
신사
신키바

도쿄의 '동과 서'

동에서 서로

호세이대학 진나이 연구실 학생들과 현지 조사를 하며 40년 넘게 도쿄의 도시 문제를 생각했다. 그리고 이 도시의 역사와 공간적 특징, 문화적 정체성 등을 밝혀 왔다. 이를 바탕으로 점점 가속화하는 세계화의 흐름 속에서 이 도시의 변화 양상과 그로 인해 생겨나는 여러 문제, 이를 극복하기 위한 다양한 활동도 연구해 왔다.

크게 보면 도쿄는 근대화와 세계화 과정을 거치며 도시 중심부를 점점 서쪽으로 옮겨갔다. 에도시대부터 메이지시대 그리고 쇼와시대 초기까지는 원래 시타마치라 불리던 간다, 니혼바시, 긴자 주변이 문화와 경제 등 모든 활동의 중심이었다메이지부터 쇼와에 걸쳐서는 아사쿠사와 후카가와도 그 일부에 포함되었다. 이것이 서서히 서쪽으로 옮겨간 것이다. 여러 대학이 다이쇼시대1912~1926 무렵부터 최근까지 서쪽으로 이전했고, 이처럼 도쿄의 구심점이 서쪽으로 옮겨가자 그 균형을 고려해 도쿄도청사도 신주쿠로 이전했다. 눈부시게 발전한 젊은이의 거리 하라주쿠도 서쪽으로 무게 중심이 이동한 결과다. 이제 그곳에는 유명 브랜드 숍과 다국적 기업의 지사들이 모여 있다.

한편, 오랜 시간 경제와 문화의 역사가 축적된 시타마치는 방치되었다. 사스키아 사센Saskia Sassen, 네덜란드계 미국인 사회학자. 세계 도시 연구로 유명이 저서 『세계 도시』지쿠마쇼보에서도 흥미롭게 논한, 대도시 속에서 문제를 안고 있는 '이너 시티'란 바로 이런 장소다.

특히 스미다강 동쪽에 자리한 스미다·고토江東 지역은 세계화 과정에서 공업 지대가 쇠락하고 도쿄 서쪽 지역야마노테에 상업과 문화의 기능마저 빼앗겨 뒤처진 감이 있다.

하지만 원래 이곳은 하천과 수로가 그물망처럼 뻗어 있어 물자의 이동이 편리하고, 에도시대에는 어업, 유통, 목재 관련 산업 및 행락과 유흥 등 다채로운 경제 활동과 문화가 꽃피었다요시와라 1987.

근대에 들어서는 선박 운송을 활용한 대규모 유통과 더불어 많은 공장이 세워져 매우 중요한 산업 중심지가 되었다. 산업 구조 변화로 이 지역은 옛 모습을 잃었지만, 선박 운송의 잠재력을 지닌 지역으로 수로·하천의 네트워크, 역사와 전통문화, 축적해 온 각종 기술 등이 지금도 이어져 오며, 21세기의 새로운 창조적 경제 문화 활동을 이끌어갈 잠재력이 충분하다.

다시 활기를 띠는 '강 동쪽'과 강변

최근 사람들의 추세를 살펴보면 서쪽으로 향하는 교외 발전의 꿈은 거의 희미해지고, 오히려 도심 회귀 현상이 뚜렷해지고 있다. 다시 동쪽으로 바람이 불기 시작한 것 같다. 스미다구 오시아게에 높이 634미터를 자랑하는 도쿄 스카이트리가 2012년 5월에 문을 연 것도 긍정적으로 작용했다.

1장에서 이야기한 바와 같이 화가 구와가타 게이사이가 19세기 초에 동쪽 고지대에서 서쪽을 바라보는스카이트리와 같은 시점에서 에도의 조감도를 그린 이래로 이것이 대표적인 구도가 되어, 많은 이가 같은 시점으로 에도·도쿄의 경관을 그려 왔다.

여기에는 스미다강, 간다강, 니혼바시강과 스미다·고토 지역의 많은 수로가 묘사되어 '물의 도시'로서의 에도, 그리고 이를 계승한 근대 초기 도쿄의 모습을 다채롭게 표현한 이미지가 가득했다. 울퉁불퉁한 지형과 물의 순환, 생태계가 그대로 조감도에 담긴 듯하다. 그러나 그런 '물의 도시'는 공업 개발을 위해 지하수를 끌어올리며 지반 침하와 수해를 자주 겪게 되고, 수질 오염 등으로 2차대전 이후에는 완전히 부정적인 이미지로 바뀌었다. 선박 운송도 사라져 물가는 도시 뒤편으로 밀려났다.

그런데 역사의 수레바퀴가 한 바퀴 돈 것 같다. 많은 공장이 다른 곳으로 옮겨갔고, 배수 규제와 하수도 보급 등으로 수질이 회복되었으며, 수문과 갑문으로 관리하여 수해를 예방하면서 사람과 물의 관계가 점차 회복되었다.

이처럼 도쿄 동쪽으로 사람들의 관심이 옮겨가는 현상은 큰 의미가 있다. 원래 스미다강 동쪽의 보쿠토墨東 지역은 에도보다 오랜 역사를 간직하고 있으며, 다양한 문화적 특성을 지닌 공간과 생활 형태가 이어져 왔다. 후카가와에도 에도시대에 형성된 오랜 역사의 문화 중심지가 있다.

스미다·고토는 수로를 활용해 근대에 산업이 크게 발전했다. 전후시대에도 이 지역에는 수상버스가 다녔다. 노면전차 노선도 그물망처럼 뻗어 있었다. 이처럼 지역 전체가 네트워크로 연결되어 경제·문화 활동이 활발하게 이루어졌고, 지역에 뿌리내린 상점가도 많았다. 1980년대 이후 이 모든 것이 쇠퇴하고 말았지만, 새 시대가 도래하여 수로가 살아나고 새로운 기능이 주어지게 되었다.

스미다·고토 지역에는 우량 중소기업이 많이 자리잡고 있다. 첨단 기술 분야에서 주목받는 철강 중소기업이 있고, 특별한 부품을 정교하게 제작하여 어려운 공정을 해낼 수 있는 기술력이 있었기에 이 장소에 도쿄 스카이트리를 세울 수 있었다고 한다. 전통공예뿐만 아니라 첨단 기술이 살아 숨쉬는 장소인 것이다.

그리고 2011년 봄 니혼다리 부근에 모습을 드러낸 선착장에서 도쿄 스카이트리를 향해 스미다강을 거슬러 올라 아사쿠사 방면까지 배로 이동하는 경로, 그 도중에 오나기강으로 들어가 오기바시 갑문을 통해 요코짓켄강을 따라 북상한 다음 기타짓켄강으로 들어가 스카이트리 앞까지 가는 코스도 인기를 끌고 있다. 스미다구와 고토구가 연계하여 내부 하천의 선박 운송 기능을 부활시키려는 실험도 해 왔다. 이처럼 스미다강 동쪽에 펼쳐진 도심 주변부에는 근대 산업시대에 걸친 자연, 문화, 역사, 경제 분야의 소중한 자원이 많다. 그런 의미에서 세계화 과정에서 과소화過疏化하고 공동화한 곳이 부활하리라 크게 기대된다호세이대학 디자인공학부 건축학과 진나이 히데노부 연구실 2013.

이소다 고이치가 제기한 도쿄의 '동서 문제'

이러한 도쿄의 '동서 문제'를 깨닫게 된 계기는 이소다 고이치磯田光一, 1931~1987[1]의 『사상으로서의 도쿄思想としての東京』고쿠분샤国文社라는 책이다. 이 책은 간토대지진 후 도쿄에서 '동=시타마치'와 '서=야마

1 문예평론가, 영문학자. 1964년 미시마 유키오론 『순교의 미학(殉教の美学)』으로 문단에 등장했으며, 전후(戰後) 문학의 재검토 및 문학을 통한 근대론으로 비평의 폭을 넓혔다. 『로쿠메이칸의 계보(鹿鳴館の系譜)』, 『전후사의 공간(戦後史の空間)』 등의 저서가 있다.

노테'의 의미와 그 역학 관계가 뒤바뀌었다고 주장한다. 이소다는 서두에서 모리 마리森茉莉의 단편소설 「미친 마리아」『군조群像』, 1967.12.에 나오는 "아사쿠사족은 도쿄 토박이고 세타가야世田谷족은 촌놈들인 거다"라는 글귀를 인용해 간토대지진 이전 도쿄에서는 다름아닌 '동=시타마치'가 도시 문화의 중심이었음을 강조한다이소다 1978.

이 '동서 문제'를 다루면서 이소다는 두 개의 도시계획도에 주목한다. 먼저 1921년 〈도쿄 도시계획 지도〉를 거론하며, 이때는 메이지시대 이후 계속 발전해 온 도쿄의 원형을 훼손하지 않고 개량하려 했지만 이 계획을 무산시킨 것이 간토대지진1923이었다고 한다. 대지진 재건 시기이던 1925년 발표된 〈도쿄 도시계획 지역도〉에는 간다, 니혼바시, 긴자 등의 중심지가 핑크색 상업 지역으로 나타나 있는데, 이보다 서쪽에 펼쳐지는 야마노테는 노란색의 주택 지역으로 분류되었다. 이곳에는 지방에서 상경해 일본 근대화의 지도자가 된 사람들이 많이 살았다. 한편 에도시대 이래 문화적 기능의 한 자락을 맡아온 스미다강 동쪽 저지대는 모두 파란색의 공업 지역으로 분류되었다. 문화적으로 동서의 역학 관계가 뚜렷이 뒤바뀐 도쿄의 이미지를 확인할 수 있다.

쇼와시대 도쿄가 서쪽으로 팽창하며 근대화를 이룬 것은 분명하다. 일본 근대화의 주역이 된 사람들은 주로 세타가야나 스기나미 쪽에 거주지를 마련해 모리 마리가 말한 아사쿠사족을 공업 지구에 가둠으로써 근대화를 이루었다고 할 수 있겠다. 이소다는 이 여파가 문학에 어떻게 나타났는지를 파악하는 것이 일본 근대화의 정신 구조를 총체적으로 재검토하는 것이라고 생각했다. 도쿄 주오구에서 태어난 다니자키 준이치로谷崎潤一郎는 간토대지진 후 정서적인 안정을 위해 간사이 지방으로 이사했고, 나가이 가후永井荷風, 1879~1959[2]와 이시카와 준石川淳은 지방인에 맞서 굳게 무장하며 '시타마치'의 에도 문화를 고집했다. 또한 고바야시 히데오小林秀雄, 나가이 다쓰오永井龍男, 후쿠다 쓰네아리福田恆存, 나카무라 미쓰오中村光夫 등은 도쿄의 근대화에 절망해 가마쿠라鎌倉로 가서 '제2의 에도'를 찾을 수밖에 없었다.

이소다에 따르면 도쿄 토박이 작가들은 도쿄를 '지방'으로 여겼고, 반대로 지방 사람에게 도쿄는 '중앙'을 의미한 것이 된다. 나가이 가후, 다니자키 준이치로, 구보타 만타로久保田万太郎 모두 에도 문화권의 '방언'을 지키려 했고, 그들의 고립은 '표준어' 문학에 대한 반발 때문이라는 흥미진진한 결론으로 이어진다.

그렇다면 이소다가 지적한 이 같은 도쿄의 이미지 역전 현상이 실제로 어떻게 벌어졌고, 이로부터 백 년 가까이 지난 지금 어떤 현상이 일어나고 있는지 살펴보고 싶어진다.

근대화의 일정 단계에서 도쿄의 '동=시타마치', '서=야마노테'의 의미와 역학 관계가 바뀌어 도시의 주역이 시타마치에서 야마노테로 바뀐 것은 에도·도쿄의 조감도 묘사 방법, 구체적으로는 시점의 위치가 달라진 것에서도 알 수 있다. 이미 다룬 것처럼 19세기 초 구와가타 게이사이를 시초로 하여 에도·도쿄의 조감도는 오랫동안 동쪽 고지대에서 서쪽을 바라보는 구도로 그려졌다. 그런데 1921년 〈대도쿄 조감도〉이 장의 시작 그림를 보면 남쪽 고지대에서 북쪽

---

2 소설가. 도쿄 근대사를 떠올리게 하는 인물로, 사라져가는 도쿄의 옛 풍정에 대한 깊은 애착이 작품 전반에 깔려 있다. 게이오대학 교수를 역임했으며, 퇴임 후의 작품에는 근대문명으로 말미암아 옛 도시가 겪은 변화에 대한 비판이 더욱 강하게 나타났다. 『도쿄 이야기』를 쓴 에드워드 G. 사이든스티커의 〈Kafu the Scribbler〉(1965)를 통해 그의 작품들이 서양에도 많이 알려졌다.

을 바라보는 구도로 바뀌었다.

동쪽 고지대에서 바라본 시점으로 그린 에도 조감도의 경우, 근경에 상징적인 공간축인 큰 강스미다강이 유유히 흐르고, 이곳으로 흘러드는 간다강, 나아가 에도만으로 흐르는 니혼바시강, 그리고 시점 위치에서 가까운 고토 지역의 수로망도 묘사되어 '물의 도시'로서의 이미지가 뚜렷이 표현되었다. 한편, 안팎의 해자로 둘러싸인 쇼군의 에도성은 그 뒤편, 지배 계급의 무사 가옥을 중심으로 한 야마노테와 함께 그림 위쪽에 작게 묘사되어 있다. '동=시타마치'가 도시의 주역인 에도가 절묘하게 표현되어 있다.

이소다는 간토대지진을 전환점으로 여겼지만, 그 직전에 그려진 〈대도쿄 조감도〉는 에도를 이은 메이지, 다이쇼시대 중기까지 도시 이미지가 크게 달라졌음을 보여준다. 조감도의 시점은 북쪽을 위로 배치하는 근대 지도와 마찬가지로 남쪽 고지대로 옮겨졌다. 스미다강 인근, 특히 동쪽좌안에는 연기가 피어오르는 공장들이 눈에 띈다. 물론 공해를 고발하는 것이 아니라 산업화를 이끄는 근대 시설을 자랑스레 그린 것이지만, 명소와 행락지로 사람들을 매료하는 물가 이미지는 사라져버렸다. 한편, 대자연의 구릉지가 펼쳐진 서쪽의 야마노테와 그 뒤편 교외는 수도 도쿄의 근대를 개척할 웅대한 가능성의 지역으로 그려진 듯하다.

넓어지는 시타마치, 이어지는 유전자

도쿄의 '동서 문제'를 생각할 때 중요한 포인트가 있다. 도시가 발전하고 확대하는 과정에 따라 '시타마치'와 '야마노테'의 각 이미지에 걸맞은 지역이 마치 유전자가 퍼져가는 것처럼 바깥쪽으로 이동·확대해 갔다는 점이다. 원조에 해당하는 중심부의 '시타마치', 그리고 이어서 '야마노테'가 정수精髓를 빼앗겨 본래 성격이 희미해져 갔다.

지금은 시바마타柴又, 가쓰시카구 동북쪽 끝자락 부근에서 시타마치다움을 느끼는 사람이 많다. 한편, 야마노테에 관해서는 토지문제연구가 하세가와 도쿠노스케長谷川徳之輔가 "이제는 야마노테의 범위도 'JR 야마노테선'을 넘어 매우 확대되었고, 반세기 전에는 완전히 농촌이었던 세타카야구, 스기나미구, 오타구마저 지나 서쪽 사가미현재의 가나가와현까지 넓어지고 말았다"고 지적한다하세가와 2008. 1990년대에 등장한 '제4의 야마노테'도쿄 서남부, 도심에서 30~40km 떨어진 교외 주택지라는 명칭도 사람들의 마음을 사로잡았다미우라 1995. 도시의 유전자가 시대와 함께 다른 장소로 계승되는, 세계적으로 보아도 독특한 도시 형태를 보여온 것이다.

시타마치가 확대된 과정을 살펴보자. 에도도쿄 박물관 전 관장 다케우치 마코토竹内誠에 따르면 '시타마치는 주로 조닌 계급의 거주 지역, 야마노테는 주로 무사 계급의 거주 지역'이라는, 에도를 양분하는 사회적 지역 개념은 이미 17세기 중반을 지나며 사람들 사이에 정착되었다. '시타마치'의 어원에 관해서는 저지대에 있는 마을로 해석하는 것이 일반적이라고 하면서도, 『고후나이비코』御府内備考, 1826~1829[3]에서 언급한 바를 고려하면 '성 아래御城下 마을'이라는 뜻이 있었을 가능성도 언급한다.

시타마치는 시대와 함께 넓어졌다. 에도시대 말기에는 시타마치

---

3 에도 막부가 편찬한 에도의 지리지.

라 하면 동쪽 끝은 스미다강, 서쪽 끝은 바깥쪽 해자, 북쪽 끝은 스지카이다리筋違橋[4]와 간다강, 남쪽 끝은 심바시 안쪽을 가리켜, 현재의 주오구와 지요다구의 일부만을 의미했다. 아사쿠사도 후카가와도 시타마치가 아니었던 것이다. 1890년대까지 시타야와 아사쿠사가 시타마치에 속하게 되고, 다이쇼시대 이후 후카가와와 혼조도 시타마치라 부르게 되었다. 전후에는 가쓰시카구, 에도가와구까지 시타마치의 범위가 넓어졌다다케우치 1987.

가와타 준조와 후카가와

근대로 이어진 시타마치, 그리고 '물의 도시'의 특징과 매력을 생생하게 묘사한 것이 가와타 준조의 『엄마 목소리, 강 냄새』지쿠마쇼보와 이어 간행된 『에도=도쿄의 시타마치에서』이와나미쇼텐다. 후자의 책 이름에서 알 수 있듯이 가와타는 이 두 책에서 에도=도쿄의 시타마치를 다루는데, 무대는 자신이 2차대전 전에 태어나 자란 후카가와의 다카하시高橋로, 정확히 말하면 근대 도쿄의 시타마치다.

전쟁 전 이 지역 특유의 시타마치적 성격을 띠게 한 요소가 여러 키워드로 제시된다. 우선 '강'과 '수운水運'. 후카가와가 도네강·아라강 수계와 연결된 물의 마을이었기에 주변과 교류가 긴밀했고 물건, 사람, 정보가 모이는 열린 지역 사회로서의 특징이 갖추어졌다고 한다. 특히 강을 매개로 상·하류 간에 종종 혼인 관계를 맺었다는 저자의 이야기는 매우 흥미롭다. 단, 가와타의 시타마치론이 니혼바시와 간다의 시타마치와 약간 다른 점은 '도시'와 '시골'이라

4 JR 오차노미즈역에서 아키하바라역 쪽으로 쇼헤이다리(昌平橋)와 만세이다리(万世橋) 사이에 있던 다리. 1624~1644년 사이에 세워졌으나 1872년 철거되었다.

는 대비로, 그가 논하는 시타마치는 바닷가와 변두리 냄새가 나며 시골의 계절감이 있다는 점이다. 그는 도시와 시골의 유기적 연관 관계가 특유의 생활 문화를 낳았다고 말한다.

그는 '배'에 관해서도 이야기한다. 다양한 배가 집 앞을 오갔다는 사실에 놀란다. 치바에서 채소를 팔러 오는 여성들, 무동력 소형 배를 잠자리로 삼는 수상 생활자 그리고 메이지시대 이후 증기선이 오나기강을 오갔다. 에도시대보다 오히려 근대에 오가는 배가 늘고 규모도 커졌다고 할 수 있다. 저자가 체험한 후카가와는 선박 운송이 절정이던 시기였을지도 모른다. 하지만 그 물은 깨끗하지 않았다. 익사체가, 그리고 개나 고양이의 사체가 떠내려오는 끔찍한 장소의 이미지가 강했고 악취도 났다.

그리고 무엇보다도 시타마치의 주역인 여러 직업과 처지의 '사

3-1 야마모토 쇼코쿠(山本松谷), **〈오나기강의 조망**(小名木川の眺望)**〉**(『신찬 도쿄 명소 도회』)
1908년경의 이 그림에도 여러 종류의 배가 보인다.

람'들이 등장한다. 기바木場, 수상 목재 보관터의 뗏목꾼, 배 목수, 무법자면서도 지역의 질서 유지에 기여해 '의협심'을 보여준 도비鳶, 특히 그 우두머리 이야기도 거론한다. 호탕하고 멋진 남자의 문화를 논한 후 메타포로서 놀이 문화를 언급하고, 후카가와 토박이인 저자가 중시했던 세계를 피력한다. 성생활에서 '기질'과 '놀이'를 구분한 남성과 이와 전혀 입장이 다른 여성. 남성과 여성 각자의 놀이 문화의 의미를 구분해서 논하는 점이 인류학자다운 접근 방식이다. 그리고 근대에는 강 건너 후카가와에 진정한 시타마치가 생생하게 자리하고 있었음을 잘 알 수 있다가와타 2006.

'동서 문제'의 여러 양상

야마노테가 도쿄 서쪽으로 이동해 가는 과정도 간략히 살펴보자. 야마노테의 다이묘 저택 터는 관청, 교육 시설을 비롯한 근대 수도의 기능을 하는 공적인 공간으로 주로 쓰였지만, 군용지로 바뀌었다가 후에 미군 시설이 된 곳도 많다. 야마노테 중에서도 약간 변두리에 있던 아오야마, 시부야, 오모테산도 인근이 바로 그러했고, 시대의 흐름에 따라 용도가 바뀌어 지금은 유행의 최첨단을 달리는 거리로 변모했다다케다 2019. 이리하여 과거 야마노테였던 도심 지역 중 많은 곳은 문화·교육 시설이나 유행을 앞서가는 상업 공간으로 바뀌었고, 저택이 늘어서 있던 본래의 성격을 잃었다. 한적한 주택지는 시대와 함께 외곽으로 옮겨갈 숙명이었던 것이다.

에도의 야마노테를 상징하는 요소 중 하나로 다이묘 저택의 정원이 있었다. 다이묘 저택은 벼랑선崖線의 경사진 녹지에 자리한 경우가 많아, 용수湧水를 이용한 회유식回遊式 정원이 생겨났다. 예를 들어 간다강 선착장에 있는 메지로의 경사면 아래 히고肥後, 현재의 구마모토현을 가리키는 옛 지명 호소카와細川 가문의 정원옛 '신에도가와 공원'이 있어, 물과 자연이 어우러진 도심 속 오아시스로 기능한다. 또한, 미타三田의 언덕에 있었던 이요伊予, 현재의 에히메현을 가리키는 옛 지명 마쓰야마松山번 저택은 메이지시대에 마쓰카타松方 공작[5] 저택이 되었고, 2차대전 후에는 이탈리아 대사관으로 바뀌어, 연못 주위 산책로를 돌 수 있는 정원이 지금도 있다. 물이 말라 펌프로 끌어올려 물을 공급하고 있다고 한다.

근대에는 이러한 정원 문화도 외곽으로 널리 퍼져갔다. 고쿠분지国分寺 벼랑선의 울창한 경사지에서 그 전형적인 예 두 곳을 볼 수 있다. 고가네이시小金井市에 있는 '소로센엔滄浪泉園'은 정계·재계에서 활약한 하타노 쇼고로波多野承五郎, 1858~1929가 다이쇼시대 초기에 지은 별장으로, 그 일부가 정원으로 남아 있다. 또한, 고쿠분지시의 경사지에 자리한 옛 이와사키岩崎 저택의 '도노가야토殿ヶ谷戸 정원 319~320쪽, 참고사진 24'도 근대에 만든 정원 중 하나다. 이는 다이쇼시대에 땅값이 급상승하는 흐름을 타고 별장을 유치할 때 만든 것이다. 역동적인 벼랑 지형을 잘 살렸으며 아름다운 연못이 있는 이 정원은 1913년 옛 만주철도 부총재 에구치 사다에江口定條, 1865~1946가 지은 별장으로, 1929년 이와사키 가문의 손에 들어갔다. 2차대전 후 주변 개발계획에 맞서 정원을 지키려는 주민 운동이 발단이 되어, 1974년 도쿄도가 이를 매입해 공원으로 정비했다. 벼랑 위에는 건물이 있고 지형을 따라 산책로가 있으며, 벼랑 아래에서 솟아나는

---

5 마쓰카타 마사요시(松方正義, 1835~1924). 메이지유신의 주역이었던 사쓰마번 가신으로 메이지유신에 가담했고, 그 후 근대 일본을 대표하는 정치인이 되었다.

물로 연못을 만들었다. 지금도 바위틈에서 매분 37리터의 물이 샘솟고 있다진나이·미우라 2012.

야마노테 지역에도 시타마치가 분산되어 있었던 점 또한 에도 도시 공간의 특징이었다. 울퉁불퉁한 지형 중 고지대에 저택이 자리잡고, 언덕 아래에는 상가 건물이나 연립주택이 있어 서로 의존하는 공동체가 만들어졌다.

나아가, 메이지시대 말기부터 상가나 조닌 주거지가 철도 건설과 맞물려 서쪽으로 옮겨가기 시작했고, 이런 양상은 간토대지진 재건 시기 이후 속도가 붙었다. 역 앞에 상점가와 술집 거리가 형성되고, 시타마치와 유사한 분위기의 거리가 곳곳에 생긴 것도 도쿄의 특징 중 하나다. 내가 자란 주오선中央線 주변도 그 전형으로, 한때 살았던 아사가야阿佐ヶ谷와 근처의 고엔지高円寺, 오기쿠보荻窪, 니시오기西荻 등 시타마치 분위기의 거리가 쇼와시대 초기부터 역 주변에 조성되었다.

이런 현상이 두드러지게 나타난 것이 번화가의 변천이다. 에도의 번화가로는 물가에 자리한 아사쿠사, 료고쿠, 후카가와를 꼽을 수 있으며, 선박 운송과도 연결되어 이곳을 찾는 사람들로 붐볐다. 근대에 들어서도 아사쿠사는 번성하긴 했지만 번화가를 대표하는 곳은 육로 교통이 편리한 긴자였고, 이어 신주쿠, 시부야, 이케부쿠로 같은 터미널역 주변에 번화가가 발달하게 되었다. 수운에서 육운으로 변화하는 것과 맥락을 같이하면서 번화가도 물가에서 내륙으로, 동에서 서로 완전히 옮겨갔다.

쇼와시대 초기, 간토대지진 재건 시기에는 강 건너 후카가와도 도준카이同潤会 아파트,[6] 교량을 비롯해 모던 디자인이 많이 등장하여 시대의 흐름과 유행을 엿볼 수 있는 지역이었지만, 고도경제성장기 이후 개발에서 뒤처져 향수가 느껴지는 '고풍스러운 동네'라는 이미지가 강해졌다.

1980년대에는 무사시노 전원田園의 한 부분이었던 하라주쿠와 다이칸야마代官山 등이 인기 있는 동네로 변모했다. 대학이 무사시노와 다마 지구로 옮겨간 것도 이처럼 도쿄 서쪽으로 뻗어가는 원심력이 작용하게 된 결과 중 하나다. 그러나 도심 회귀의 움직임이 두드러지는 현재, 교외로 옮겼던 캠퍼스를 도심으로 되돌리려는 대학이 늘고 있다.

6 재단법인 도준카이(간토대지진의 부흥 지원을 위해 설립된 단체)가 다이쇼시대 말기~쇼와시대 초기에 도쿄·요코하마 각지에 건설한 철근 콘크리트조(RC조) 집합주택의 총칭. 내진·내화 철근 콘크리트 구조로 건설되어, 당시로서는 선진적인 설계에 따라 필요한 시설을 갖추었다.

전통과 현대 예술의 공존

후카가와 = 베네치아론과의 만남

도시가 확대되고 근대화가 진행되면서 시타마치 성격을 띠는 지역이 니혼바시와 간다에서 아사쿠사와 후카가와로 바뀐 것처럼 '물의 도시'의 성격을 띤 지역도 서서히 바깥쪽으로 옮겨갔다. 다이쇼 시대에 베네치아와 닮은 물의 도시로서의 풍모를 가장 잘 이어받은 곳은 스미다강 동쪽에 자리한 후카가와였다.

고토에 대한 나의 관심은 학생 시절 간다의 고서점에서 우연히 만난 책에서 시작한다. 니시무라 신지西村眞次, 1879~1943, 저널리스트, 문화인류학자가 감수한 『에도 후카가와 정서 연구』江戸深川情緒の研究, 1926가 바로 그 책이다.

베네치아 유학을 마치고 귀국하여 조금 지난 1980년대 초로 기억한다. 도쿄도 과거에 물의 도시였음을 깨닫고 베네치아와 도쿄의 비교에 재미를 붙였던 때다.

이 책은 서두에서 에이타이다리를 건너 후카가와로 갈 때 눈에 들어오는 풍경을, 이탈리아 본토에서 철도교로 베네치아의 섬으로 들어설 때의 풍경에 비유한다니시무라 1971. 아서 시먼스Arthur W. Symons, 1865~1945의 시를 바탕으로 하지만, 물의 도시를 향한 로망이 잘 느껴지는 묘사다. 그런 다음 후카가와가 얼마나 물과 밀접한 관계를 맺으며 발전해 왔는지 이야기한다. 어업, 도미오카하치만 신사 앞 하나마치, 기바, 사가초의 유통 등 산업·경제부터 문화에 이르기까지 모두 물을 통해 성장했다고 주장한다. 최근의 '도시론'을 앞서 다룬 선구적인 책이어서 나는 크게 감탄했다.

그때부터 나는 후카가와, 고토를 걸어서 탐방하기 시작했다. 매년 8월에 열리는 도미오카하치만 신사의 제례 중 3년에 한 번 있는 '본 축제'本祭り를 가까이서 보고, 미코시가 에이타이다리를 건너는 광경에 감동하던 일이 생각난다. 50개가 넘는 각 동네 미코시가 모이는 연합 행차의 대표를 맡는 거대한 후카하마 미코시는 후카가와하마 14개 마을 어부들의 긍지가 담긴 것으로, 지역에서 어촌이 지니는 특별한 의미를 새삼 느꼈다.

하천 재정비가 진행되기 전인 1980년대에는 수로 주변에 동남아시아처럼 나무 말뚝을 박아 물 위까지 솟아오른 집이 늘어선 독특한 풍경을 볼 수 있었다. 당시 수면에는 여전히 목재가 떠다녔던 것 같다.

또한, 도미오카하치만 신사 앞 수로변에는 세련된 다쓰미게이샤辰巳芸者, 에도시대 후카가와에서 활약한 게이샤로 널리 알려진 하나마치의 요정과 마치아이待合 건물이 남아 있었다. 내진耐震 보강을 위해 물가에 콘크리트 인도가 만들어지기 전에는 건물과 수면이 가까웠던 것이다. 지금은 인도를 따라 심어 놓은 벚나무가 다 자라서 보트로 꽃구경을 즐길 수 있다.

고토의 매력은 에도의 전통적인 문화만이 아니다. 쇼와시대 초기의 모던한 문화도 이 지역의 두드러진 특징이다. 무엇보다 앞서 언급한 도준카이 아파트가 그렇다. 간토대지진 재건 시기에 도쿄의

3-2 나무 말뚝을 박아 물 위까지 튀어나온 집들

3-3 선착장에 있었던 하나마치의 요정과 마치아이 건물

시타마치는 모던한 분위기로 바뀌어 세련된 건축물이 잇따라 등장했는데, 그중에서 이채로운 존재감을 드러낸 것이 도준카이 아파트였다.

나는 여러 곳에 건설된 도준카이 아파트 중에서도 고토구에 지은 스미토시住利 아파트를 특히 좋아한다. 안뜰을 둘러싼 멋진 구조로, 도로에 면한 1층에는 시타마치답게 상점들이 자리하고 안쪽에는 큰 안뜰=광장이 있어, 사람들은 여기서 멋진 디자인의 나선형 계단을 통해 각 층으로 이동했다. 또한, 안뜰에서는 노인이 게이트볼을 즐기고 아이들이 신나게 뛰어놀 수 있어 공동체의 근간이 되었다.

그리고 물의 도시라는 관점에서 흥미로운 것은 '식량 빌딩'이다. 선박 운송용 수로를 갖춰 물류 거점이었던 사가초佐賀町 한쪽에 있다. 1927년 준공된 이곳에는 쌀 도매 시장으로 번성한 역사가 아로새겨져 있다. 쇼와시대 초기다운 모던한 중정형中庭型 건축물로, 선구적 예술가 고이케 가즈코小池一子, 1936~가 그 매력에 반해 1983년 이 건물 3층에 현대 예술을 위한 사가초 이그지빗 스페이스Sagacho Exhibit Space를 만들었다. 스기모토 다카시杉本貴志, 1945~2018[7]가 이끄는 '수퍼 포테토'가 멋지게 개조한 이 넓은 공간에서는 여러 전람회와 문화 행사가 열려, 이른바 로프트 문화의 출발점이 되었다.

이 건물이 지중해 문화권에서 접할 수 있는 중정형 카라반세라이여행자 숙소와 놀라우리만큼 닮아 1985년, 호세이대학이 주관하여 이곳에서 지중해 학회를 열었다. '우리 내부의 지중해, 그들 내부

---

7 인테리어 디자이너. 디자인 사무소인 '수퍼 포테토' 주식회사를 설립했다. 무사시노미술대학 공간연출디자인학과 명예교수 역임.

3-4 **식량 빌딩** 지중해 문화권의 건물과 닮은 구조다.

의 일본'이라는 제목의 학제적 성격이 강한 심포지엄이었다. 시리아 유학 경험이 있는 회원 부부에게는 안뜰 회랑에서 전통 음악 연주를 부탁해 아랍 커피를 마시며 음악을 즐겼다. 뒷풀이는 스미다강 건너편의 야나기바시 선박 대여 업체가 띄운 야카타부네 배에서 했다. 이 '식량 빌딩'은 17년 동안 예술 활동의 중추적인 역할을 했지만 안타깝게도 철거되고 그 자리에 아파트가 들어섰다.

기요스미시라카와에서 나타난 새로운 움직임

스미다강 동쪽은 과거에는 수로를 갖춘 물의 도시로, 그 저변에 어촌, 종교 공간, 하나마치, 기바木場, 명소와 행락지 등 고유한 특성을 간직해 왔다. 그런데 2차대전 후 선박 운송이 끊기고 기바가 신키바新木場로 이전했으며, 하나마치도 없어져 개성이 약해진 고토구는 교통이 매우 편리한 도심인 만큼 아파트가 즐비한 평범한 주거지역이 되어갔다. 본래의 정체성을 잃고 마는 것이 아닐까 우려스러운 시기였다.

하지만 다행히도 그렇게 되지는 않았다. 특히 최근 10년간 '기요스미시라카와清澄白河' 지역의 움직임을 보면 놀라울 따름이다. 동쪽의 기바 공원에 도쿄도 현대 미술관MOT이 자리하고, 바로 가까이에 지하철 오에도선 및 한조몬선 기요스미시라카와역이 생기면서 인근이 활력을 되찾았다.

폐점한 상점만 줄줄이 남을 듯했던 자료관 거리 주변에 오래된 건물을 개조한 갤러리가 잇따라 등장했다. 목재상 창고, 작은 공장 건물을 다용도로 활용해 근래에는 블루보틀 커피를 비롯한 세련된 커피점이 여기저기 생겨났다. 이와 함께 새로운 경제 활동이 이루어지고 있으며, 지역 문화가 퍼져나가는 거점 역할을 하기 시작했다. 그야말로 역사, 전통, 물의 도시로서의 기억 등 지역에 방대하게 축적된 것들을 활용한 고토다운 움직임이라 할 수 있다. 특히 근세에서 근대에 걸쳐 쌓인 산업 유산을 현대적 가치관으로 재검토해 다른 지역에서는 불가능한 다양한 문화 활동의 무대가 되었다.

출발점은 앞서 언급한 1980년대 전반 사가초 식량 빌딩에 들어선 '이그지빗 스페이스'였다. 로프트 문화의 출발점으로 화제를 모았던 이 건물은 안타깝게도 사라졌지만, 여기서 많은 젊은 예술가가 탄생했다. 원래 이그지빗 스페이스에 있었던 고야마 도미오小山登美夫, 1936~도 근처의 '마루하치丸八 창고'로 옮겨 현대 아트 갤러리를 열고 세계를 향해 나름의 예술 세계를 전했다. 이 또한 원래 물가에 접해 있던 창고로, 큰 엘리베이터가 있는 넓은 공간은 현대 아트 갤러리에 안성맞춤이었다. 이 창고도 나중에 철거되었지만, 이러한 활동이 쌓여 지금의 기요스미시라카와에 예술의 유전자를 심어 놓았고, 다채로운 활동으로 이어지고 있다마쓰카와 2017.

거리의 풍경을 바꾼 역과 사람

이곳이 각광받게 된 데는 나름의 배경도 있다. 원래 수상 교통뿐만 아니라 도쿄시 노면전차와 이를 이어받은 도쿄도 노면전차가 스미다강 동쪽 지역 전체에 그물망처럼 뻗어 고토구와 스미다구를 남북으로 밀접하게 연결했다. 노면전차가 마지막까지 남아 있던 곳이 바로 기요스미시라카와 일대였다. 그러나 노면전차가 사라지자 버스 외의 대중교통수단으로는 도쿄 도심과 교외를 동서로 잇는 소부선과 도자이선만 남게 되었고, 남북 방향으로 오가기 불편해졌다. 이 동네의 고유한 장소성을 뒷받침하고 이를 계승하는 인프라가 사라진 것이다.

그런데 그 공백을 메우기라도 하듯 남북을 잇는 지하철 오에도선이 개통되고, 한조몬선이 오시아게까지 연장되면서 가장 가까운 역으로 '기요스미시라카와역'이 새로 생겼다. 이러한 새 지하철 노선이 잠들어 있던 오랜 동네를 깨워 활기를 되찾게 한 것으로 보인다. 이시하라 신타로石原愼太郎 도쿄도 지사가 '오에도선'이라는 지하철 노선명을 발표했을 때는 다소 막연하다고 생각했는데, 이는 기우였다. 오랫동안 잊혀졌던 에도와 연관 있는 유서 깊은 동네에 활력을 불어넣는 데 큰 힘이 됐다.

이리하여 역세권에서 멀어져 다소 불편했던 기요스미시라카와 지역의 접근성이 매우 높아졌다. 폐점한 상점이 많았던 '후카가와 자료관 거리'가 살아나고, 아트 갤러리와 세련된 가게가 생겨 사람들로 북적인다참고사진 12.

활력을 되찾은 동네에는 반드시 중심 인물이 있다. 상점가의 리더 '아즈마야 문구점'의 와케베 도시히로分部登志弘는 취미 활동에 푹 빠져 20년 전부터 '허수아비 콩쿠르'를 개최하여 매년 여러 독특한 작품으로 자료관 거리 상점가를 장식한다. 에치고쓰마리越後妻有의 '대지의 예술제'[8]에도 이 허수아비가 전시되어 다랑논에 세워졌다고 한다. 이 주변은 예부터 불교 사원이 많은 동네이기도 해서, 와케베가 기획하여 자료관 거리 인근 사원에 모빌 설치 미술을 전시한 적도 있다.

이곳 상점가는 '기바'의 기능이 바다쪽 '신키바'로 옮겨지면서 활력을 잃고, 상점들이 오랫동안 폐업 상태였다고 한다. 와케베는 폐점한 상점을 되살리는 고토구의 지원 제도를 활용해 '후카가와 잇푸쿠'라는 커뮤니티 카페를 열었는데, 이것이 활성화하며 부활의 디딤돌이 되었다.

목재를 보관하던 넓은 수면을 매립해 탄생한 기바 공원 북쪽 끝에 도쿄도 현대 미술관이 있는데, 가장 가까운 지하철 '기바역'에서는 멀어 고립된 곳으로 느껴졌다. 최근 기요스미시라카와역에서 내려 활기 넘치는 후카가와 자료관 거리를 지나는 경로가 인기를 끌면서 이제는 이쪽 방면이 주요 접근로가 되었다.

---

8 니가타현 에치고쓰마리 지역에서 3년에 한 번씩 열리는 예술제. 영어명은 'The Echigo-Tsumari Art Triennial'이다.

이 같은 움직임을 일찍 감지해 이 지역에 아트 갤러리에 이어 블루보틀 커피 같은 세련된 커피숍이 여럿 생겨났다. 흥미로운 현상이다. 이들 모두 기바와 관련 있는 목재 창고, 물류 창고, 인쇄 공장 등 물의 도시 후카가와다운 산업용 건물을 재활용했다. 전쟁 때 불타버린 지역인 만큼 예외 없이 2차대전 후 건설된 건물이다. 문화재가 아닌 전후시대 건물을 절묘하게 활용하여 지역에 활력을 불어넣은 점이 참신하다.

기바와 가까운 이 부근은 목재 관련 창고와 제재소가 많았고, 수로도 남아 있었다. 전후 번영이 계속되던 시기에 지어져 쇠퇴기에도 철거되지 않고 있었던 건물과 공간이 '재고stock'로서 이 지역에 여럿 있었는데, 그 가치를 재발견하는 사람들이 나타나 새 생명을 얻었다. 산업화 시대의 오래된 건물이 이런 과정을 거쳐 현대적으

3-5 **블루보틀 커피** * 일본 최초의 블루보틀 매장으로, 기요스미시라카와가 카페 거리로 각광받는 계기가 된 곳이다.

로 멋지게 부활한 것이다. 이런 건물은 모두 내부 공간이 넓어 갤러리와 상점은 물론 커피숍으로도 활용하기 적절하다. 커피를 내리기 위한 커다란 장치는 천장이 높아야 하기에 창고가 제격인 것이다.

기요스미시라카와 지역에는 방금 언급한 것처럼 블루보틀 커피를 비롯해 목재 창고를 카페로 개조한 세련된 로스팅 카페가 많이 들어섰다. 선박 운송을 이용하던 작은 공장도 많았는데, 그중 하나였던 철공소를 와인 양조장으로 개조한 예도 눈에 띈다오카무라 2017.

물의 도시로서 역사를 간직한 후카가와 지역 특유의 새 시대를 열어가려는 흥미로운 움직임은 당분간 계속될 것이다.

예술과 도시를 잇다

이미 보아온 바와 같이 최근에는 도쿄도 현대 미술관으로 가는 길로 후카가와 자료관 거리가 각광받으면서 이 미술관과 지역이 연계 활동을 펴고 있다. 보수 공사로 인한 휴관 시기를 활용해 현대 미술관의 야부마에 도모코藪前知子를 비롯한 학예원이 지역 주민과 협동하여 오래된 건물들에서 예술 작품을 전시했다. 'MOT 새틀라이트 2017 봄: 왕래왕래'라는 이름의 이 독특한 활동이 성과를 거두면서 지역 활성화의 모범적인 사례가 되었다. 물의 도시로서의 역사·기억·문화와 풍토에 관해 예술가들이 조사를 거듭하고, 지역 주민과 교류하며 의견을 듣고, 그 과정에서 풍부한 이야기를 소재로 작품을 제작한 것이 흥미롭다. 아울러 건물주를 설득해 기존 건물을 예술 공간으로 꾸며 장소의 특성이 예술에 반영되는 새로운 가능성을 보여주었다.

이 지역 출신인 사람 가운데 나와 같은 세대이며 영국에 사는 예술가 시무라 히로시志村博가 있다. 그가 상속받은 땅이 후카가와 자료관 거리에 있는데, 이곳에 '그랜체스터 하우스'라는 갤러리를 만들어 기요스미시라카와를 거점으로 한 예술 활동의 거점으로 자리 잡았다. 8년 전쯤 시무라와 친한 사이가 된 덕분에 예술과 도시를 연계하는 흥미로운 움직임이 막 시작되었을 때 기요스미시라카와를 종종 방문할 수 있었다.

시무라는 현대 미술관 학예원들과 협력해 자기 예술의 출발점인 기바를 예술가의 관점으로 재조명하는 일에 도전했다. 1960년대 후반, 수많은 통나무가 동동 떠 있는 기바의 풍경 사진을 떠올린 그는 오랫동안 방치되어 있던 그 사진 필름을 학예원과 함께 찾아냈다. 이를 계기로 프로젝트가 시작되어 도쿄예술대학과 도쿄대학의 첨단 기술 전문가들과 손잡고, 옛 풍경과 현대의 모습을 시각적으로 포개는 방법을 고안하여 참신한 작품을 제작했다. 이는 제2탄 'MOT 새틀라이트 2017 가을: 엮이는 풍경'의 주목받는 전시 중 하나가 되었다.

지역에 잠들어 있거나 잠재된 가치를 발견하여 활용하는 재미는 나의 전문 분야인 건축사와 도시사 영역에서도 늘 찾아 헤매던 것이다. 그래서 미술관이라는 고정된 장소에서 벗어나 지역의 문화적 풍토를 이해하고 적극적으로 반영하며 창조 활동을 펴는 현대 예술 세계의 최근 움직임이 매우 인상깊다.

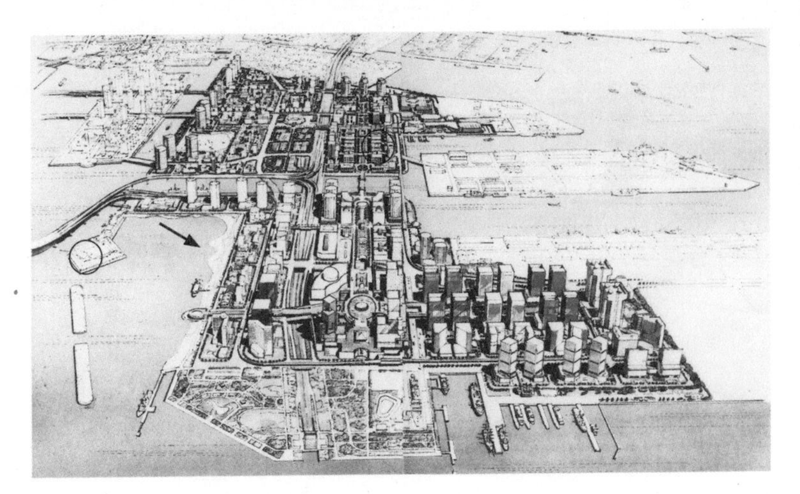

임해부 부도심 개발 기본계획도(도쿄도 기획심의실 작성, 1988)

* 왼쪽이 오늘날 오다이바 일대다. 왼쪽 동그라미 부분은 제3 포대. 128쪽 사진과 참고사진 13은 화살표 방향으로 찍은 것이다. 가운데 위 동그라미 부분은 다양한 전시가 열리는 도쿄 빅사이트 일대.

베이 에어리어

개발은 문화로부터

4

도쿄도 23구

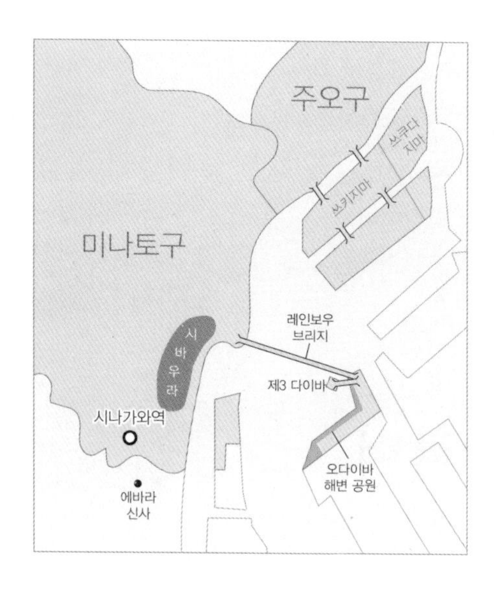
주오구
쓰쿠다
지마
쓰키지마
미나토구
레인보우
브리지
시
바
우
라
제3 다이바
시나가와역
오다이바
해변 공원
에바라
신사

물가의 문화를 이어받은 장소

왜 역사부터 밝혀갈까

물가 공간은 시대적 가치관의 변화를 예민하게 비추는 거울과 같다고 생각해 왔다. 특히 도쿄만은 전근대, 근대, 탈근대 각 시대에 따라 역할과 모습이 크게 바뀌었다. 그리고 2020년 도쿄 올림픽·패럴림픽[1]을 위해 건설된 경기장이 모여 있는 베이 에어리어도쿄만 일대는 요즘 크게 변하고 있다.

고도경제성장기에는 과거를 돌아볼 여유도 없이 무작정 앞만 보고 나아가야 했다. 하지만 일본이 경제대국으로 인정받고, 성장이 멈춰 성숙 사회로 진입한 지금, 다음 시대를 전망하려면 과거의 경험을 돌아보고 역사적 가치와 토대를 존중하며 새롭게 나아가려는 태도가 필요하다. 특히 이런 자세가 요구되는 곳이 역사적 기반이 빈약하다고 여겨지는 베이 에어리어라 할 수 있다.

근시안적인 발상에다 효율성만 따져 목적에 부합한 공간과 시설만 만드는 기존 방식을 답습해서는 발전한 현대 도쿄에 걸맞은 베이 에어리어를 만들기 어렵다. 먼저 역사적 경험을 반추해 보자.

---

1 코로나 팬데믹의 여파로 2021년 여름에 열렸다.

미국의 워터프런트와 다른 점

몇 년 전 '물의 도시' 비교 연구를 위해 찾았던 뉴욕과 보스턴에서도 발상 전환의 필요성을 절실히 느꼈다. 이 두 도시는 미국만이 아니라 세계를 대표하는 워터프런트의 선진 도시로 알려져 있다. 18세기부터 진행된 식민지화로 도시가 형성되었고, 강이나 만에 접한 물가에는 선착장과 부두가 여럿 만들어져 물류 공간이 끝없이 펼쳐졌다.

그러나 1960년경, 물류 혁명으로 바다에 더 가까운 곳에 컨테이너 부두가 만들어지자 기존 도시에 인접했던 선착장과 부두 등 항만 지구는 쇠퇴하고 황폐화하여 치안까지 악화되었다. 뉴욕과 보스턴은 이런 지역을 도시 재개발 사업 대상으로 삼아 전략적으로 재건하는 데 성공했다. 지금 보면 감동적일 정도다. 이에 비해 도쿄는 완전히 뒤처진 것 같다.

4-1 보스턴의 항구 부두가 정렬된 구조다.

그런데 생각해 보면 뉴욕과 보스턴은 물류 도시가 되기 전에 사람들이 물과 더불어 사는 도시 문화를 경험한 적이 거의 없다. 그런 단계를 거치지 않고 곳곳에 물류 기능을 갖춘 항만 지구를 건설한 것이다. 그럼에도 그 공간이 기능과 의미를 상실하자 새 시대의 요구에 맞게 시민이 거주하고 휴식을 즐기는 문화 공간으로 전환할 수 있었다.

한편, 도쿄는 어떠한가? 에도시대가 시작될 때부터 베이 에어리어의 역사는 매립의 역사라 해도 과언이 아니다. 근대에 들어 물류 공간이 형성되기 전부터 사람들은 베이 에어리어에서 다채로운 활동을 해 왔다. 그 기층을 이어받았고, 그 기억이 남아 있다. 이처럼 에도·도쿄의 해변까지 관심을 넓히면 상상력은 무한히 펼쳐진다. 단순히 물류 기능을 하던 곳에서 아무것도 없이 현대적인 물가 공간을 만드는 게 아니라, 예부터 면면히 이어져 온 물가 문화의 유전자를 이어받아 옛 경험과 기억을 발판으로 미래를 만들어 가는 창조적인 도시 조성의 길이 있음이 분명하다.

자연과 인간이 더불어 살아온 베이 에어리어

도쿄만은 육지에서 먼 바다까지 얕아서 '에도 앞의 수산물'이라는 말처럼 풍부한 어장이기도 했다. 〈도쿄만 어장도〉東京湾漁場図, 1908를 보면 당시 갯벌 및 각 해역의 실상을 엿볼 수 있다. 여러 조장藻場: 해조나 해초가 밀생한 곳을 비롯하여 새우 게타아미桁網, 그물의 일종, 새우 우타세아미打瀬網 등의 어획 방법이 적혀 있다오타 구립 향토 박물관 1989.

도쿄만에 여러 어촌이 발달한 것도 당연한 일이다. 아사쿠사도 옛날에는 어촌이었고, 후카가와, 쓰쿠다지마, 시바우라, 시나가와,

4-2 〈도쿄만 어장도(東京湾漁場図)〉

* 지도에서 오른쪽 맨 위 부분은 오늘날의 쓰키시마, 시바, 시나가와(표시 부분) 일대에 해당하며, 아래 표시 부분은 요코하마다. 육지에 면한 곳과 바다 부분에 여러 어획 방법이 표시되어 있다.

오오모리, 하네다 등 지금도 그 분위기가 남아 있는 곳이 적지 않다. 어촌 특유의 거주지가 밀집된 공간 구조는 현재의 거리 풍경에도 스며 있다.

늘 위험에 노출된 채 바다와 함께 살아가는 어촌에서는 자연스레 신앙심이 돈독해지기 마련이다. 각지의 제례에서는 바다에 대한 경건한 마음을 단적으로 나타내는 해중 행차海中渡御나 해상 행차海上渡御가 열렸다. 쓰쿠다지마에는 많은 이가 해상 안전, 도항 안전의 수호신으로 믿는 스미요시 신사의 도리이鳥居, 신성한 곳이 시작됨을 알리는 문가 바다에 접한 곳에 세워졌고, 그 앞의 계단을 내려가면 작은 모래사장이 있었다. 3년에 한 번씩 8월 초순에 열리는 '본 축제本祭り'에서는 남자들이 짊어진 장대한 핫카쿠미코시八角神輿가 계단을 내려가 바다로 들어가는 해중 행차가 성대하게 열렸다. 1980년대 전반에 쓰쿠다지마 조사를 할 때 관련 역사를 잘 아는 이 지역 어르신이 그 모습을 촬영한 귀한 사진을 자랑스레 보여준 적이 있다.

어촌 공동체의 정신을 나타내는 해중 행차도 1962년을 마지막으로, 콘크리트 호안護岸이 건설되면서 중단되었다. 이 시기에는 바다도 오염된 상태였다. 그 후 오랫동안 바다와의 관계가 끊겼는데, 오오카와바타 리버시티 21조선소 터에 건설된 고층 주택지을 개발하면서 대규모 제방이 건설된 것을 계기로 —비록 해중 행차는 무리였지만— 미코시를 배에 태워 이 고장을 순회하는 선박 행차를 하게 되었다.

시나가와 에바라 신사의 해중 행차

해중 행차를 하려면 얕은 바다와 모래사장이 필요하다. 시나가와의 에바라荏原 신사에서는 메구로강 하구 근처 모래사장에서 갓파 축제라는 제례의 해중 행차를 했는데, 강의 유로가 바뀌고 매립 및 개발로 얕은 바다와 면한 모래사장도 없어져 행사장을 바꾸어야 했다. 처음에는 하네다 앞바다, 이어서 오다이바 해변 공원 후미로 무대를 옮겨 지금도 이 제례는 계속된다.

2008년 스페인 사라고사에서 물을 주제로 한 국제박람회가 열렸을 때 '세계의 물의 도시' 파빌리온에 도쿄를 전시해 달라는 요청이 있었다. 호세이대학 에코지역디자인연구소2017년에 연구센터로 개칭에서 물의 도시 도쿄를 소개하는 비디오 작품을 제작했는데, 그때 영상작가와 카메라맨에게 의뢰하여 이 해중 행차 장면을 특별히 촬영했다. 2007년 6월의 일이다.

시나가와를 출항한 10척 정도의 배가 도쿄만을 엄숙하게 나아가 오다이바 해변 공원 후미로 들어온다. 신관을 비롯한 제례 운영자들을 태운 선두의 배에 이어 두 번째 배에 미코시의 모습이 보인다. 뱃머리가 앞으로 향한 채 해변에 모두 정렬하면, 먼저 남자들이 내린 후 배에서 미코시를 내려 얕은 바다 속에서 힘차게 흔든다. 미코시의 지붕에는 바다에서 주워 왔다는 스사노오노미코토須佐之男命[2]의

4-3 오다이바 해변 공원의 해중 행차

* 무인궤도열차 유리카모메선으로 레인보우브리지를 건너 다다르는 오다이바 해변 공원 역과 다이바 역 사이의 바다. 가운데 보이는 큰 건물은 후지TV 본사, 그 앞은 '아쿠아시티 오다이바'. (참고사진 13)

가면이 붙어있다. 바다에서 온 신의 가면이기에 바다로 돌려보내고자 미코시에 붙여서 해중 행차를 했더니 그 후로 풍어豐漁가 이어져, 이후에도 해중 행차를 계속하게 되었다고 한다.

북과 피리 소리가 커지면서 축제 분위기는 고조된다. 행사장 뒤로 레인보우브리지와 고층 빌딩군이 눈에 들어온다. 현대 도쿄에서 이처럼 물과 밀접하게 연결된 전통적인 제례가 행해지고 있음에 깊은 감동을 느꼈다. 이 해변에 모인 사람들의 태반은 시나가와 지역사회의 관계자였을 것이다.

---

2 일본 신화에 나오는 폭풍의 신. 태양의 여신 아마테라스오미카미(天照大神)의 남동생이다. 아버지 이자나기노미코토(伊弉諾尊)가 코를 씻을 때 태어났다고 한다. 바다를 다스리다가 아마테라스의 궁정에서 난폭한 행동을 하여 하늘에서 추방되었다.

시나가와와 후추의 관계

시나가와 에바라 신사와 바다의 연관성을 생각할 때 떠오르는 것은 후추府中, 도쿄도 후추시 '오오쿠니타마大國魂 신사'의 암흑 축제다. 이 축제의 첫 번째 행사는 오오쿠니타마 신사가 아니라 시나가와의 바다에서 시작한다. 정식 명칭은 '시나가와 해상 정화 의식禊祓式'이고, 시오모리潮盛라고도 부르는 이 의식은 매년 4월 30일에 치른다. 신관과 지역 축제 임원들이 후추를 출발해 시나가와에 도착하여 '시오모리코주潮盛講中'라는 사람들의 마중을 받고 에바라 신사에서 액막이 행사를 한 후, 바로 앞에 있는 메구로강에서 낚싯배를 타고 오다이바를 지나 하네다 공항 앞바다에 이른다. 그리고 해상에서 길어올린 바닷물로 정화 의식을 한다. 후추로 다시 가져간 이 '성스러운 물'이 5월 5일 제례 당일 미코시가 행차하는 길을 씻는 중요한 역할을 한다. 이 의식은 무쓰陸奧, 일본 북동부 지역의 옛 지명의 아베安倍 씨를 토벌하고 간토로 돌아온 미나모토노 요리요시源賴義가 후추의 오오쿠니타마 신사에 참배한 후 바로 시나가와의 에바라 신사를 참배하고 그 앞 해변에서 정화 의식을 했다는 고사에서 유래한다고 한다오카노 1999.

이처럼 시나가와와 후추의 인연은 매우 오래되었다. 1993년에 이와 관련한 중요한 특별전 〈바다에 열린 고장—중세 도시 시나가와〉가 열렸다. 여기서 주목을 끈 것이 시나가와의 고텐야마御殿山에서 출토된 15세기 전반에 제작된 것으로 추정되는 도코나메야키常滑焼, 아이치현 도코나메 주변에서 구운 도자기의 큰 항아리였다. 후추에서 출토된 이와 흡사한 도코나메야키의 큰 항아리도 함께 전시되어 시나가와와 후추의 깊은 연관성을 알 수 있었다. 지타知多반도의 도코나

메에서 이런 도자기가 배로 중세의 시나가와까지 운반되었고, 이어서 육로인 시나가와도品川道나 다마강 등을 거쳐 후추로 운반된 듯하다.

이 전시도록의 편집·해설을 맡은 쓰게 노부유키柘植信行는 "시나가와는 고대 무사시노 고쿠후国府, 고대의 지방행정관청. 지금의 후추시의 항구고쿠후 진津 역할을 했고, 그 후로도 시나가와 항구를 배경으로 바다에 열린 도시가 형성되어, 중세에 간토 지역의 현관으로 기능하는 일본 동부의 항만 도시로 발전했다."고 한다. 남북조시대인 1392년의 「무사시노쿠니 시나가와 항구 선박 장부武蔵国品河湊船帳」가 남아 있는데, 30척이나 되는 배 이름이 적혀 있어 당시 시나가와 항구의 활기를 엿볼 수 있다고 한다. 쓰게는 현재의 메구로강 하구 부근에 육지 쪽으로 크게 굽은 지형이 있어 그곳에 좋은 항구가 생겨났다고 본다시나가와 구립 시나가와 역사관 1993.

그 후의 도쿄 바다

중세에 이미 항만 도시로 번영했던 시나가와는 에도시대에 들어 항만뿐 아니라 역참 마을로도 기능했고, 역사가 오래된 어촌이기도 했다. 근대에도 어업은 계속되어 전후 고도경제성장기에 접어들기 전의 사진을 봐도 과거에 구불구불 흐르던 메구로강 하구 근처에서 어부들이 어업을 계속해 왔음을 알 수 있다.

그러나 바다와 관련된 이런 전통문화를 전수해 오던 도쿄의 어부들은 매립과 공업 개발이 본격화하고 바다가 오염된 1960년대에 보증금을 받고 어업권을 포기했다. 이로써 시나가와는 어촌으로서의 성격을 잃게 된다.

그로부터 반세기가 지나 공해 문제가 서서히 개선된 지금 다마강 하구, 하네다 앞바다 등에서 붕장어를 비롯한 여러 물고기들이 잡힌다는 얘기가 들려온다. 그리고 과거의 어촌에는 선박 대여 업체가 남아 낚싯배와 야카타부네 배를 운영하고 있다. 이 야카타부네 배도 도쿄의 주요 특징이라 할 수 있다. 여러 방면에서 오다이바 해변 공원 후미로 야카타부네 배가 모이는 모습은 실로 장관이다.

제1장에서 언급한 것처럼 1970년대 후반에 야나기바시 주변 요정 여주인과 선박 대여 업체 주인이 주도해 야카타부네 배가 부활한 이래《도쿄인東京人》 2013. 6. 그 수는 점점 늘어 지금은 도쿄 각지에서 야카타부네 배를 볼 수 있다. 백 명 이상 탈 수 있는 대형 배부터 의자와 테이블석 및 옥상 스카이 데크가 있는 현대적인 배, 몬자 야카타부네 배까지 종류도 다채롭다.

4-4 도쿄의 슈쿠바마치 시나가와주쿠 부근의 메구로강(1957)

자연과 인간이 공생하는 어부들의 문화를 살펴보았는데, 에도시대 말기의 바닷가로 눈을 돌리면 종교 공간, 나아가 음식점·유곽 등으로 구성된 유흥 공간, 꽃구경·조개잡이 등의 행락객으로 붐비는 사원과 신사를 포함한 명소 등이 여럿 분포했고, 사시사철의 행사도 바다와 연관되어 있었음을 알 수 있다. 어촌과 관련된 신사와 제례는 이미 본 바와 같다.

18세기 전반에 인위적으로 명소가 형성된다. 꽃구경으로 유명한 시나가와 고텐야마의 벚꽃은 8대 쇼군 도쿠가와 무네요시가 요시노산吉野山에서 옮겨온 것으로, 이 일대는 다가오는 봄을 즐길 수 있는 에도 서민의 휴식 공간이기도 했다.

도카이도의 첫 번째 역참 마을인 시나가와 숙宿은 창녀를 둔 여인숙이 많아 에도 4개 숙[3] 중에서도 가장 큰 유곽 마을로 활기가 넘

4-5 번화가와 유곽 마을 분포도

쳤다참고사진 16,17. 시나가와에 다다르기 직전인 다카나와高輪[4] 해안에도 음식점이 많아 번화가였다고 한다. 한편, 후카가와 어촌의 수호신을 모시는 '도미오카 하치만 신사' 앞 물가에도 다쓰미 게이샤로 유명한 유곽 마을이 크게 번성했다. 바닷가에 위치해도 유흥 공간은 종종 사찰·신사나 명소와 연관되어 물과 밀접한 관계 속에 모습을 갖추어 갔다.

메이지시대에 들어 후카가와의 스사키洲崎에는 네즈根津에서 유곽이 옮겨졌다고도 한다. 도쿄제국대학이 너무 가까워 풍기風紀 관리상 문제가 있다는 이유에서였다. '나쁜 곳'을 해변으로 쫓아낸다는 발상도 있었지만, 유흥과 물가의 친근성이라는 일본 고래古來의 세계관도 영향이 있음을 간과할 수 없다진나이, 호세이대학, 도쿄 시가지 연구회 1989

근대에 대규모로 형성된 베이 에어리어 매립지에는 이처럼 사람들의 정신과 깊이 연관된 지리적 특성이 여러 곳에 남아 있음을 잊어서는 안 된다.

---

3 에도시대에 정비된 5개 가도에서 각각 에도(니혼바시)에 가장 가까운 곳들에 세워진 곳으로, 도카이도(東海道)의 시나가와, 고슈 가도(甲州街道)의 나이토 신주쿠(内藤新宿), 나카센도(中山道)의 이타바시(板橋), 닛코 가도(日光街道)와 오슈 가도(奥州街道)의 센주(千住)에 있었다.

4 2022년 3월, JR 다마치~시나가와역 사이에 '다카나와 게이트웨이' 역이 새로 생겼다.

오다이바가 전해주는 도쿄만의 역사

해변 공원이 있는 오다이바

도쿄만 내해의 뭍 부근은 바다가 얕다. 배가 오갈 수 있는 곳은 미오스지라고 하는, 바닥이 깊은 일부 항로뿐이기에 스미다강 등 하구 주변은 특히 준설을 거듭해야 했다. 이때 생긴 토사는 매립에 쓰였다. 에도 막부 말기 에도만현재의 도쿄만의 수심 측량도를 보면, 해안선 근처는 수심이 얕아서 간만의 차에 큰 영향을 받는 지역이었음을 알 수 있다.

에도 막부 말기 이후의 이런 지도에서 우선 눈에 띄는 것은 바다에 배치된 여러 포대오다이바, 대포를 설치한 곳다. 여기서 도쿄만의 역사를 다룰 때 빼놓을 수 없는 포대의 존재를 살펴보자.

오늘날 사람들이 즐겨 찾는 오다이바 해변 공원 후미 해변에서 바다 쪽을 바라보면 바로 앞에 빼어난 돌담의 포대가 보인다. 육지로 이어져 있어 데이트 코스로 즐기는 커플도 많다. 이것이 시나가와 제3 포대 터다참고사진 14,15. 그 서쪽으로 조금 가려진 위치, 레인보우 브리지 앞쪽에 또 하나의 포대가 있다. 수목이 울창한 상태로 바다에 홀로 있는 제6 포대 터로, 이 둘이 1926년 국가 사적지로 지정되었다.

오다이바의 역사

1853년 에도만에 출몰한 미국 페리 제독의 근대적 대형 함선艦船에 놀란 에도 막부가 에도와 그 주변을 방어하기 위해 서둘러 건설한 것이 이 오다이바로, 서양식의 거대한 해보海堡다. 에도 막부로부터 포대 축조 명령을 받은 에가와 다로자에몬江川太郎左衛門이 네덜란드 병兵학자 엥겔베르츠의 축성서 등을 참고하여 설계한 것이라 한다 도쿄도 미나토구 교육위원회 2000, 아사카와 2009, 시나가와 구립 시나가와 역사관 2011.

오다이바는 에도만의 시나가와 앞바다에 만들어져 '시나가와 포대'라고 부른다. 원래 11기를 바다 위에 줄줄이 만들어 방어선으로 삼을 계획이었으나, 실제로 완성한 것은 5기제1·제2·제3·제5·제6로, 두 개제4, 제7는 미완성이고 나머지는 미착공인 채 종결되었다. 시나가와 포대는 에도만 안쪽에 펼쳐진 얕은 바다 가운데에 있으며, 모래

4-6 E 보트 조정 경기

보트 뒤편 오른쪽과 왼쪽에서 다이바의 돌담을 확인할 수 있다. * 오른쪽 위의 다리는 레인보우 브리지. 그 아래로 제3 다이바('다이바 공원')의 일부가 보인다.

톱이나 항로를 고려해 공사하기 편하고 수심이 특히 얕은 곳을 매립하여 건설했다. 방어선은 일직선상에 배치하지 않고 효율적인 방어를 고려해 하나씩 어긋나게 배치한 점이 흥미롭다. 에도성과 성아래 시가지를 건설할 때와 같이 여러 다이묘영주를 동원하는 방식의 '에도 막부가 명한 공공사업'은 아니지만 막부가 주도한 사업으로는 에도성 이래 최대 규모를 자랑했다.

완공한 5개와 더불어, 방어상 허약한 지역을 보강하기 위해 시나가와 포대 서쪽 육지에 '고텐야마시타御殿山下 포대'를 건설했다. 현재 다이바 소학교가 있는 자리로, 도로에 포대의 윤곽이 남아 있어 지금도 그 위치와 모양을 알 수 있다.

바다 쪽에 미완성인 채로 남아 있던 제4 포대는 현재의 덴노즈아일天王洲アイル에 해당한다. 바다 쪽에서 조사하며 게이힌 운하를 지나갈 때는 문화재급의 빼어난 돌담이 있는 땅에 석유 비축 기지 탱크가 여럿 있어 깜짝 놀랐다. 에도와 근대 공업 사회가 공존하는 실로 기묘한 광경이 펼쳐진 것이다. 1980년대 후반 거품경제 시기에 워터프런트 재개발 대상이 되어 돌담을 다시 쌓는 공사를 했고 시민들이 즐길 수 있는 공간이 생겼지만 원래 유적은 일부만 남았다. 덴노즈아일에 붙은 '시 포트sea fort'라는 명칭에는 포대를 '바다의 요새'로 해석해 역사적 기억을 남기려는 흔적이 엿보인다.

시나가와 부두 건설로 매립된 제1, 제5 포대는 약 30년 전 미나토구 교육위원회가 발굴하여 도면 사료로만 알려졌던 돌담의 기초 구조가 양호한 상태로 출토되었다. 돌담 바로 밑에는 각재角材를 우물 정井자 모양으로 짠 토대가 있고, 그 밑에 길이 5미터 안팎의 수많은 나무 말뚝을 박은 것이 밝혀졌다. 내해의 포대 축조에 쓰인 자

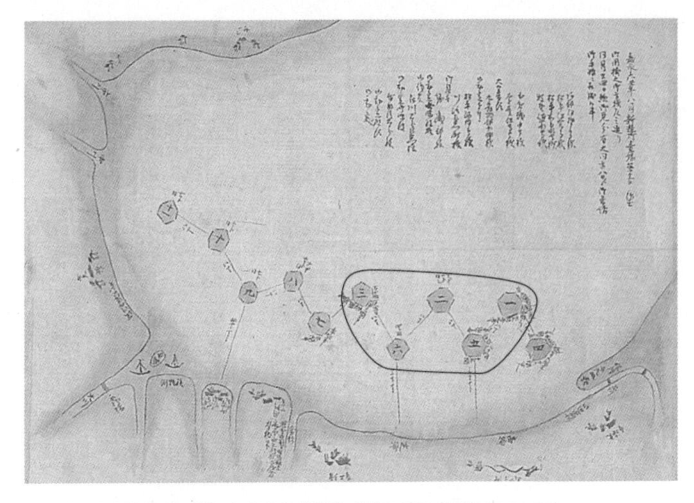

4-7 〈시나가와 포대 계획도〉, 『서양 대형함 내항도 두루마리(黒船来航図絵巻)』

* 표시 부분이 4-8에 그려져 있는 제1, 2, 3, 5, 6 포대다.

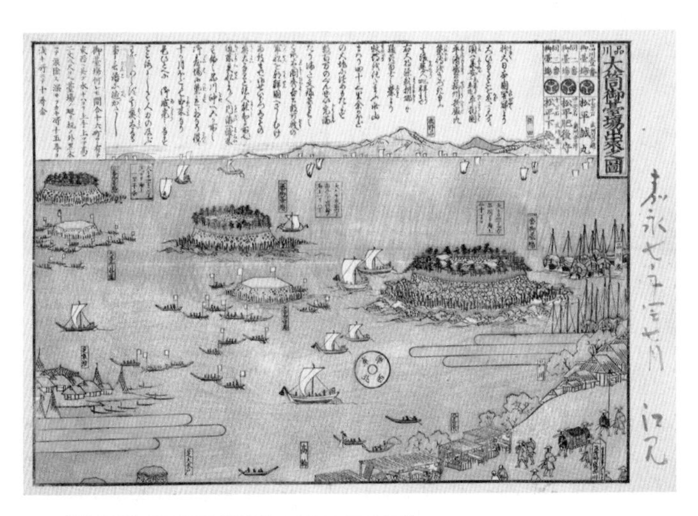

4-8 〈시나가와 대포 포대 완성도(品川大筒御台場出来之図)〉

* 오른쪽 아래는 바닷가에 접한 시나가와, 왼쪽 아래는 시바(芝). 왼쪽 맨 위가 오늘날 오다이바 해변 공원으로 이어지는 제3 포대.

재는 간토 지방 주변 각지에서 모은 것이라는 사실도 밝혀졌다. 매립용으로는 다카나와 센가쿠지泉岳寺 사원 경내와 고텐산을 깎아 채취한 토사를 사용했고, 돌담의 돌은 이즈伊豆반도 주변에서 안산암을 운반해 온 것이다. 말뚝이나 토대 나무로도 쓰인 적송赤松, 삼나무 등의 목재는 다마 지역과 시모우사下總, 현재의 치바 현 북부와 이바라키 현 남부 지방에서 에도로 운반해 온 것이다도쿄도 미나토구 교육위원회 2000.

제1, 제5 포대는 이를 매립해 만든 물류 거점인 시나가와 부두의 일부가 됨으로써 결과적으로 땅 속에 유구遺構가 남게 된 반면, 바다 위에 있던 제2 포대는 항로에 방해된다 하여 철거되었고, 미완성으로나마 남아 있던 제7 포대는 도쿄만 매립 제13호지를 만들면서 철거되는 운명을 맞았다. 모두 1960년대 고도경제성장기 때의 일이다.

오다이바의 독특함

시나가와 포대는 메이지유신 때까지 약 15년간 에도만 내해의 방비 시설로 존속했다. 포대에는 대포가 설치되고, 그곳의 경비는 에도 막부가 믿을 만한 번藩, 영주 통치령을 골라 수시로 교대하는 식으로 이루어졌다. 이 군사 시설은 에도 막부가 막을 내리면서 임무를 마쳤다. 하지만 이는 시나가와 포대가 쓸모 없었다는 것이 아니다. 그 존재 자체로 에도 막부의 대외 정책상 전쟁을 막는 힘이 되었고, 전쟁을 피하는 수단으로 기능했다고 볼 수 있다. 이런 뜻에서 오다이바를 '평화의 상징'으로 평가하는 흥미로운 해석도 제시되었다시나가와 구립 시나가와 역사관 2014.

세계 곳곳의 바닷가 도시를 방문해 보면 만이나 후미 등의 안쪽 항구로 쳐들어오는 배를 공격하기 위한 요새가 곶 고지대에 만들어져 있는 모습을 많이 볼 수 있다. 시드니, 마르세유, 헬싱키 등이 그 전형으로, 베네치아도 아드리아해에서 라구나로 들어오는 입구에 16세기에 만든 산탄드레아 요새가 도시를 지켰다.

이러한 다른 나라의 예와 비교해 보아도 에도만 내해에 에도와 그 주변 경비를 위한 여러 포대가 만들어낸 풍경은 독특했다. 지금 뚜렷한 형태로 남아 있는 것은 사적지로 지정된 제3 포대와 제6 포대뿐이긴 하지만, 전후시대에도 상당 기간 바다에서 존재감을 과시했던 여러 포대를 생각해 보면 도쿄 베이 에어리어의 인상은 또 다른 의미를 갖게 될 것이다.

기층부터 돌아보다

매립으로 등장한 도쿄의 워터프런트

에도·도쿄의 역사는 매립의 역사 그 자체라 할 수 있다. 에도시대에 만든 몇몇 지도를 비교하면 이를 일목요연하게 알 수 있다. 매립 규모는 근대에 들어 훨씬 커졌고, 전후시대에 작업 속도가 더욱 빨라져 곳곳에 거대한 매립지가 생겼다.

스미다강은 토사가 흘러내려와 쌓이기에 늘 준설해야 했고, 이 토사로 쓰키시마와 시바우라 주변 매립지도 만들었다. 메이지시대 초기 지도를 보면 쓰키시마는 어촌뿐만 아니라 에도 막부의 '경범죄자 자립지원 시설' 터에 자리한 감옥과 조선소가 있는 섬이었는데, 남서쪽 방향은 얕은 바다로 그려져 있다. 메이지시대 중기에 이를 매립하여 구획한 시가지가 형성되고, 이것이 지금은 몬자 거리 등으로 인기를 누리고 있는 쓰키시마다.

쓰키시마 매립은 도쿄 시구市區 개정 계획을 바탕으로 1887년에 시작됐다. 뒤이어 블록 계획이 심의되었으며, 직선 도로가 놓인 바둑판 모양 블록의 시가지가 형성되었다. 죽죽 뻗은 도로를 축으로 규칙적인 블록이 광범위하게 구획된 것은 매우 근대적이지만, 거리 설계에 에도시대의 치수 기준이 적용된 점이 눈에 띈다. 폭 6간10.9미터 도로로 둘러싸인 정방형 블록의 한 변은 에도시대와 동일하게

4-9 쓰키시마

『1895년 도쿄 우편전신국 편 도쿄 구분도(明治28年 東京郵便電信局編東京區分図)』 부분. * 현재는 다리들로 이어져 있다. 표시 부분은 143쪽에서 언급한 쓰쿠다 3초메 일대. 가운데를 좌우로 가로지르는 도로를 따라 지하철 오에도선이 지나간다.

60간109미터이며, 이 블록을 둘로 가르는 위치에 폭 3간의 좁은 도로가 마련되어 장방형의 두 블록으로 분할된다. 각각이 폭 10간으로 나뉘어 그 내부에 좁은 골목과 양쪽의 나가야일본식 연립주택로 구성된 서민 주택지가 만들어졌다시무라 2018.

이와 함께 시가지를 이루는 건축 유형도 에도시대 전통을 따랐다. 폭 6간 도로에 접한 바깥쪽은 상가 건물이 줄지어 서 있고, 그로부터 10간마다 규칙적으로 골목을 마련해 안쪽에 나가야를 배치하는 방법은 다름 아닌 에도시대 조닌 지구의 구성 방식을 답습했다. 단, 닫힌 형태의 막다른 골목이 아니라 오갈 수 있는 열린 골목이라는 점이 메이지시대의 특징이다. 쓰키시마는 전근대로서 에도

4-10 골목과 나가야(1990년경)

시대의 경험을 유전자같이 계승하면서 근대의 시대정신을 먼저 받아들인 동네였다.

쓰키시마는 간토대지진 때 큰 피해를 입어 재건기에 만든, 현관 옆에 격자가 있는 작은 방을 마련한 2층 나가야가 골목을 따라 여럿 남아 있다. 한편, 메인 스트리트인 니시나카西仲 거리에 면한 상가 건물에는 대지진 이후의 모던한 감각을 반영한 간판 건물이 지금도 많이 보인다. 오늘날 쓰키시마라 하면 '몬자'를 제일 먼저 떠올릴 만큼 널리 알려진 동네인데, 몬자 점포는 이 니시나카 거리, 그리고 이와 평행선을 달리는 뒤편 거리뿐만 아니라 10간 간격으로 배치된 작은 골목 안에서까지 두루 만나게 된다.

섬 안쪽은 서민 생활 공간이었다. 산업 진흥을 목표로 한 근대 일본에 필요했던 공업 지대의 노동자들이 그곳에 거주했다. 바다에 접한 섬 바깥쪽에는 배가 바로 접안할 수 있는 장점을 활용해 창고와 공장이 늘어선 물류 기지, 공업 지대가 형성되었다진나이, 호세이대학 도쿄 시가지 연구회 1989. 그러나 바다로 튀어나온 끝부분, 즉 새로 조성된 쓰쿠다 3초메는 도쿄만이 보이는 곳으로, 풍광이 아름다운 이곳에 가이스이칸海水館이라는 갓포료칸割烹旅館, 본격적인 요리를 제공하는 전통여관이 생겨 메이지시대 후기부터 다이쇼시대에 걸쳐 저명한 문학가가 작품을 집필한 곳으로 유명하다141쪽 지도 표시 부분.

쓰키시마 역사 밝히기

최근 시무라 히데아키志村秀明가 쓰키시마를 중심으로 도쿄만 연안에 관해 연구한 것이 흥미를 끈다. 시바우라공업대학에서 교편을 잡고 있으며 도시계획이 전문 분야인 시무라는 바로 이 쓰키시마의 주민으로, 본인 소유의 나가야간토대지진 직후인 1926년 지음 두 채를 주택 한 채로 개조했다. 이 주택 1층의 반은 '쓰키시마 나가야 학교'라는 이름의, 학생과 주민이 모여 서로 배우는 열린 공간으로 쓰인다. 시바우라공업대학의 정식 교육 프로그램으로서 대학 캠퍼스 바깥에 있는 도시 조성 연구 거점으로 개설되었다고 한다시무라 2018.

그 옆의 쓰쿠다지마가 에도시대 초창기부터 계속되는 오랜 역사를 자랑하는 것에 비해 쓰키시마는 메이지시대 중기 이후 조성된 지역이어서 역사가 짧다고 평가받는 편이다. 애초에 도쿄만 연안 지역은 대부분 매립지, 바다, 운하이므로 역사적 자원이 별로 없고 전통이나 문화와 관련된 요소가 적다고 간주되어 왔다. 이 같은 선입견에 대해 시무라는 최근 저서에서 "도쿄만 지역은 에도·도쿄의 근대화와 발전을 지탱해 온 곳으로, 도쿄의 미래를 짊어지고 갈 중요한 지역이다. 우선 이 사실을 도쿄 도민을 포함한 많은 사람에게 알리는 것은 큰 의의가 있다."고 하며, 지역의 구체적인 역사를 바탕으로 한 설득력 있는 관점에서 개인의 체험도 곁들이며 쓰키시마를 중심으로 도쿄만 연안 지역의 원풍경 묘사에 도전한다. 과거를 밝히는 작업을 학생, 주민들과 함께하며 지역 조성이 나아갈 길을 찾아가는 것이다시무라 2018.

내가 1980년대 이래 베이 에어리어를 대상으로 고민해 온 것과도 상통해 공감하는 바다. 도쿄의 베이 에어리어에도 축적된 역사가 있다. 이를 기층부터 이해하며 지금, 나아가 가까운 미래까지 생각해 보고자 한다.

근대 항구 건설 계획의 좌절과 매립 사업

에도시대에 계속되어 온 매립을 통한 시가지 확대는 근대에 들어 더욱 큰 규모로 추진되었다. 여기서 메이지시대의 항구 건설 계획과 매립의 관계를 살펴보자.

도쿄에서 근대 항구의 역사도 매우 흥미롭다. 에도시대 말기에 일본을 찾은 외국인들은 에도 개항을 희망했지만, 막부는 에도만의 수심이 얕아 대형 선박이 들어올 수 없는 점 등을 이유로 반대하여 결국 대형 선박이 정박하기 좋은 요코하마를 개항하게 되었다. 수심이 얕은 도쿄는 좋은 항구를 건설할 여건을 갖추지 못한 것이다.

하지만 도쿄를 국제 교역 도시로 만들려는 '항구 건설론'이 대두된다. 1880년 6월, 당시 도쿄부東京府 지사 마쓰다 미치유키松田道之가 메이지시대의 도시계획인 '시구市區 개정'의 일환으로 도쿄부 의회에 항구 건설 계획 자문안을 냈는데, 이것이 도쿄 항구 건설론의 출발점으로 여겨진다. 그런데 메이지시대 국가와 재벌이 지향한 새 시대를 개척할 도시계획의 하나로 도쿄의 항구 건설 계획을 검토한 후지모리 데루노부藤森照信는 다음과 같은 견해를 제시했다. 마쓰다가 내놓은 이 자문안의 배경에 영국식 자유주의 경제를 추구한 경제학자 다구치 우키치田口卯吉가 실현하려 했던 항구 건설론이 있다는 것이다. 그는 국제 교역 도시를 꿈꾸는 다구치의 항구 건설론에 제일국립은행 은행장이자 다구치를 높게 평가한 시부사와 에이이치가 찬동했고, 이것이 도쿄부 지사 마쓰다의 마음을 움직였다고 보았다후지모리 1982.

1880년 5월에 입안되고 11월에 공표된 마쓰다의 항구 건설 계획안은 토사를 쌓이게 하는 스미다강의 물 흐름과 격리시키기 위해 쓰쿠다시마 남쪽 해상에 포대까지 호弧를 그리며 뻗어가는 제방을 쌓고, 그 안쪽에 여러 부두를 만들며 사이사이에 뱃도랑을 갖춤으로써 화물 운반 거점으로 만든다는 구상이었다.

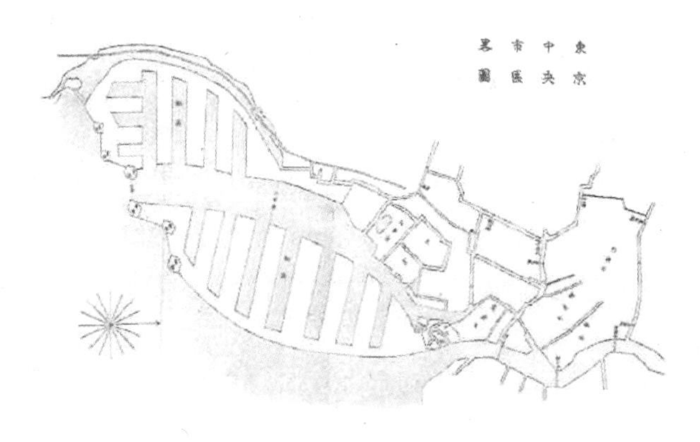

4-11 〈도쿄시 주오구 약도〉(『시구 개정 회의록市區改正回議錄』, 1880. 5)

강력한 반대 의견과 예산 문제 등으로 계획은 뜻대로 진행되지 못했다. 다음 단계로 육지 교통과 연계가 원활한 시바우라 앞바다에 유사한 계선소繫船所를 만드는 안도 제시되었지만 이러한 적극적인 항구 건설 계획은 실행되지 못하고 소멸되는 운명을 걷는다.

결국 지금까지도 도쿄에서는 뉴욕의 피어pier, 보스턴의 워프wharf 같이 선착장이 바다 위로 죽 늘어선 전형적인 근대 항구의 모습을 찾아볼 수 없다. 큰 강이 없는 요코하마는 도쿄에 비해 항구 건설에 유리한 조건을 갖추어 대규모 선착장을 비롯해 미국식 근대 항만 공간을 부분적으로 갖추었다.

에도에서 도쿄로 바뀌고, 근대 수도를 건설하며 여러 분야에서 근대화를 위해 고용된 서양인 기사들의 힘을 빌려 인프라 정비를 꾸준히 추진했지만 도쿄의 항만 조성만큼은 오랫동안 장대하고 실효성 있는 마스터플랜을 그리지 못한 채 지금에 이르렀다.

『도쿄임해론』

와타나베 다이시渡邉大志는 최근 저서 『도쿄임해론』東京臨海論, 도쿄대학 출판회에서 메이지시대 항구 건설의 꿈을 실현하지 못하고 다소 특수하고 부정적인 과정을 거쳤으면서도 중요한 국제항으로 언급되는 도쿄항에 큰 관심을 보인다. 이런 관점에서 도쿄항 건설 역사에 대해 물류를 담당하는 항만 기능에 중점을 두고 설명했다.

도쿄항 항만 계획이 목표했던 항구 건설은 무산되었지만, 도쿄의 특수성을 감안하여 항로 확보를 위해 대규모 준설이 필요한 스미다강 하구 개량 공사를 추진하기로 한 것이 와타나베에 의해 밝혀진다. 이 연구에서는 제1기 스미다강 하구 공사1906~1911와 제2기

스미다강 하구 공사1911~1917의 부산물로 매립지 계획이 세워지고 시바우라 일대의 매립을 중심으로 한 선착장 정비 사업에 이른 경위를 언급했다. 와타나베는 도쿄만을 논하며 1960년대의 세계적인 컨테이너화에 따른 오오이大井 부두의 신설에도 주목했고, 세계 도시로 성장하는 도쿄를 염두에 둔 1980년대의 임해 지구 계획으로 연구를 이어갔다와타나베 2017.

이념 차원에 머무른 계획사計劃史가 아니라 현재 도쿄의 독특한 구조적 특징과 시스템을 갖춘 임해부가 어떻게 형성되었는지를 밝히는 이와 같은 연구는 도쿄 베이 에어리어를 기층부터 재검토하려는 나의 목표에도 시사하는 바가 크다.

내항 시스템이 있는 공간

요코하마의 반대 등으로 도쿄는 오랫동안 근대적 항구를 갖추지 못했지만요코하마 도시발전기념관, 요코하마 개항 자료관 2014, 간토대지진 때 구호물자 운반에 선박이 효과적이었던 경험도 있어 1932~1934년경에는 히노데, 시바우라, 다케시바의 세 부두가 생겨 도쿄항의 기초가 마련되었다. 하지만 도쿄항이 국제 항구로 개항한 것은 1941년에 이르러서다.

도쿄에는 서양 도시와 같은 항구다운 항구가 여전히 생겨나지 않았다. 그 대신 스미다강 하구 대규모 개량 공사에 따른 엄청난 준설 토사가 세계적으로 유례를 찾기 힘든 항만 공간을 만들었다. 매립지의 조각조각을 조립하듯 짜맞추고 그 사이로 운하가 흐르는 공간 말이다. 에도시대에 습지를 매립하고 시가지를 조성하면서 그 주변에 수로를 만들어 섬의 집합체 형식인 시타마치가 형성된 것과 닮았다. 앞바다에 정박한 본선에서 하천과 운하를 통해 하역장까지 작은 배로 짐을 옮기는 전통적인 방법도 유지되었다. 에도시대 수로 주변에 옛 모습의 창고가 늘어섰던 것과 마찬가지로, 섬 형태의 매립지에는 운하 주변에 창고가 늘어선 근대 일본다운 풍경이 모양새를 갖춰 갔다고 할 수 있다.

에도시대 항만은 니혼바시를 중심으로 바다에서 들어와 내부를 도는 수로 주변의 선착장 네트워크로 확산해 갔다. 이 네트워크로 연결된 공간 시스템을 나는 내항 시스템이라고 부른다진나이, 다카무라 2015. 에도시대 항만과 유사한 내항 시스템이 메이지시대 이후 매립으로 생겨난 항만에도 등장했다고 할 수 있다.

도처에 운하가 흐르는 근대 매립지

메이지시대 후반부터 시바우라, 나아가 시나가와에 운하를 갖춘 섬 모양 매립지가 광범위하게 조성된 것을 살펴보았다. 특히 시바우라는 일본에서 공업의 발상지로, 큰 공장과 산업 시설이 이곳에 지어졌다.

에도 말기에 이 주변에는 마쓰다이라 히고슈松平肥後守[5]의 다이묘 저택이 바닷가에 자리해 이리아이강入間川을 사이에 두고 그 남서쪽에 시바우라 어촌 해변이 있었다. 메이지시대에 들어 아직 매립되기 전의 도쿄만에 접한 시바우라 땅은 특히 달 구경하기 좋은 곳으로 알려져, 120년 전까지는 경승지로 각광받았고 하나마치가 형성되었다. 그 정경이 메이지시대 후반에 간행된 『신찬 도쿄 명소 도

5 에도시대에 도쿠가와 가문의 일익을 맡았던 '아이즈 번' 영주를 가리키는 직책. 도쿠가와 이에야스의 원래 성이 '마쓰다이라'로, 마쓰다이라와 도쿠가와는 같은 혈통이다.

4-12 야마모토 쇼코쿠, 〈시바우라 풍경(芝浦之景)〉(『신찬 도쿄 명소 도회』)

* 오늘날 행정구역상 시바우라는 JR 하마마츠초역~다마치역~다카나와게이트역 사이의 철로 동편에 해당한다. 2000년대 이후 재개발로 고층 주택군과 초고층 맨션이 들어서기도 했다. 도심에서 하네다 공항으로 가는 모노레일이 이 일대를 지나간다.

회新撰東京名所図会』에 실린 야마모토 쇼코쿠山本松谷의 삽화에 잘 그려져 있다이케, 사쿠라이, 진나이, 니시키, 요시다 2018.

심바시까지 이어지는 철도는 시나가와에서 시바우라 해변에 이르는 구간이 바다 위 제방에 부설되었는데, 이 경관화를 보면 이 주변에서는 옛 다이묘 저택 가장자리를 거쳐 도심으로 향한 것을 알 수 있다. 여기에는 철교를 건너는 증기기관차가 묘사되어 있다. 이리아이강 양안 해변 지역에는 메이지시대에 들어 여러 술집이 생겼고 하나마치가 형성되었다. 철로 바다쪽에는 오오노야大野屋, 미하라시테이見晴亭 등 요릿집과 온천여관이 즐비했다. 바로 여기에 메이지시대의 화려한 워터프런트 문화가 꽃을 피웠다.

앞서 언급한 제1, 2기 스미다강 하구 공사에 따른 매립지 건설이 이 바다쪽에서 진행된다. 흥미로운 것은 제1기 공사로 생겨난 시바우라 1초메를 둘러싼 움직임이다. 원래 매립지는 도쿄시 소유였으나 재원 확보를 위해 민간에 매각하기로 했다. 그리고 이 인근 매립지를 취득한 것이 니가타의 석유왕이라 불린 나카노 간이치中野貫一로, 이 토지의 관리·대부를 '메구로 가조엔目黒雅叙園'[6]을 개발한 사업가 호소카와 리키조細川力蔵에게 위임했다.

시바우라의 토지 관리를 맡았던 호소카와가 앞서 말한 시바우라 하나마치의 우두머리 소토야마 분조外山文蔵와 손을 잡아, 철로변 해안에 있던 하나마치를 바다쪽 가까이 조성한 제1기 매립지로 옮기기로 했다. 도쿄만 매립 공사가 진전됨에 따라 침체되어 있던 시바

6 정식 명칭은 '호텔 가조엔 도쿄'. 호화 예식장으로 유명하며, 전통 미술 공예품으로 가득하여 '박물관 같은 호텔'로 알려져 있다. 〈센과 치히로의 행방불명〉에 등장하는 목욕탕의 모델이며, 도쿄도 지정 유형 문화재가 여럿 있다. 나전 전문가 전용복 선생이 이곳 연회장 현관 수복 작업을 했다.

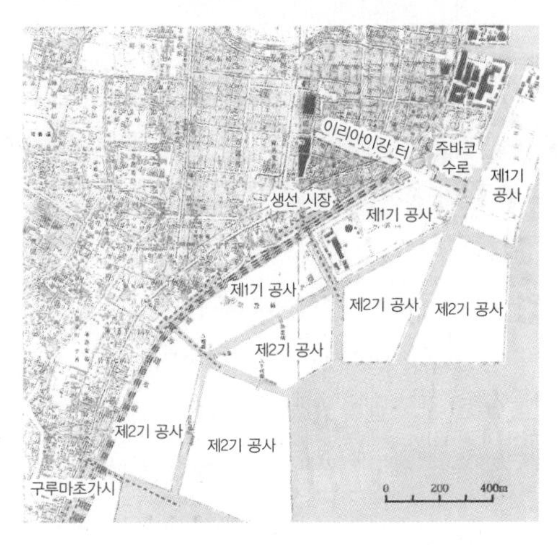

4-13 제1기, 제2기 하구 공사에 따른 시바우라 매립지 건설(요시다 미네히로吉田峰弘 작성)

우라 하나마치는 1920년 시바우라 1초메의 매립지에 허가지를 지정받아 이전했다. 이곳이 소위 '삼업지가 되어, 간토대지진 후부터 쇼와시대 전반기에는 과거의 활기를 되찾았다. 이 매립지에는 두 곳의 자동차 공장이 들어섰고 하나마치뿐만 아니라 바다를 바라볼 수 있는 고급 저택이 만들어지는 등, 산업·물류 일변도가 아니라 복합적인 기능을 갖춘 지구가 되었다요시다 2009.

이 인근에는 운하를 남기면서 섬 모양 매립지가 연장되는 임해부의 독특한 형태가 지금도 유지되고 있다. 작은 배로 짐을 옮겨 창고에 반입하는 방식도 전후시대까지 이어졌다.

매립할 때는 안쪽의 어촌과 이리아이강 강변에 에도시대부터 있었던 목재상을 배려해 운하에서 바다로 나갈 수 있는 내항 시스템이 활용되었다.

매립지로 번성했던 시바우라 삼업지의 흔적을 살필 수 있는 귀중한 건물이 있다. 열성적인 보존 운동 덕분에 파수꾼 역할을 했던 가라하후唐破風 곡선형 지붕을 갖춘 옛 협동회관 건축물이 다행히 남아 있다. 이 근대 일본식 건축의 당당한 모습을 얼마 전까지 모노레일에서 볼 수 있었다.

도쿄 베이 에어리어에는 시바우라뿐만 아니라 남쪽의 하네다에 이르기까지 시나가와, 오오모리, 오오이에도 해안가 매립지에 삼업지가 형성된 흥미로운 역사가 있다. 공업 지대뿐만 아니라 그곳에서 일하는 사람들을 위한 유희 공간도 형성된 것이 근대 일본의 물가답다.

한편, 고토 후카가와에는 이미 살펴본 것처럼 네즈에서 유곽이 옮겨와, 매립지에 스사키洲崎 유곽이 만들어졌다. 이처럼 커뮤니티의 일상적 공간과 분리된 일종의 다른 세계가 바닷가 매립지에 형성된 것은 자연스러운 현상이라 할 수 있다.

베이 에어리어의 가능성

일본 특유의 근대 물류 시스템

국제적인 관점에서 물류 시스템의 변천을 살펴보자. 세계의 오래된 도시들 중에는 항구를 품은 곳이 많다. 베네치아, 브뤼헤, 암스테르담, 방콕, 쑤저우 등 운하가 발달한 도시는 모두 그러하며, 지금도 화물 거래량이 많은 함부르크도 중세부터 근세에 걸쳐 작은 선착장에 항만 공간을 갖추어 도심에 활기가 가득했다. 그러나 19세기가 되자 상황이 바뀌어, 도시 바깥을 흐르는 엘베강 선착장에 대규모 창고가 늘어서면서 물류 기능에 특화된 공간이 건설되어 세계에서 손꼽히는 항만 도시가 되었다. 1960년경부터 이 지역에도 컨테이너화로 창고들이 쓸모 없어져 지금은 과거의 중요한 항만 지구의 상당 부분이 하펜시티HafenCity: 항구 도시 재개발 사업 대상이 되어 세계적인 주목을 받고 있다진나이, 다카무라 2015.

도쿄도 같은 길을 걸었다. 근세에는 에도 항구에 해당하는 쓰쿠다지마 앞바다에서 짐을 옮겨 실은 작은 배가 니혼바시를 중심으로 한 내부 수로에 많은 물자를 실어 날랐고, 선착장에 늘어서 있던 창고에 짐을 쌓아 올렸다앞서 말한 바와 같이 이런 물류 방식을 '내항 시스템'이라고 한다. 그러나 메이지시대에 들어 물류의 중심이 공간 여유가 있는 바깥쪽 지역으로 옮겨가면서 선박 운송을 활용할 수 있는 후카가와의 사가초佐賀町 주변에 터를 잡았으며, 쇼와시대 초기에는 스미다강 하류에 커다란 근대적 창고들이 들어섰다.

하지만 그 후 미국에서 시작된 컨테이너화의 움직임이 일본에도 영향을 미친다. 1960년대 후반 도쿄에도 컨테이너 부두가 건설되었는데, 그중에서도 규모가 큰 곳이 오오이大井 부두였다. 그 경위와 의의에 대해서는 앞서 언급한 와타나베 다이시의 저서에 자세히 나와 있다와타나베 2017.

1980년대 전반, 컨테이너화로 쓸모가 없어진 이러한 근대적 창고에 아트 갤러리 등이 들어서 로프트 문화가 꽃피었다. 사가초의 식량 빌딩, 오오카와바타의 미쓰비시 창고 등이 전형적인 예다. 둘 다 그 후 개발되면서 모습을 감춘 것이 안타깝다. 서구 도시였다면 틀림없이 새 시대의 문화거점으로 활용됐을 건축물이다.

귀중한 창고군

물류 거점이 오오카와바타 및 후카가와 사가초로 바뀌는 과정에서 꼭 짚어두어야 할 사실이 있다. 제2장에서 언급한 바와 같이 쇼와시대 초기에 니혼바시와 가까운 에도다리 근처에 '에도다리 창고 빌딩'통칭 '미쓰비시 창고 빌딩'이 완성되어 배에서 크레인으로 짐을 반입했다는 것이다. 이 광경을 촬영한 귀중한 영상이 남아 있는데, 적어도 쇼와시대 초기까지는 니혼바시강이 중요한 물류 기능을 했음을 말해준다.

한편, 메이지시대 후기부터 2차대전 전까지 조성된 매립지는 동일하게 대규모 매립을 추진한 보스턴과는 전혀 다른 특징이 있었다. 바다를 향해 선착장이나 부두를 여럿 늘어놓는 것이 아니라 매립지 사이에 운하를 몇 갈래나 남겨둔 것이다. 이리하여 섬들이 잇따라 배치된 공간 구조가 생겨났다. 그리고 운하 양쪽에 창고가 늘어서고 작은 배가 이 창고까지 짐을 옮겼다. 짐을 끌어올리는 호이스트 크레인을 갖춘 창고들이 즐비한 근대적 물류 공간은 이렇게 탄생했다. 미국이라면 항구나 하구에 선착장과 부두를 여럿 배치했을 텐데, 운하 옆에 에도시대 선착장을 부활시킨 듯한 물류 공간이 형성되었다. 쓰키시마와 하루미晴海 사이에도 아사시오朝潮 운하가 생겼다.

아울러 이들 운하에는 인근에 자리했던 어촌의 어선이 바다로 가는 길을 터주는 목적도 있었다. 지금도 많은 야카타부네 배가 이러한 근대의 운하를 지나 도쿄만까지 나아간다. 과거와 현재를 공존시키는 지혜가 담겨 있는 것이다.

이렇게 형성된 시바우라부터 시나가와까지의 '내항부'는 근세에 탄생한 암스테르담이나 베네치아의 운하 주변과 공통점도 느껴지지만, 물류에 특화한 공간이라는 의미에서는 세계적으로 유례가 없는 귀중한 공간으로 여겨진다. 에도 중심부의 수로보다 폭이 넓고 탁 트인 물가 풍경이 펼쳐진 현대적인 물의 공간으로서 큰 잠재력이 숨어 있다. 그런데도 경제 논리를 우선해 이 주변에 고층 아파트만 짓고 있어 문제다. 다양한 기능, 특히 창조적인 문화 활동이 이곳에서 많이 이루어졌으면 한다.

그런 의미에서도 현존하는 창고는 실로 소중한 자산이다. 공간이 넓어 자유로이 활용할 수 있고, 과거의 다양한 기능을 되살릴 수 있다. 하역하기 위해 물가에 지어야 했던 까닭을 건물 모습이 말해준다. 창고를 보존·활용하여 다른 기능을 구현하면서 규제를 완화하여, 물가에 늘어선 건축물 옆에는 선착장을 갖추고 배가 오가는 풍경이 살아나기 바란다.

산업화시대를 뒷받침한 매립지와 그 역할의 급격한 변화

근대 도쿄가 발전함에 따라 바다 매립이 계속되어 2차대전 전에는 이미 하루미와 도요스로 확대되었다. 이들 매립지는 물류 공간, 에너지 기지, 나아가 유메노시마夢の島 같은 쓰레기 처리장 역할을 하게 되는데, 일본 기원 2600년[7]을 경축하며 기획한 1940년 올림픽 및 만국박람회 유치 때는 이곳에 꿈 같은 해상 도시 구상을 내놓아 각광을 받았다. 두 행사장 모두 이 바다 매립지에 만들려 했던 것이다. 중간에 올림픽 행사장 후보지는 진구가이엔神宮外苑으로 바뀌지만 만국박람회 행사장은 하루미, 도요스에 건설될 예정이었다. 행사장 교통편으로 선박 운행도 염두에 뒀다. 그러나 기초 공사 시작 단계에서 중일전쟁으로 무기한 연기되어 만국박람회 개최는 물거품이 되고 말았다마스야마 2015. 일본 정부는 올림픽 개최도 포기했다.

전후시대, 도쿄의 베이 에어리어는 일본의 공업화와 경제 발전을 지탱하는 중요한 역할을 했다. 2018년 쓰키지에 있던 수산물 도매시장이 옮겨간 도요스는 1948년부터 도쿄도가 주도한 매립지와 안벽岸壁 공사를 거쳐 석탄 부두로 생겨난 곳이다. 그 후 도요스 부두는 도쿄 재건의 에너지 기지로서 당시 기간 산업이던 전력, 가스, 철강, 석탄의 전문 부두로 정비되어 고도경제성장기에 전성기를 맞이했다.

---

7 진무(神武)천황 즉위 2600년을 기념하는 해로, 이 해에 많은 기념행사가 열렸다.

4-14 일본 기원 2600년 기념 '일본 만국박람회' 행사장 조감도

하지만 그 후 에너지 기지로서 소임을 다하고 재개발 대상이 되었다. 1990년대에 들어 새로운 기능의 도시 공간을 만들기 위해서였다. '이시카와지마 하리마 중공업'의 조선소가 자리했던 도요스의 넓은 부지에는 대형 상업 시설 '라라포토'와 시바우라공업대학 캠퍼스, 고층 아파트가 들어서 새로운 경관을 보여준다. 이들은 모두 공업화 시대를 뒷받침했던 산업 시설 터를 활용하여 생겨난 것이다.

임해 부도심

한편, 도요스의 도쿄만 쪽에는 고도경제성장기에 쓰레기, 건설 현장에서 나온 흙 등을 이용한 광대한 매립지가 생겼다. 거품경제에 접어든 1985~1986년에 도쿄도는 '도쿄항 매립 제13호지'에 임해 부도심 조성을 계획했다. 이 계획은 도심 집중 현상을 완화하기 위해 중요한 업무 기능을 이 새로운 부지로 옮기는 것으로, 도시 정책상 중요한 의미가 있었다.

1996년 개최 예정이던 세계 도시 박람회가 거품경제 붕괴 여파로 중지되는 등 세계 비즈니스 중심지로 도쿄 텔레포트 타운을 만든다는 구상도 실패로 끝난다. 이 광대한 매립지는 개발하지 않은 채 방치되었다. 이후 도쿄에서 대형 개발 프로젝트는 베이 에어리어에서 철수해 오테마치·마루노우치·유라쿠초, 니혼바시, 롯폰기, 시부야 등 도심이 지닌 잠재력이 큰 지역으로 무대를 옮겨간다.

하지만 이 임해 부도심에는 큰 가능성이 있다. 도심을 조망하는 상쾌한 오다이바 해변 공원에서는 다채로운 이벤트가 자주 열리고, 야카타부네 배가 모이는 물 위의 연회장으로도 인기가 높다. 빅사이트도쿄 국제 전시장도 코믹 마켓, 도쿄 모터쇼 등을 비롯한 전시회로 사람들이 모여드는 등 중요한 역할을 맡고 있으며, 물에 둘러싸인 미래 도시의 매력은 많은 사람의 마음을 사로잡고 있다.

몇 년 전, 프랑스에 기반을 둔 유럽 TV 방송국이 물의 도시 도쿄를 소개하는 프로그램을 제작할 때 도와준 적이 있다. 일본에 온 디렉터, 카메라맨, 스태프와 니혼바시, 쓰쿠다지마, 시나가와에 들른 다음 해질녘을 앞두고 오다이바 해변 공원에 갔다. 해가 시나가와 부두 쪽으로 크게 기울어 노을과 바다가 어우러진 멋진 파노라마가 눈앞에 펼쳐졌다. 서서히 고층 빌딩군에 불이 들어오더니 야경으로 바뀌어 갔다. 우리는 시간의 변화를 섬세하게 반영하는 물가의 마술과 같은 시간대, 해질녘 몇십 분을 체험할 수 있는 어두워지기 직전의 풍경 속에 있었다. 삼각대를 세우고 촬영하던, 전 세계를 누벼온 스페인 출신 카메라맨도 감동해 자리를 뜨지 못했다.

4-15 아이들이 해변에서 노는 오다이바 해변 공원

도심에 초고층 빌딩이 마구 세워지는 현재 상황을 재검토하고, 이 임해 부도심이 추구했던 도심 기능 분산이라는 근본 취지로 돌아가 여유로운 라이프스타일을 실현할 방법을 찾는 것도 중요하지 않을까?

아키펠라고로서의 가능성

결과적으로 도쿄 베이 에어리어에는 쓰쿠다지마, 다이바 그리고 메이지시대 이후 생긴 쓰키시마를 포함한 섬 모양의 수많은 매립지가 생겼다. 여기에는 에도와 근대 초기의 다양한 역사가 숨쉬고 있으며 '장소의 논리'가 작동한다. 이들 섬은 모양도 크기도 제각각이다.

최근 지역 활성화 분야에서 아키펠라고archipelago: 군도, 다도해라는 개념이 종종 언급된다. 베네치아 시장을 역임한 이탈리아 철학자 카치아리M. Cacciari, 1944~가 제기한 것인데, 섬 하나하나는 고유성과 자립성이 있으며 이들이 연계해 잠재력 있는 지역을 만든다는 것이다. 그는 이 개념을 도입하면 근대의 산물인 국민국가의 한계를 뛰어넘어 자립적이고 개성적인 도시들이 네트워크를 이룰 수 있다고 했다Cacciari 1997. 기타가와 후라무가 연출해 화제가 된 '세토우치 예술제'는 바로 이 개념을 구체화하여, 성격이 다른 개성있는 섬들을 배로 오갈 수 있게 하고, 방문객이 섬을 돌아보며 오감으로 예술과 자연을 즐기게 했다기타가와, 진나이 2013.

네덜란드에서 활약하며 암스테르담 보르네오 지구 계획 등 워터프런트 재개발 사업 분야에서 국제적으로 큰 업적을 이룬 아드리안 구즈Adriaan Geuze가 2004년 도쿄에서 열린 한 워크숍에 초빙되었다. 이때 나는 도쿄다운 물의 공간을 여러 곳 안내했는데, 조경 디자인 전문가인 그가 "도쿄 베이 에어리어는 아키펠라고로서 큰 가능성이 숨겨져 있다"고 한 말에서 큰 힌트를 얻었다.

도쿄 베이 에어리어에는 2020년 도쿄 올림픽·패럴림픽 경기장이 여럿 건설되었다. 당분간은 지하철 등 철도 인프라 건설이 어려워 이들 장소에 가려면 버스를 타야 하는데, 외국 도시에서 활용해 성공한 예가 있는 선박 운항에 대한 기대가 높아질 만도 하다. 최근 암스테르담, 뉴욕, 런던 등 세계 각지에서는 선박 운항이 눈에 띄게 활발해졌으며, 물의 도시의 매력을 부각하는 데 큰 힘이 되고 있다.

게다가 도쿄 베이 에어리어의 공업·항만 구역이던 매립지에 지금은 많은 사람이 거주하게 되었다. 시바우라 아일랜드에 거주하는 고급 취향의 중산층 사이에는 주거지 바로 앞에서 출발하는 수상버스 정기편으로 도요스의 라라포토와 오다이바에 가서 친구와 수다를 즐기는 라이프스타일이 자리잡고 있다고 한다. 도쿄도가 2019년 7월에 '간편한 배 여행 통근'이라는 취지로 시험 삼아 하루미~니혼바시 구간 수상버스를 운항했는데, 가까운 미래에 이 수상버스도 꼭 정기적으로 운항했으면 한다.

이와 같이 세계 어느 물의 도시보다도 물가에 역사가 깃들어 있고, 에도시대부터 현재까지 매립을 계속하면서 역동적인 다양성이 넘치는 장소를 만들어 온 도쿄의 베이 에어리어에는 어마어마한 가능성이 숨어 있다.

물가에서 미래를 엿보다

세계 각지의 도시 조성에 관한 최신 동향을 살펴보면 전체적으로 물가의 매력을 재평가하고 있음을 알 수 있다. 이미 언급한 뉴욕, 보스턴, 함부르크, 암스테르담뿐만 아니라 런던, 리버풀, 더블린, 바르셀로나, 제노바, 마르세유 등 그런 도시를 수도 없이 꼽을 수 있다. 모두 관광과 상업 면에서 활기가 넘칠 뿐 아니라 매력적인 환경을 선호하는 세계 굴지의 기업이 들어서는 한편, 창조적인 산업의 일꾼들이 물가의 창고와 공장을 개조한 멋진 공간에 모이는 현상을 관찰할 수 있다. 그곳에서 새로운 경제 기반이 생겨나고 있다는 사실이 놀랍다.

뉴욕에서는 1960년대 맨해튼 소호 지구에 예술가들이 모여 로프트 문화가 탄생했는데, 그 후 젠트리피케이션재개발에 의한 지역 고급화으로 임대료가 올라 창조적인 자극도 사라지고 예술의 거점은 물가에 접한 창고들이 모여 있는 첼시, 미트 패킹 디스트릭트식육 가공 지구, 나아가 브루클린 남부의 '위험 지구'로 불리던 레드 훅 등으로 옮겨갔다. 그런 곳의 역사적인 건물은 현대 예술과 패션 활동 공간으로 적격인 것이다. 창고와 공장을 개조하여 다양한 문화 활동의 터전으로 탈바꿈시켜 경제 활성화에 크게 기여하고 있다.

슬로푸드 운동을 발전시켜 이탈리아에서 시작된 '슬로시티'라는 사고방식은 지방의 작은 마을에 한정된 얘기가 아니다. 대도시에도 여유로운 시간을 보낼 수 있는 윤택한 거주 환경을 갖춘 슬로시티 공간을 만들려는 사람이 많다. 워터프런트 공간에는 그 가능성이 잠재되어 있다.

뉴욕 맨해튼의 워터프런트 재생 사업은 시민에게 슬로시티의 매력을 느끼게 하는 것 같다. 물류 기지로 접근이 어려웠던 허드슨강변에서 사람들이 여유롭게 쉬면서 조깅과 산책을 즐기는 장면은 슬로시티의 모델이라 할 수 있다. 그 항만 공간 바로 안쪽에 건설된 고가식 화물철도 터를 재생한 '하이라인'의 상쾌한 공중 산책로에서 강물과 노을을 바라보는 시민의 모습이 너무도 부럽다.

다시 생각해 봐야 할 베이 에어리어 개발

한편, 도쿄 임해부 개발은 고층 아파트를 중심으로 한 전통적인 방식의 개발로 흐르는 경향이 강하다. 지금 도쿄에는 발상의 전환이 필요하다. 사람들이 쾌적함을 느낄 수 있고, 사회적 가치와 심리적 만족을 얻을 수 있는 도시 공간이 태어나기를 바란다.

초고층 아파트만 늘어선 모습은 지속 가능한 도시 발전에 역행하는 것이다. 시대의 가치관이 변함에 따라 모습을 바꿀 수 있는 다양성을 지닌 개발이 요구된다. 기능의 복합화, 거주자와 노동자의 다양화, 그리고 기존 창고와 시설을 활용한 건축 아이디어가 필요하다. 이 다양성을 앞서 살펴본 '아키펠라고'라는 발상과 접맥하여 베이 에어리어에 새로운 도시 공간을 만들어 갔으면 한다.

그곳에는 도쿄만灣이 주는 자연의 혜택을 활용해 앞바다의 수산물을 중심으로 한 음식 문화를 즐길 수 있으며, 풍요로운 생태계를 품은 물의 환경에서 생활과 일의 즐거움이 실현될 것이다. 그래야 세계 속 도쿄의 고유한 매력을 어필할 수 있다.

도쿄의 베이 에어리어 개발은 근본부터 재검토해야 한다.

호세이대학 고층 건물에서 본 외호

* 호 왼쪽으로 JR 주오선 선로가 지나간다. 호를 가로지르며 이치가야(市ヶ谷)다리가 놓여 있고, 다리 왼쪽 아래 이치가야역이 있다. 외호에서 뾰족하게 생긴 부분 뒤로는 외호 공원이 이어진다.

왕의 거주지와 해자

5

역동적인 도시 공간

도쿄도 23구

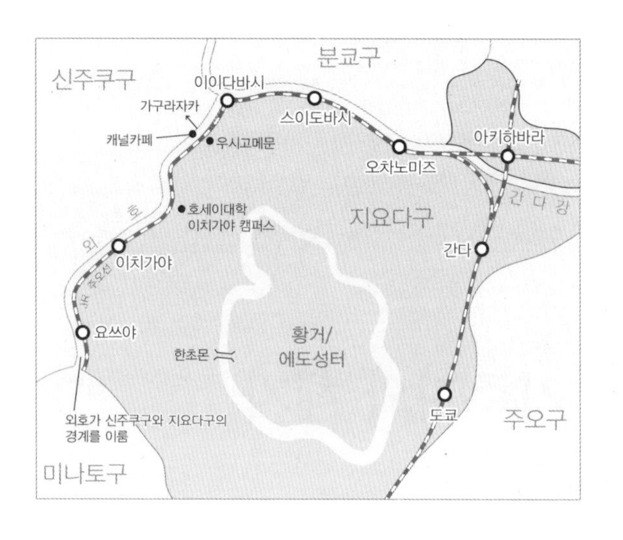

분쿄구
신주쿠구
이이다바시
가구라자카
캐널카페
우시고메문
스이도바시
오차노미즈
아키하바라
간다강
지요다구
호세이대학
이치가야 캠퍼스
외호
이치가야
JR 주오선
간다
요쓰야
황거/
에도성터
한초몬
도쿄
주오구
외호가 신주쿠구와 지요다구의
경계를 이룸
미나토구

3차원적 물의 도시 에도

새로운 '물의 도시 도쿄론'으로

도쿄라는 도시를 연구한 지 40년이 넘었다. 도쿄는 알면 알수록 흥미롭기 그지없는 불가사의한 존재다.

1970년대 중반에 이탈리아에서 도시 연구 방법론을 배우고 귀국한 뒤 이를 응용하여 도시 사막이라 불리던 시기의 도쿄를 대상으로, 그 전신인 에도까지 거슬러 올라가며 도시의 특징과 흥미로운 점을 부각하는 데 매달렸다.

그 과정에서 에도·도쿄의 특징에 대해 내린 결론은 에도성=황거皇居의 바다 쪽에 자리한 시타마치는 수로와 하천이 그물망처럼 뻗어 있는 베네치아와 유사한 '물의 도시'고, 무사시노 대지 쪽의 야마노테는 기복이 심한 울퉁불퉁한 녹지를 중심으로 한 '전원 도시'라는 것이었다. 졸저 『도쿄의 공간인류학』에서도 기본적으로 그런 관점을 나타냈다.

그런데 그 후, 다각적으로 연구해 가면서 물의 도시 에도·도쿄는 저지대에 발달한 베네치아, 암스테르담, 쑤저우, 방콕과 공통적으로 시타마치에 펼쳐지는 평탄한 운하 중심 도시일 뿐 아니라, 서쪽의 무사시노 대지에서도 울퉁불퉁한 지형을 절묘하게 읽어내어 다양한 수자원을 활용하면서 환경을 개조해 조성한, 세계에서 유례를 찾기 힘든 역동적인 '3차원적 물의 도시'였음을 깨달았다.

에도성을 에워싼 내호內濠, 안쪽 해자와 외호外濠, 바깥쪽 해자도 울퉁불퉁한 지형을 활용하여 높낮이 차이를 살리며 축조한 계단형의 거대한 물의 공간 장치다. 또한 야마노테에 산재한 다이묘 저택 상당수가 경사면을 효과적으로 살려 건물을 배치하고, 용수를 끌어 만든 연못을 중심으로 에도 특유의 멋진 회유식回遊式 정원을 만든 것을 고려하면 새로운 '물의 도시 도쿄론'의 가능성이 엿보이는 것이다 진나이·호세이대학 진나이 연구실 2013.

이른바 도쿄 동쪽 저지대인 도심·시타마치만을 '물의 도시'로 여기던 기존 관점에서 발상을 전환해 더 자유로운 시점에서 야마노테, 무사시노, 다마로 대상을 넓혀 도쿄와 물의 밀접한 관계를 다각적으로 살펴보자.

지형을 살린 성과 해자

1603년 도쿠가와 이에야스가 에도에 막부를 연 후 에도는 크게 발전해 18세기에는 인구 1백만이 넘는, 세계에서 가장 큰 도시로 성장한다. 에도는 세계적으로 보아도 독특한 지리적 위치에 있어 이를 십분 활용해 형태와 기능 면에서 우수한 특징을 갖춘 도시로 발전했다고 할 수 있다. 어떤 과정을 거쳐 이와 같은 거대 도시가 형성되었는지 살펴보자. 우선 원풍경을 돌아봐야 한다.

에도 시역市域에 해당하는 무사시노 대지 동쪽 주변부에는 조개무덤이 집중되어 있다. 이는 약 7천 년 전조몬시대을 정점으로 하여 지구 온난화로 해수면이 높아져 야마노테 대지 안쪽까지 바다에 잠긴 것과 관계가 있다. 예를 들어 후루강古川 선착장은 히로오의 텐겐지

天現寺다리 인근 하류까지, 간다강 선착장은 메지로 대지 인근의 스이水 신사 언저리까지 해안선이 파고든 것으로 보인다마쓰다 2013.

그 후 해안선이 뒤로 물러나자 강물을 따라 내려온 토사와 자갈이 퇴적하여 충적층이라는 지층이 생겨났다. 고대에서 중세까지는 대지의 동쪽 저지대에서도 거주에 적합한 약간 높은 지대에 사람들이 살기 시작했고, 그 사이에 있던 수면을 배가 오가며 여러 방면과 연결하는 중요한 지역으로 변모했다. 이것이 에도의 소위 '원풍경'이었을 것으로 보인다.

도쿠가와 이에야스가 지배를 견고히 하고자 거성居城을 두기로 한 곳은 오타 도칸太田道灌이 축성하고 고호조後北条 씨가 지배했던 작은 성 주변부였다. 물론 지금의 왕의 거주지 황거가 있는 곳인데, 이에야스는 이곳에 새 에도성을 쌓기로 하고 대규모 시가지를 건설하는 대사업에 착수했다. 당시 에도 지형은 동쪽에 습지와 수면이 넓게 자리하고, 그 너머에 에도마에지마가 곶처럼 뻗어 있었으며, 북서쪽에는 무사시노 대지가 튀어나와 있는 것이 특징이었다.

이에야스가 처음 이 땅에 도착했을 때 눈에 들어온 것은 갈대밭과 쓸쓸한 어촌이었다는 것이 정설이다. 하지만 최근 고고학이나 중세 아즈마노쿠니 수운사水運史 연구 성과 등으로 볼 때, 에도는 중세에도 꾸준히 번창했던 곳으로 추측된다. 이세伊勢·구마노熊野에서 시나가와에 이르는 태평양 해운과 아사쿠사·가사이로 이어지는 도네강·히타치강常陸川 수계를 잇는 항구湊로 중요한 위치를 차지하고 있었다는 것이다오카노 1999. 그렇다 해도 1590년 이에야스가 이곳 영주로 임명되면서 에도가 근본적으로 바뀐 것은 분명하다.

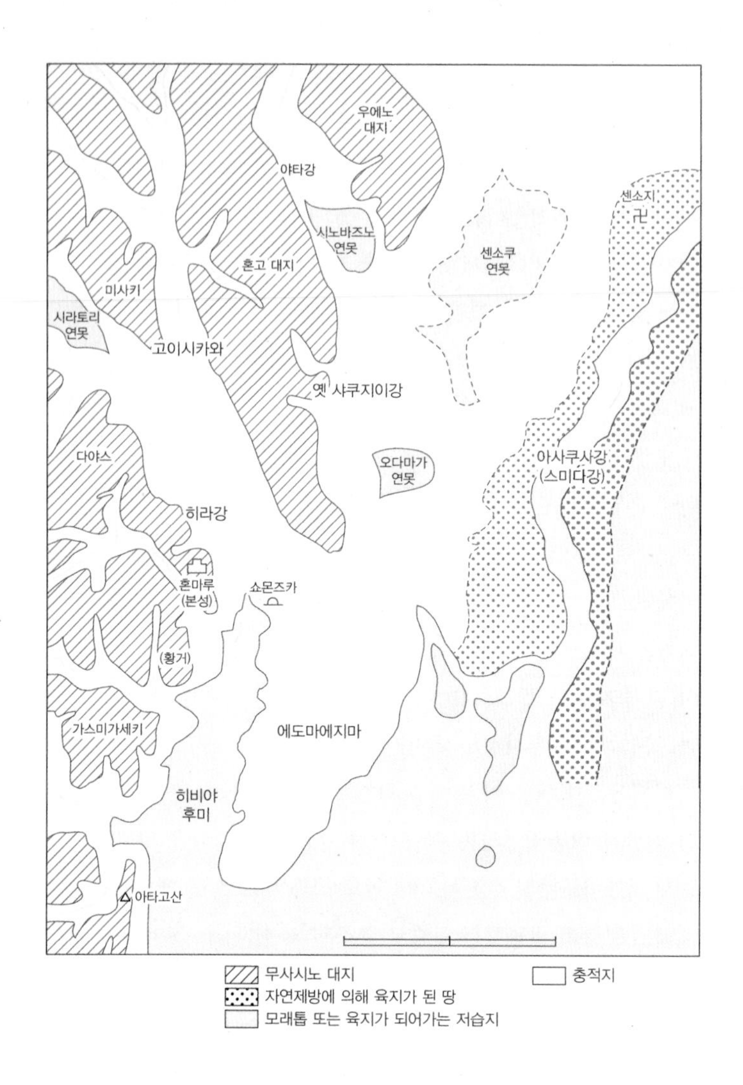

5-1 에도의 원형(스즈키 1991을 바탕으로 작성)

에도의 초기 개발

에도의 발전은 세 시기로 나누어 볼 수 있다이하 스즈키 1978 및 이와부치 2001을 바탕으로 한다.

제1기는 도쿠가와 이에야스가 에도에 와서 막부를 열 때까지다. 이때 이에야스는 아직 도요토미 정권 아래 유력한 다이묘에 불과해, 도쿠가와 가문이 자력으로 그에 걸맞은 기본적인 개발부터 착수했다. 성을 쌓고 시가지를 건설하면서 이에야스는 에도성 주변에 수로를 만들어 선박 운송을 통해 석재와 목재 등 많은 건축 자재와 식량을 들여오는 방법을 구상했다. 당시 에도에는 성 바로 동쪽의 히비야 후미[1]가 항구 기능도 갖추고 있었지만, 이와는 별도로 후미 건너편 에도마에지마의 육지와 이어지는 부분에 선박 운송용으로 도산보리道三堀 수로를 만들었다. 이 수로가 생기면서 스미다강 하구, 쓰쿠다지마 앞바다 주변에 정박한 대형 범선에서 소형 배로 물자를 옮겨 싣고 도산보리 수로를 지나 에도성 바로 옆까지 운반할 수 있게 됐다. 또한, 히비야 후미로 흘러들던 히라강의 유로가 바뀌었다.

같은 시기에 오나기강小名木川이 정비되어 교토쿠行徳에서 소금 등을 에도성으로 운반하는 수로로 활용되었다. 이렇게 에도 개발 초기에는 도시의 토대를 다지기 위해 수로 만들기부터 시작했다고 볼 수 있다.

---

1 '후미'는 '이리에(入江)'를 우리말로 옮긴 것으로, 해안이나 호수의 일부가 침식작용에 의해 육지 쪽으로 들어가며 생긴 지형을 말한다.

'천하보청'의 대사업

에도 발전의 제2기는 1603년부터다. 1600년 세키가하라 전투에서 승리한 이에야스는 이 해에 정이대장군征夷大将軍이 되어 에도에 막부를 열었다. 그 권력으로 전국 각지의 다이묘를 동원해 '천하보청'天下普請, 에도 막부가 명한 공공사업이라는 대사업을 시작했다.

이 대규모 토목 공사는 간다산을 깎아 히비야 후미를 매립하는 것이었다. 이렇게 생긴 땅 덕에 천하를 호령하는 에도성 주변 시가지에 걸맞은 규모의 다이묘 저택이 늘어선 도시 공간을 만들 수 있었다.

에도성과 해자의 돌담을 쌓는 데 필요한 석재 조달도 매립 못지않게 중요했다. 이즈반도와 마즈루眞鶴 주변의 석재를 범선으로 에도로 운반했다. 이런 어마어마한 작업은 모두 천하보청이라는 이름하에 다이묘들에게 할당되었다. 특히, 일본 서부의 도자마 다이묘外様大名[2]가 석재를 다루는 데 능숙하다는 이유로 어려운 돌담 건설을 맡아야 했다고 한다. 1606~1607년에 걸쳐 천수각을 포함한 혼마루본성와 외곽 공사를 시작했고, 1610~1611년에 니시노마루서쪽 성의 돌담 공사를 했다. 이 공사에 꼭 필요한 것이 운반선이 정박할 수 있는 부두였다. 석재를 하역하는 부두는 니혼바시와 교바시 사이에 많이 만들었다. 이들 공사도 일본 서부의 다이묘들이 맡았다.

에도 건설을 위한 재료로 목재도 빼놓을 수 없다. 특히 에도성 건설에는 기소강木曾川 유역에서 운반해 온 목재를 썼다. 시내의 저택, 상가 등을 짓는 데도 많은 목재가 필요해 다마강 수계, 아라강 수계 근처 산의 목재를 에도로 옮겼다. 목재 운반에도 물이 큰 역할을 했

---

2 다이묘의 출신에 따른 분류 중 하나. 세키가하라 전투 전후 새롭게 도쿠가와 가문의 지배 체계에 편입된 다이묘를 가리킨다.

다. 지치부秩父 등의 산지에서 벤 목재는 일정한 길이로 잘라 뗏목으로 만들어 강을 따라 에도의 기바木場로 운반했다.

에도의 발전 단계에 따라 기바가 시대마다 알맞은 곳을 찾아 외곽으로 옮겨간 것도 흥미롭다. 에도 초기 히비야 후미에 있던 기바는 지금 긴자의 바다쪽 산짓켄三十軒 수로로 옮기게 되나, 그 후 화재 피해를 줄일 수 있는 스미다강 동쪽으로 이동했고, 더 동쪽인 현재의 고토구 기바로 옮겨진 뒤 크게 발전했다. 도쿄만 매립이 진행되면서 1969년 신키바를 건설했고, 독특한 시타마치 문화를 낳은 기바는 베이 에어리어의 새로운 곳으로 옮기게 되었다제3장 참조.

간다강의 탄생

1615년 도요토미 가문이 오사카 여름 전투에서 패배해 멸망하고 일본 천하는 완전히 도쿠가와의 것이 되었다. 에도 발전의 제3기는 그로부터 몇 년이 지난 1620년경 시작된다. 도쿠가와 가문의 권력은 최고조에 달해 더욱 큰 규모로 다이묘를 동원했다.

이 시기가 되면 에도성에서는 돌담을 쌓아 내호를 축조하는 공사를 하고, 내곽내호 안쪽. 외곽은 내호와 외호 사이 문의 건설에도 주력했다. 이와 함께 수해 대책도 마련하여 현재의 오차노미즈 부근에서 간다산을 일부 깎아 물 흐름을 바꾸는 대공사를 하게 되었다. 에도 시내로 흐르던 히라강平川의 흐름을 동쪽으로 틀어 스미다강에 합류하게 함으로써 에도를 홍수로부터 지키기 위해서였다. 이로부터 40년 후인 1660년에는 대규모 확장 공사를 하여, 간다강으로 이름이 바뀌고 선박 운송에도 이용되었다.

이렇게 인공적인 작업으로 생겨난 계곡인 오차노미즈 부근의 선

5-2 오차노미즈의 계곡(스즈키 도모유키鈴木知之 촬영)

* 오차노미즈다리 쪽에서 본 히쓰지다리(聖橋, 1927년 완공)의 아치 모양이 두드러진다. 다리 왼쪽으로는 유시마 성당(湯島聖堂)과 간다묘진(神田明神)으로 향한다. 오른쪽은 JR 주오선(中央線) 오차노미즈역.

착장은 풍요로운 녹지와 함께 대도심의 소중한 오아시스로 자리잡았다. 이와 같은 역동적인 계곡의 미를 자랑하는 도심은 전 세계를 찾아보아도 도쿄에만 있다. 다만, 이를 만끽하려면 배로 여기를 지나가야 한다. 간다강에도 다시 선박이 오가며 이 숨겨진 선착장 풍경을 더 많은 사람이 체험할 수 있으면 좋겠다.

에도·도쿄가 도시로서 흥미로운 점은, 세계에서 유례가 없을 정도로 변화무쌍하고 울퉁불퉁한 지형을 절묘하게 활용하여 때로는 인공적인 변화도 가미하면서 특징을 살린 공간을 만들어 낸 것이다. 예를 들어 유럽의 대표적인 물의 도시 베네치아와 암스테르담은 평지에 건설되었고, 시내 지형의 높낮이 차가 작다. 2차원적 도시인 것이다. 한편, 에도는 높낮이 차가 30미터에 이르는 곳에 세워져 지리적·공간적으로 다채로운 도시다. 이렇게 기복이 심한 땅에서 물과 긴밀한 관계를 맺으며 3차원적인 물의 도시를 발전시킨 예는 에도가 유일하지 않을까?

내호와 외호

내호와 외호의 물이 순환하는 공간 구조

내호가 완성되자 1629년부터는 외호 공사가 시작되었다. 1636년에 완성되었고, 현존하는 에도 지도 중에 가장 오래된 것 중 하나인 〈간에이 에도 전도〉寛永江戸全図: 1643년경를 보면 내호뿐만 아니라 외호도 자세하게 그려져 있는 것을 알 수 있다.

도쿄의 일곱 언덕 중에 가장 대지면臺地面이 넓은 요도바시 대지 끝에 있는 것이 과거의 에도성, 현재의 황거다. 이 대지면은 평평하지 않고 울퉁불퉁하며 작은 강과 연못, 웅덩이도 있었다. 두 해자의 완성된 구조를 보면 이와 같은 땅의 기복을 잘 살리면서 뛰어난 토목 기술을 적용해 만들었음을 알 수 있다.

내호의 경우 한조몬半蔵門이나 구단九段 근처 지반은 높은 반면 치도리가후치千鳥ヶ淵와 우시가후치牛ヶ淵가 주변에 비해 낮다. 스즈키 마사오鈴木理生에 따르면 '후치淵'란 작은 강 상류에서 내려오는 물을 댐으로 막은 것을 가리킨다스즈키 1975. 따라서 높은 대지를 깎아 원래 저지대였던 후치를 연결하여 내호를 만든 과정을 상상할 수 있다.

세계적인 권력자의 성이나 궁전을 보면 베이징 자금성, 파리 근교 베르사유 궁전을 비롯하여 형태와 배치에 축선軸線, 대칭형, 기하학적 모습을 적용한 경우가 많다. 한편, 에도성=황거의 항공 사진

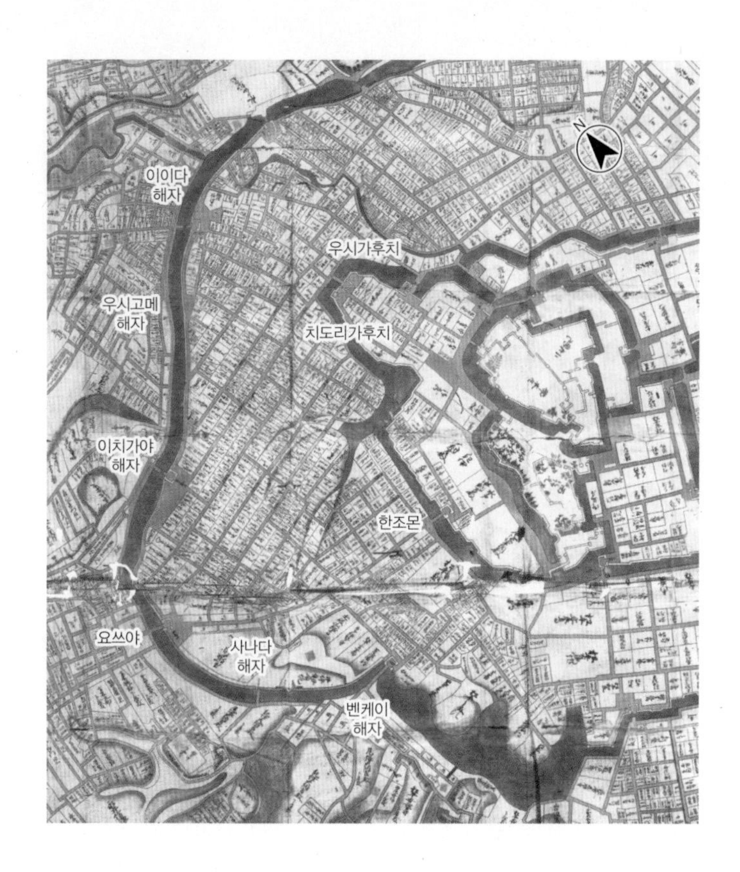

5-3 〈간에이 에도 전도〉의 일부

* 왼쪽 위 이이다 해자 부근이 오늘날의 이이다바시역이고, 요쓰야 왼쪽으로는 신주쿠로 향한다.

을 보면 자연의 논리를 파악해 지형을 살리면서 변화무쌍하며 유기적인 형태를 만들어내어 놀랍다. 그런데 여기에는 인공적으로 바꾼 부분도 많다는 것을 기억해야 한다. 독자적인 미의식이 탄생한 배경이라 할 수 있다.

치도리가후치 연못은 오늘날 꽃구경 명소로 자리잡았지만 이는 근대의 산물로, 방어가 최우선이던 에도시대에는 없었다. 쇼군의 성에서 일왕의 궁전으로 바뀐 뒤 벚꽃을 심어 경관이 바뀐 것도 흥미롭다. 1881년 영국 대사관 앞에 소메이요시노일본 왕벚나무를 심은 기록이 있다고 한다.

이 연못에 접한 이탈리아 문화회관 최상층의 관장 공저에서 열리는 꽃구경 연회에 가끔 초대받는다. 널따란 베란다에서 내려다보는 만개한 벚꽃은 절경이다이 아름다운 물가 풍경도 '물의 도시 도쿄'를 이루는 한 요소로 생각할 필요가 있다.

외호는 내호보다 높낮이 차가 크다. 이이다바시 부근이 낮고 이치가야 부근에서 다소 높아지며, 요쓰야의 사나다眞田 해자[3]가 가장 높다. 내가 몸담고 있는 호세이대학 본부 이치가야 캠퍼스는 이 외호의 이이다바시와 이치가야 사이에 자리하며, 우시고메 해자에 면해 있다메이지시대에 신미쓰케新見附다리가 생겨 이치가야역 쪽 수면은 신미쓰케 해자가 되었다. 이 부근은 이치가야역 남서 방면에서 이이다바시역 부근에 걸쳐 옛 모미지강紅葉川이 흐르던 작은 계곡이 있어 이 지형을 이용해 외호를 만들었다고 한다.

호세이대학 이치가야 캠퍼스를 재건축할 때 발굴 조사를 하여

3 JR 요쓰야(四谷)역 남쪽에 있었는데, 매립되어 조치(上智)대학 운동장으로 쓰인다.

5-4 황거 주변

* 177쪽 지도를 시계 반대 방향으로 45도쯤 돌려 보면 내호 부분의 윤곽이 거의 비슷하게 나타난다. ①일본 무도관(武道館) ②치도리가후치. 사진에서 아래쪽 물가에 이탈리아 문화회관이 위치한다. ③한조몬(半藏門) ④사쿠라다몬(櫻田門) ⑤오테몬(大手門). 도쿄역~마루노우치 쪽에서 에도 성터를 찾는 관람객들이 주로 이용하는 문이다. ⑥에도 성터. 정식 이름은 고쿄 히가시교엔(皇居東御苑).

5-5 이탈리아 문화회관 관장 공저에서 바라본 조망(파올로 칼베티Paolo Calvetti 촬영)

해자를 향해 급한 경사로를 깎아내고, 해자 바닥도 더 파내어 생긴 흙을 쌓아 좋은 여건의 택지를 그곳에 만들었음을 밝혔다도쿄도 지요다구 2015. 이렇게 생긴 하타모토도쿠가와 가신 저택 부지에 지금의 호세이 대학 이치가야 캠퍼스가 있다. 한편, 남서쪽 요쓰야로 향하는 고지대 부분은 깎아내어 이치가야 해자를 만들었다.

이처럼 높은 지대를 깎아서 낮은 곳과 연결함으로써 성 주변을 동그랗게 둘러싼 내호, 외호의 이중 해자 구조가 만들어졌다. 둘 모두 높낮이 차이가 있는 몇몇 해자로 나뉘고, 계단 모양으로 수면이 줄줄이 이어진 '인공 수계'다. 위에서 아래로, 시계 방향과 반시계 방향으로 각각 물이 흐르는 순환 시스템을 만든 것이다.

외호는 가장 높은 사나다 해자에서 시계 방향으로 이치가야 해자, 우시고메 해자, 이이다 해자로 나뉘고 이 순서로 연결된다. 반시계 방향으로는 사나다 해자에서 기노쿠니 언덕을 따라 아카사카 미쓰케까지 연결되는 벤케이 해자로 물이 흘러가는 구조였다. 이 사나다 해자는 도쿄 대공습으로 생긴 폐자재의 폐기장이 되어 매립되었다.

이처럼 하천 수면을 위에서 아래를 향해 계단 모양으로 여러 개로 나누는 기술은 일본에서 예부터 쓰인 논 만들기 기술에서 유래한다는 흥미로운 설도 있다스즈키 2012.

다마강 상수시설의 역할

그렇다면 그 물은 어디서 온 것일까? 빗물과 풍부한 용수湧水가 여기저기 있다 해도 그것만으로는 부족하다. 이와 관련해 최근 주목받는 것이 외호를 만들고 18년 뒤인 1654년에 완성한 '다마강 상수시설'玉川上水이다. 이 상수시설은 무사시노 대지의 능선을 지나 고슈가도甲州街道를 따라 요쓰야미쓰케에 이르는데, 고고학적 성과를 바탕으로 역사학자의 입장에서 이를 논한 것이 기타하라 이토코北原糸子의 『에도성 외호 이야기』江戸城外堀物語: 지쿠마쇼보, 1999다.

다마강 상수시설은 오랫동안 원래 기능인 식수와 정원수 공급이 주요 역할이었다. 그런데 외호에 다마강 상수시설의 남은 물이 흘러들어오는 입구가 있었음이 발굴을 통해 밝혀져, 다마강 상수시설은 해자용이기도 했음을 알 수 있다. 그렇다면 외호를 만들고 다마강 상수시설이 완성될 때까지는 어떻게 한 것일까? 기타하라는 JR 요쓰야역 앞 거리에서 발굴된 커다란 나무 되와 통, 나아가 이들을 폐기하고 위에 포개서 만든 돌 되야말로 외호를 축조했을 때와 같은 시기의 유구遺構로, 큰 나무 되에서 해자로 물을 유도하는 길이 있었던 것에서 이 용수시설의 기능 중 하나가 해자에 물을 공급하는 것이었다고 본다기타하라 1999.

이리하여 외호에는 축조 당시부터 용수用水로 물을 공급했고, 이어 다마강 상수시설이 완성되면서 이를 보강하는 형태로 물 순환 구조가 이루어졌음을 알 수 있다.

외호가 완성되어 에도성을 중심으로 내부와 외부의 경계가 만들어지면서 성 주변 시가지의 윤곽이 보다 명확해졌다. 안과 밖의 구분이 명확해져 안쪽에는 다이묘 저택과 상급 무사 저택이 자리하고 바깥쪽에는 주로 하급 무사 저택이나 조닌 거주지가 자리잡았다. 이러한 구분은 에도 주민의 위계질서와도 직결되었다. 현대의 도쿄에도 외호 내부의 에도성=황거 근처인 지요다구 쪽과 그 밖인 신주쿠 쪽은 부지 규모와 건물 용도 등에 뚜렷한 차이가 있으며, 에도 성이 있었던 시대에 자리잡은 사회적·공간적 위계 질서가 도쿄의 기층에 그대로 남아 있음을 알 수 있다.

재발견한 외호의 매력

'외호'라는 자산

도쿄에서는 1980년대 이후 '물의 도시'가 다시 각광받아 니혼바시강, 간다강, 스미다강, 고토江東의 수로 등 도심과 시타마치의 넓은 범위에서 물가의 매력이 재인식되고 있다. 그러나 에도의 역사적 자산을 이어받아 물과 녹지에 둘러싸인 이 외호의 중요성과 매력을 사람들은 아직 잘 모른다.

에도성과 접한 지요다구 쪽에는 미쓰케見附, 성의 가장 바깥 성문. 망루 역할을 겸함 성문이 몇 개나 배치되고 물가에 돌담을 쌓아 방어 기능을 갖춘 해자이기도 하여, 외호가 시민에게 다소 낯선 곳이기는 했다.

하지만 돌이켜보면 메이지시대 이후 근대 사회가 되고 나서 외호의 물가는 지금보다 훨씬 잘 활용됐다. 가구라자카 아래쪽 공간은 근세의 선착장과 하역장 기능을 이어받았고, 이를 더욱 발전시켜 선박 운송 기지로 활기가 넘쳤으며, 우시고메 해자에서는 보트놀이를 즐기는 젊은이들을 많이 볼 수 있었다. 전쟁 직후 요쓰야 주변이 매립되어 물 흐름이 끊겼고, 1964년 도쿄 올림픽 즈음에는 물가 기능이 급격히 쇠퇴하여, 남겨진 외호 전체가 사람들의 관심에서 멀어졌다. 1970년대, 반대운동을 묵살하고 도쿄도가 이이다 해자를 매립하여 복합시설 '이이다바시 람라RAMLA'를 지었고, 이후 지

5-6 쇼와시대 초기의 가구라 선착장

5-7 쇼와시대 초기 우시고메 해자와 호세이대학

* 물가를 따라 JR 주오선(中央線)이 지나간다. 해자 위쪽으로 지금은 호세이대학 이치가야 캠퍼스의 초현대식 27층 '부아소나드 타워'가 위용을 자랑하며 랜드마크 구실을 한다. (참고사진 18) 부아소나드(Boissonade, G. E.)는 프랑스인 법학자로, '일본 근대법의 아버지'.

역 주민들의 외호에 대한 애정도 식었다.

한편, 도쿄가 자랑하는 이 공간은 1956년 '에도성 외호 터'로서 국가 사적지로 지정 보호하고 있다. 그런데 시민뿐만 아니라 전문가들도 오래도록 그 가치를 잘 모르고 있었다. 다행히 문화청이 앞장서고 지요다, 신주쿠, 미나토 3구가 공동 위원회를 만들어 돌담과 성문 등이 지닌 가치를 조사·검증하여 2008년 『사적지 에도성 외호 터 보존 관리 계획 보고서史跡 江戸城外堀跡保存管理計画報告書』를 간행했다. 이에 따라 지요다, 신주쿠, 미나토 3구가 함께 경관 조성 활동을 시작하게 되었지만 그 성과는 아직 가시화되지 않고 있다.

외호를 부활시키려는 여러 활동

야마노테에서 무사시노까지 확장하는 새로운 물의 도시 도쿄론을 다루는 데 열쇠가 되는 것이 이 외호다. 내가 오랫동안 근무한 호세이대학은 도쿄 도심의 이치가야 지구에 자리하며, 외호를 사이에 두고 지요다구와 신주쿠구에 걸쳐 있다. 이 해자 안쪽에 문과 학부가 모여 있는 이치가야 건물이 있고, 바깥쪽에 내가 근무했던 디자인공학부 등의 건물이 있다. 도심이기에 건물 부지는 좁지만, 바로 바깥에 펼쳐지는 외호의 장대한 공간은 호세이대학 앞뜰이며 캠퍼스의 일부라 해도 과언이 아니다. 시인 사토 하루오佐藤春夫, 1892~1964[4]가 작사한 호세이대학 교가에도 "창문 너머 멀리 보이는 후지산 봉우리의 눈, 반딧불이 모이는 문 앞의 외호"라는 가사가 있어, 외호가 호세이대학에 없어서는 안 될 존재임을 알 수 있다.

---

4 근대 일본의 시인이자 소설가. 대표작으로 소설 『전원의 우울(田園の憂鬱)』과 시집 『순정시집(殉情詩集)』이 있다.

도쿄를 아름답고 기품 있는 도시로 가꾸기 위해서도 그 중심 위치에 있는 외호를 되살렸으면 한다. 에도 성 주변 시가지 건설이 낳은 이 위대한 역사 유산은 물과 녹음綠陰이 풍부한 생태계 회랑으로서 가치가 있다. 하지만 아직 시민의 관심은 적은 편으로, 그야말로 숨어 있는 보석과 같다. 우선 외호가 있는 지역에서 목소리를 내 수질을 개선하고 사람들이 즐길 수 있는 물가 공간을 되찾았으면 한다. 그런 생각에서 호세이대학 에코지역디자인연구소에서는 도심 속 버려진 공간처럼 누구도 관심 갖지 않던 외호를 본격적으로 연구하기로 했다.

이 연구 성과를 담은 『외호』外濠: 가시마출판사, 2012를 낸 후 다행히도 서서히 움직임이 생기기 시작했다. 이 지역에 예부터 터를 잡아 온 대일본인쇄주식회사DNP가 사회공헌을 위해 외호 재생 활동에 참여하게 되었고, 가구라자카 지구에 있어 외호 관련 활동을 다양하게 펼쳐온 도쿄이과대학과도 힘을 모았다.

또한, 외호에 애정이 있는 가구라자카 상점가의 유지들을 비롯한 지역 주민도 참여하여 2013년에 '외호 시민 학교塾'가 탄생했다. 외호 주변에는 도쿄 서쪽 교외에서 특히 자주 볼 수 있는 자연환경·역사적 환경 문제 해결에 힘쓰는 시민과 주민이 없어 '기업 시민'기업 및 그곳에서 일하는 사람도 그 지역의 선량한 시민이다이라는 개념을 도입했다. 그리고 이들을 중심축으로 강연회, 세미나, 견학회, 워크숍, 벚꽃 풍경 사진 콘테스트 등 다채로운 활동을 펼쳤다. 여기에 지역 주민과 직장인, 대학생, 고등학생 등 많은 사람이 참여하여 성황을 이루었다. 이와 병행하여 2016년 발족한 '외호 재생 간담회'에 참여해 달라고 자치회, 문화단체, 협의회, 도시 조성 단체, 행정기구에 호소하여 많은 이가 동참했고, 두 대학에 사무국을 설치하여 활동해 왔다.

이런 움직임에 호응하여 외호 가까이 본사가 있는 가도가와KADOKAWA, 야후 재팬, 마에다 건설공업 등 13개 기업이 2017년에 '외호 물가 재생 협의회'를 만들었다. 그들은 물의 흐름을 되살려 외호를 정화·재생하기 위한 기업 연합을 구성하고 시민과 연계하여 경관을 개선하려는 활동을 시작했다. 도쿄에서 민간 기업들이 손 잡고 이처럼 상당한 규모의 지역 환경 보전과 도시 조성에 힘쓰는 것은 극히 드문 일로, 큰 기대를 걸고 있다.

이런 활동 속에서 외호의 수질 개선이 가장 중요한 과제로 떠올랐다. 여름에는 녹조가 대량으로 발생해 악취가 심하다. 마침 니혼바시강 정화 등의 활동을 하고 있는 주오대학의 하천 연구 권위자 야마다 다다시山田正 교수가 외호 수질 개선 프로젝트에 큰 관심을 보이면서 다음 단계로 나아갈 수 있었다.

국토교통성 시절 물순환법 제정에 기여한 호소미 유타카細見寛 씨의 제안으로, 2014~2015년 야마다 교수를 중심으로 주오대학·호세이대학·도쿄이과대학·니혼대학·도쿄대학이 연계하여 '물 순환 도시 도쿄'를 테마로 하는 릴레이식 심포지엄을 열었다. 앞서 말했듯이 예전에는 다마강 상수시설의 물이 외호로 들어가면서 적절한 수량이 유입되어 수질이 유지되었다. 이를 부활시켜 외호를 되살리겠다는 구상이다. 외호의 물이 깨끗해지면 하류의 니혼바시강도 되살아난다. 웅장한 프로젝트가 지금 진행되고 있다제8장 참조.

물과 가장 가까운 '캐널카페'

외호에 관해 하나만 더 말하고 싶다. 이 해자는 사적지로서 높은 가치가 있을 뿐만 아니라 물과 녹음이 풍부한 자연에 둘러싸여 세계 도시, 도쿄의 도심에 기품 있는 아름다운 공간을 연출하고 있다. 이치가야부터 이이다바시 사이에는 다행히도 도심의 오아시스라고 할 수 있는 멋진 '물의 공간'이 남아 있다.

그 한 부분인 이이다바시 성문 물가에 '캐널카페'라는 유명한 이탈리안 레스토랑이 있다. 내가 좋아하는 곳이다. 처음에는 보트 타는 곳으로 1918년에 문을 연 '도쿄 수상 클럽'이었다. 젊은이들이 몸을 단련하길 바라며 지금 소유자의 조부가 친구 고토 신페이後藤新平, 1857~1929[5]의 지원을 받고 사재를 털어 창업했다고 한다. 그 후 이 가문 차원에서 이곳을 지켜 왔다. 외호에는 일정한 간격으로 높낮이 차를 두어 수면 높이가 안정되어 있어서 물과 데크가 매우 가깝다. 도쿄에서, 아니 세계에서 물과 가장 가까운 곳 중 하나라 할 수 있다.

물가를 재평가하려는 진나이 연구실이 이 매력적인 장소를 놓칠 리 없었다. 수면에 떠 있는 데크 안쪽 공간을 활용해 2006년부터 내가 퇴임할 때까지 11년간 여름마다 '가나데奏'라는 이름의 수상 콘서트를 열었다. 물가에 무대를 설치하고 바로 앞 지상석과 함께 약 30척의 보트가 수상석이 되면 그곳에서 연주를 감상할 수 있다. 여기서 꼭 연주하고 싶다며 공연료를 받지 않고 연주하는 연주

---

5 정치가. 의사에서 관계(官界)로 진출, 위생국장을 거쳐 타이완 총독부 민정장관·만주철도 총재로 식민지 경영에 수완을 발휘했다. 여러 부서의 관료를 거쳐 도쿄 시장을 역임했다. "돈을 남기면 하수, 업적을 남기면 중수, 사람을 남기면 고수"라는 그의 말은 지금도 곧잘 회자된다.

5-8 캐널카페 수상 콘서트

* JR 이이다바시역 서쪽 출구에서 우시고메다리를 건너 바로 왼쪽에 입구(표시 부분)가 있다. 계절의 변화에 따른 다채로운 풍광을 즐기며 휴식을 취할 수 있는 명소로 손꼽히는 곳이다.

자가 매년 모였다. 해질녘에 시작되어 서서히 야경으로 바뀌는 매직 아워의 이 물가는 최고의 무대가 된다. 거대 도시 도쿄의 한가운데에서 이런 체험을 할 수 있어 기쁘기 그지없다.

외호의 근대와 물의 도시 도쿄

호세이대학에서 후쿠이 쓰네아키福井恒明 교수와 함께 '외호 시민 학교' 활동을 해 온 학자 다카미치 마사시高道昌志가 박사 논문을 바탕으로 펴낸 『외호의 근대』外濠の近代: 호세이대학 출판부는 흥미로운 내용을 담고 있다. 다카미치는 이 책에서 선박 운송 기지로서의 가구라 선착장을 중점적으로 다룬다. 가구라 선착장은 외호가 간다강과 이어지는 이이다 해자에 있다.

우시고메 성문에서 외호 맞은편으로 건넌 가구라자카 쪽에 우시고메 아게바초揚場町, 하역장가 있었다. 간다강을 거슬러 올라온 작은

5-9 〈도쿄시 우시고메구 전도〉의 일부(東京市牛込區全図: 1896)

오른쪽 아래 우시고메 문(牛込門), 가운데 아게바초(揚場町), 외호를 따라 가구라 선착장(神楽河岸)이 있다. * 오른쪽 위 부분은 이이다바시역 앞으로, 간다강과 외호의 물이 여기서 합류하여 오른쪽 위 모서리 부분을 거쳐 스이도다리 쪽으로 흘러간다. ●표시 부분에 188~189쪽의 캐널카페가 위치한다. 화살표 방향은 가구라자카 언덕.

배가 다다르는 최종 지점이며, 지명에서 알 수 있듯이 커다란 선착장이 있었다. 에도시대의 이 물가 공간에 관해서는 요시다 노부유키吉田伸之, 1947~[6]가 조명한 바 있다요시다 2015. 이 우시고메의 하역장은 우시고메, 고히나타小日向, 고이시카와, 이치가야 등 에도성에서 볼 때 성 밖 북서부에 있는 무사 가옥과 조닌 거주지에 여러 물자를 공급하는 이 지역 최대 규모 선착장이었다.

덧붙이자면 외호의 우시고메 성문 안쪽은 계단 형태로 물 높이

6 근세 사학자. 특히 에도를 중심으로 한 도시의 사회 구조를 연구해 왔다.

에 차이가 있어 선박이 다닐 수 없으며, 이 우시고메 선착장이 배가 들어갈 수 있는 최상류 지점이었다. 우시고메의 하역장에는 가운데 부분에 이치가야 문 바깥 남서쪽의 오와리 도쿠가와 가문 저택에 땔나무, 숯 등의 물자를 운반하기 위한 '오와리 영주 하역장尾張様物揚場'이 있었고, 이 양쪽에 민간 선착장인 '마치카타 하역장町方揚場'이 있었다.

다카미치의 연구는 이 에도시대의 하역장이 근대에 어떻게 발전해 가는지를 도쿄부東京府가 발행한 「선착장 대장」河岸地台帳: 1882과 「선착장 연혁 도면」河岸地沿革図面: 1885을 바탕으로 밝힌다. 우시고메의 하역장이 있었던 가구라 제방과 그 하류, 간다강에 면한 이치베市兵衛 제방은 메이지 정부의 선착장에 관한 포괄적인 제도인 「선착장 규칙」河岸地規則: 1876에 따라 선착장 부지로 편입되어 각각 가구라 선착장, 이치베 선착장으로 명명되었다.

메이지시대에 선박 운송이 더욱 활발해지면서 가구라 제방은 선착장으로서 규모와 기능이 확대되었고, 이치베 선착장은 서쪽 일부 구역에 민간에서 빌린 석재·목재 등을 반출하는 곳이 있었으며, 물레방아 터로도 쓰였지만 대부분은 육군성과 육군 포병공창砲兵工廠의 물자가 드나드는 선착장이 되었다. 포병공창은 1871년부터 1935년까지 이곳에서 조업했는데, 그 하역장에 배가 많이 모여 있는 사진을 보면 생산 활동에 선박 운송이 얼마나 중요했는지 알 수 있다. 다카미치의 연구는 외호의 일부인 이이다 해자와 간다강의 이 부분이 물의 도시 도쿄의 중요한 부분을 차지하게 되었음을 보여준다다카미치 2018.

메이지시대에 선박 운송이 중시된 것은 명백하다. 우선 이 책에서 몇 차례 언급한 바와 같이 에도의 치수 대책으로 1620년에 간다강을 굴착하여 히라강의 흐름을 바꾼 이래, 막힌 수로였던 니혼바시강을 뚫어 배가 오갈 수 있게 하여 선박 운송을 강화하는 사업이 시구市區 개정 계획에 포함되었다제2장 참조. 게다가 이 계획에는 '신주쿠~하치오지' 사이에 개설된 고부甲武철도를 도심까지 연장할 때, 굴착하게 될 니혼바시강과 면한 곳에 종착역인 이이다마치역을 건설하는 내용도 있었다. 그 물가에는 하역장 기능을 하는 선착장이 있었다. 추후 고부철도가 만세바시萬世橋역까지 연장되면서 이이다마치역은 화물 전용으로 바뀌는데, 선착장의 존재는 선박 운송과 철도를 연결하기에 안성맞춤이었다.

또한 미쓰비시가 간다 선착장의 포병공창 건너편, 니혼바시강을 사이에 둔 이이다마치역 맞은편 땅을 마루노우치와 함께 사들여 벽돌 거리 '간다 미사키초三崎町'를 구상하여 만든 것도 주목할 만하다. 이 벽돌 거리는 문명개화를 상징하는 도쿄의 빛나는 거리 중 하나였다오카모토 2013. 베이 에어리어에서 꽤 안쪽에 자리잡은 곳에도 '물의 도시 도쿄'의 화려한 건설 활동이 이루어졌다는 점이 주목된다.

이처럼 외호에서 그 일부인 이이다 해자, 나아가 간다강 스이도다리水道橋에 이르는, 물로 연결된 지역에 관한 근세부터 근대까지의 역사를 돌아보면 니혼바시강과 수로들, 스미다강 부근만을 무대로 회자되어 온 에도·도쿄 '물의 도시'의 틀을 뛰어넘어 야마노테에서 무사시노까지 사유의 폭을 넓히는 '새로운 도쿄 물의 도시론'의 가능성을 열어준다.

물가와 산자락을 품고 있는 시노바즈노 연못(不忍池)

* 가운데 지붕 있는 건물은 벤텐도(弁天堂). 오른쪽 흰 건물은 1872년 개업한 서양식당 세이요켄(精養軒) 우에노점이다. 한여름에는 이 연못이 연꽃으로 뒤덮인다.

야마노테

울퉁불퉁한 지형에 숨은 의미

6

도쿄도 23구

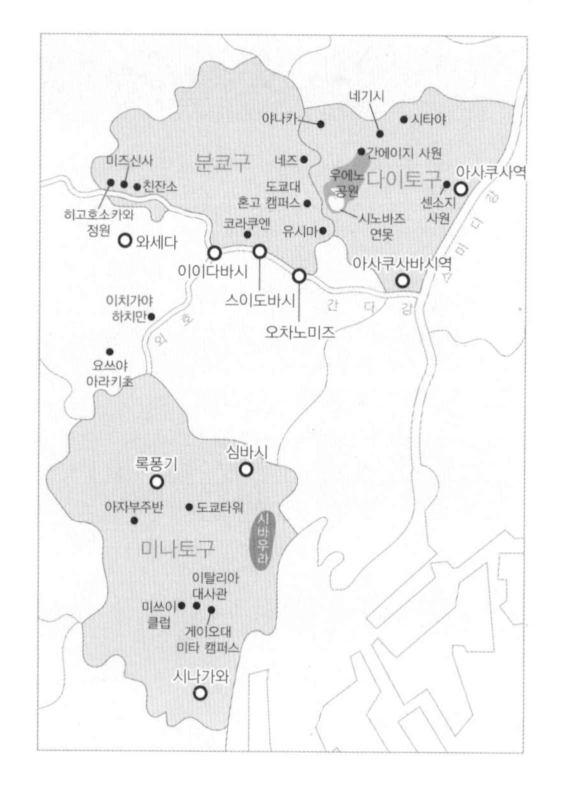
네기시
야나카
시타야
간에이지 사원
분쿄구
미즈신사
네즈
친잔소
도쿄대
혼고 캠퍼스
우에노
공원
다이토구
아사쿠사역
센소지
사원
히고호소카와
정원
시노바즈
연못
코라쿠엔
유시마
와세다
이이다바시
아사쿠사바시역
스이도바시
오차노미즈
간다강
스미다강
이치가야
하치만
요쓰야
아라키초
심바시
록퐁기
아자부주반
도쿄타워
시바우라
미나토구
이탈리아
대사관
미쓰이
클럽
게이오대
미타 캠퍼스
시나가와

옛 거리를 읽다

이탈리아식 '도시 읽는 법'으로 도쿄를 바라보다

나의 도쿄 연구는 이탈리아 유학 시절에 배운 '도시 읽는 법'을 응용하는 것에서 시작되었다. 우리 세대가 대학에서 건축을 공부하던 1970년 전후, 고도경제성장이 지속되던 시기 일본 건축계에서는 도시 공간을 부수고 재개발하는 것에만 몰두해 기존 공간의 역사적·문화적 가치에 대한 관심은 극히 미미했다. 도쿄를 비롯한 일본 대도시는 근대화를 위한 개발을 계속 추진한 결과, 역사와 자연을 잃고 문화적 정체성을 잃어갔다.

이 현실을 근본적으로 돌이켜보며 비판적으로 접근하고자 건축사 분야를 선택한 나에게는 좀 더 사회와 연관 있는 영역인 '도시의 역사'가 매력적으로 느껴졌다. 그중에서도 문헌 사료부터 축적해 가는 학술적인 도시사都市史보다는 현실의 도시에 뛰어들어 그 안에서 역사를 그려내는 쪽에 흥미가 생겼다.

역사적으로 형성된 건축, 도시 공간의 가치를 이해하는 방법과 관점을 배우고자 이탈리아, 특히 베네치아로 유학을 떠났다. 사람들이 오랜 시간에 걸쳐 만들어온 '살아 있는 도시'를 대상으로 역사의 주름이 있는 공간, 장소의 기억, 시간이 쌓여간 자취 등을 밝히는 방법을 배우고 싶었다.

기나긴 도시의 역사를 자랑하는 이탈리아답게 이미 1950년대 말부터 과거의 자취를 부정하는 근대를 반성하는 관점에서 도시 연구가 시작되었다. 다양한 시대의 층위가 겹겹이 쌓여 복잡한 모습을 띠는 도시의 진면모를 밝히는 방법을 처음으로 보여준 사람이 베네치아건축대학 교수 사베리오 무라토리Saverio Muratori다.

그는 문화재적 가치가 높은 개별 기념물로서의 건축에 초점을 맞추지 않고, '건축유형학'이라는 방법을 제시했다. 그 땅에 맞는 공통된 성격을 지닌 '건축 유형'을 추출하고 도시의 맥락과 연결하여 그 성립과 변화를 역동적으로 분석하는 것이다. 건축물은 토지 구획을 동반하며 한데 모여들고, 도로·수로 등과 함께 유기적인 연결망을 만들어 간다. 이를 '도시 조직'이라고 부른다. '건축 유형'과 '도시 조직'을 결합함으로써 복잡하게 형성된 역사적 도시 구조가 어떻게 성립되어 왔는지, 그 원리를 역동적으로 파악할 수 있다진나이 1978.

1976년 가을, 유학을 마치고 돌아와 호세이대학에서 강사를 시작한 나는 이듬해 1월, 열성적인 학생들과 '호세이대학·도쿄 시가지 연구회'를 만들어 도쿄를 본격적으로 조사·연구하기로 했다. 이탈리아에서 배운 '도시 읽는 법'을 일본에 적용해 보고 싶었다.

다행히 간토대지진과 전쟁 피해를 면해 옛 거리가 그대로 남아 있는 다이토구台東區의 시타야下谷, 네기시根岸 지구를 찾았다. 에도 시가지 바로 바깥으로 튀어나온 모양새다. 닛코우라 가도日光裏街道를 따라 띠 모양으로 발달한 동네로, 전통적인 건물과 그곳에 사는 사람들의 커뮤니티가 잘 보존되어 있었다. 여기에 이탈리아의 유형학적인 방법을 적용하니 에도시대부터 이어져 온 일본다운 공간의 질서가 잘 나타났다.

6-1 가도 옆의 마치야(상가)

먼저, 가도를 따라 자리하는 과거 조닌 거주지의 경우 앞쪽에 상점과 주거가 일체화된 상인의 '마치야'町家, 상가가 늘어서 있고, 그 안쪽으로 뻗은 골목을 따라 장인들이 사는 소박한 '나가야'長屋, 전통 연립주택가 있다. 나아가, 그 뒤쪽 한적한 곳에 나무에 둘러싸인 절과 신사의 성역이 있다.

그 뒤에 무사 가옥의 계보를 잇는, 대문과 담장으로 둘러싸인 정원을 갖춘 독립된 주택이 늘어서 있다. 여기까지가 도시 지역이고, 그 주변에 농가형 주택이 펼쳐지는 식이다진나이·이타쿠라 1981.

'야마노테' 읽기에 도전

이렇게 시타야와 네기시의 현장 조사를 통해 '도시 읽기' 연구의 흥미로운 성과를 낼 수 있었지만, 향수를 불러일으키는 시타마치의 전통적인 지역에만 집중하는 소극적인 자세로는 역동적인 도쿄를 파악할 수 없었다. 그래서 과감하게 발상을 전환하여 '호세이대학·도쿄 시가지 연구회'의 다음 연구 대상으로 옛 에도의 '야마노테'에 해당하며 근대 도쿄의 주역이자 서쪽 고지대에 펼쳐진 도심 전체를 조사지로 삼고, 그 장소의 특징을 시간의 흐름에 따라 읽어내는 작업에 도전했다. 40여 년 전 이야기다.

조사 대상은 야마노테선 안쪽 거의 대부분에 해당하는 넓은 지역으로, 언덕과 골짜기가 있어 기복이 심한 지형이 특징이며, 도시 구조가 복잡해 파악하기 어렵다. 게다가 근대화 곧 서구화의 영향을 크게 받았고 지진과 전쟁 피해를 겪은 탓에 이탈리아 도시와 달리 남아 있는 오래된 건물이 적다. 그래도 틀림없이 일본다운 요소가 많이 남아 있으리라 생각했다.

도쿄에는 로마와 마찬가지로 일곱 언덕이 있다. 로마와 비교하며 울퉁불퉁한 지형이 특징인 야마노테를 조사하다 보니 도쿄의 개성이 뚜렷이 부각되었다. 먼저 울퉁불퉁한 지형 위에 도로 네트워크를 겹쳐 보았다. 이 방법도 실은 피렌체대학 지안 카를로 카탈디 교수가 아펜니노 산맥을 등지고 산, 언덕, 계곡, 강, 평야 등이 있는 지형에 도로가 어떻게 만들어지고 도시가 어떻게 발전해 왔는지를 도식화한 작업에서 힌트를 얻은 것이다. 이를 도쿄의 야마노테에 적용해 보면, 넓은 지역을 연결하는 주요 도로가 모두 능선을 통과하는 한편, 주민들이 사는 곳을 관통하는 계곡길이 있고, 이 둘을 언덕이 연결하는 흥미로운 유형을 알 수 있었다.

예를 들어, 에도성=황거의 한조몬半蔵門에서 시작하는 고슈 가도는 요쓰야와 신주쿠로 향하는 능선을 따라 이어진다. 거기서 남쪽

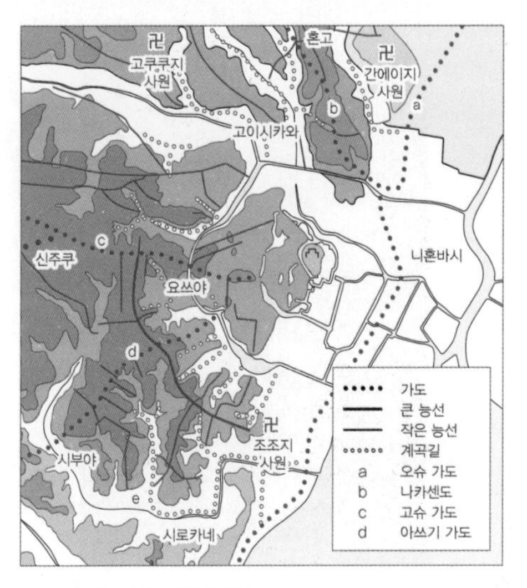

6-2 야마노테의 지형과 도로

으로 갈라져 내려가는 계곡길에 요쓰야 사메가바시鮫河橋: 현재의 와카바초가 있고, 가도 북쪽 계곡의 움푹 파인 곳에 요쓰야 아라키초荒木町가 있다. 또한, 오차노미즈에서 나카센도中山道를 따라 북쪽으로 가다 보면 혼고本郷의 도쿄대학 앞에서 북서쪽을 향해 계곡에 자리잡은 서민가로 이어지는 기쿠자카菊坂가 갈라지는 식이다. 와카바초나 기쿠자카 모두 도로 뒤쪽 높은 곳에 사원이 있다는 것이 공통점이다. 와카바초에는 크게 히트한 애니메이션 영화 〈너의 이름은〉[1]의 촬영지로 알려져 젊은이들의 성지가 된 스가須賀 신사가 있으며, 계단을 올라 높은 곳에서 내려다보는 풍경은 장관이다. 덧붙이자면, 스가 신사는 1634년 아카사카 히토쓰키무라一ツ木村의 시미즈다

---

1 신카이 마코토 감독의 로맨스 판타지 애니메이션 영화(2016). 우리나라에서도 두 차례 개봉되며 화제를 모았다.

6-3 요쓰야 아라키초의 계단

니 골짜기에 있던 이나리稲荷 신사를 에도성 외호 공사를 위해 요쓰야에 있는 현재 자리로 옮겨온 것이라고 한다.

포갠 지도에서 보이는 것들

다음으로 지금의 야마노테에 있는 여러 지역을 대상으로, 가장 상세하고 사용하기 쉬운 고지도인 〈오와리야판 에도키리에즈尾張屋版江戸切絵図〉를 현재의 2500분의 1 지도와 포개서 비교했다. 역사가 그대로 계승되어 공간 구조를 파악하기 쉬운 지방의 성 주변 시가지 연구에는 정석이라 할 수 있는 방법이지만, 역사가 단절된 듯한 도쿄에서는 그때까지 아무도 이를 시도할 생각을 못했다. 고지도는 실제와 많이 다르게 그려지기도 하여, 근대 측량을 바탕으로 작성한 참모본부 측량국의 상세한 지도1884를 참고하니 비교적 수월하게 작업할 수 있었다. 이렇게 지도를 중첩하여 살펴보니, 간토대지진 이후 구획 정리 대상이 아니었던 야마노테에서는 토지 구획, 도로망 등이 놀라울 정도로 겹쳤다.

이렇게 만든 중첩도를 들고 야마노테 구석구석을 돌아다녔다. 능선에서 계곡에 이르는 변화무쌍한 울퉁불퉁한 지형과, 그 위에 에도시대에 형성된 토지 이용의 관계를 생생하게 파악할 수 있었다. 그리고 다이묘 저택, 중하급 무사 거주지, 조닌 거주지, 사원·신사 부지 등이 어디에 어떤 형태로 만들어졌는지와 설계 방식까지 살펴볼 수 있었다. 언덕 남쪽으로 내려가는 경사면 녹지에는 그 좋은 조건을 살려 다이묘 저택이 여럿 지어졌다. 저택들에는 공통된 공간 논리가 있었다. 고지대 능선길에서 접근해 평평한 곳에 저택을 짓고, 그 아래 경사면에는 용수湧水로 만든 연못을 중심으로 회유식 정원을 만들었다. 여기서는 서양이나 중국의 도시와 같은 기하학, 대칭, 축선, 기념비적 건축물의 특성과 무관하게 대지의 굴곡을 읽고 자연과 교감하며 다양한 기능을 유연하게 살려낸 모습을 볼 수 있다.

메이지시대 이후 이어져 온 것

에도의 도시 공간 형성 원리가 파악되면서 그 특징적인 구조가 메이지시대 이후 근대에 어떻게 이어졌는지 읽을 수 있었다. 고지대와 경사면을 활용하여 빼어난 환경을 자랑하는 다이묘 저택 터에는 관공서, 군사시설, 대사관, 대학 등이 들어섰고, 그 후에는 회유식 정원을 활용한 고급 호텔이 많이 생겨났다.

특히 여건이 좋은 언덕 남쪽 경사면에 용수가 나는 연못을 중심으로 한 회유식 정원의 멋진 공간이 지금도 남아 있다. 미타三田의 언덕을 위에서 내려다보자. 예전에 헬리콥터로 도쿄 상공을 날아본 적이 있는데, 에도의 역사적 자산을 이어받아 도쿄 야마노테 중에서도 가장 격조 높은 환경을 지닌 이 언덕의 풍경에 감동해 카메라 셔터를 연신 누른 기억이 난다. 고지대 능선길에서 접근하는 오스트레일리아 대사관, 미쓰이 클럽, 이탈리아 대사관이 절묘하게 이어져 있다. 그 남쪽 옆 언덕에 있는 게이오대학은 그 아래를 지나는 넓은 길에서 계단으로 들어갈 수 있다. 지금 소개한 시설들은 모두 다이묘 저택의 현대적 활용을 보여주는 좋은 예다.

그중 미쓰이 클럽과 이탈리아 대사관 부지 뒤편에는 에도시대 다이묘 저택의 면모를 보여주는 아름다운 회유식 정원이 남아 있다. 1870년 미쓰이 가문 소유가 된 '미쓰이 클럽'에는 고지대에 조시아 콘도르가 설계한 서양식 저택1913년 준공이 자리하고, 그 뒤로 대칭형 르네상스 양식의 잔디 정원이 있다. 그 남쪽 숲에 둘러싸인 한 단계 아래쪽으로는 경사면에서 저지대로 이어지는 연못이 있는 일본형 회유식 정원이 펼쳐진다.

쓰나자카綱坂를 사이에 두고 그 동쪽에 있는 이탈리아 대사관에는 에도시대의 연못을 중심으로 한 멋진 회유식 정원이 남아 있다. 정원에 넓게 펼쳐진 대사관저에서 열리는 파티에 초대받으면, 와인잔을 들고 에도시대와 현대가 대화하는 도쿄 야마노테만의 호화로운 시·공간을 즐길 수 있다. 문학 작품 『주신구라忠臣蔵』의 모델인 아코赤穂 낭인 오이시 지카라大石主税 등 10명이 자결한 곳이기도 하여, 연못 뒤편에 그 비석이 세워져 있다. 기복이 있는 독특한 지형이 도쿄의 야마노테에 아름다운 물의 공간을 낳은 것이다.

6-4 하늘에서 본 이탈리아 대사관

멋진 연못이 보인다. * ①미쓰이 클럽 ②쓰나자카 ③이탈리아 대사관 연못 ④게이오대학 연구실동 ⑤게이오대학 옛 도서관(후쿠자와 유키치 기념 전시관)

한편, 에도시대 초기에 계획적으로 조성한 하급 무사 거주지는 부지가 적당히 작은 규모여서 지금도 큰 개발 없이 안정된 주택지로 남아 있는 곳이 많다. 골짜기 길에 발달한 조닌 거주지 대부분은 활기찬 상점가가 되었고, 그 뒤편에는 골목을 따라 작은 목조 주택이 늘어선 도시 구조를 볼 수 있다. 또한 도쿄 야마노테의 특징으로 구릉 경사면에 신사나 사원이 녹지로 둘러싸인 경내와 함께 남아 있어, 복잡한 도심 속에서도 성스러운 공간을 간직하고 있는 모습을 볼 수 있다.

'공간인류학'이란 무엇인가

야마노테를 조사하면서 나는 이탈리아 특유의 '건축을 중심으로 물리적 구조만 다루는 도시 독해법'만으로는 도쿄의 특징을 밝힐 수 없음을 깨달았다. 도쿄의 지상 건물은 시대와 함께 바뀌어 갔지만 토지의 논리와 장소의 특성은 생각보다 다양한 형태로 이어지고 있다.

지형, 식생植生, 용수湧水와도 이어지는 성역, 수로, 길의 네트워크, 토지 구획과 건물 배치 등의 요소가 장소의 특징을 만들어내고, 건축보다 오래 살아남아 환경과 풍경을 더 뚜렷하게 규정하는 것이다. 오래된 건물이 사라지면 역사도 사라진다는 생각을 일본 도시에 적용하는 것은 성급한 일반화다. 도시 공간의 정체성을 만들어내는 구조에는 독특한 것이 있다. 1980년대에 주목받은 '토포스장소성'나 '게니우스 로키장소의 혼' 같은, 근대 건축과 도시를 넘어서기 위한 키워드가 이토록 잘 어울리는 도시도 세계에 많지 않을 것이다.

결국 이탈리아에서 생겨난 건축과 도시의 하드웨어적인 면을 분석하는 '건축유형학'에 '공간인류학'이라는 소프트웨어적 개념을 도입하기로 했다. 에도·도쿄의 특성을 풀어가며 장소의 의미를 깊이 고찰하기 위해 인류학적 접근을 도입한 것이다. 야마노테의 자연과 인공이 어우러진 신비한 미로 공간을 헤매며 그 특징을 읽어내는 작업은 매우 흥미로웠다. '자연·도시·인간'의 상호관계를 탐구하지 않으면 일본 도시 형성의 역사적 메커니즘도, 그 결과를 기반으로 한 공간 구조의 특성도 이해할 수 없다. 이를 공간과 장소의 연관 속에서 이해하는 데도 '공간인류학' 개념이 도움이 되었다.

위에서 말한 '야마노테' 연구 성과를 『도쿄의 공간인류학』의 제1장 "'야마노테'의 표층과 심층"에 정리했다. '시타마치'의 물의 도시에 대해서는 제2장 "'물의 도시'의 우주론"에서 다루었다.

에도·도쿄에 대해 '물의 도시'라는 관점에서 물과 사람들의 활동이 깊이 연관된 공간과 장소의 의미를 읽어내는 데도 '공간인류학'적 접근이 효과적이었다.

당시 나는 종종 이렇게 설명했다. "에도·도쿄는 서구 도시와 달리 도시의 그랜드 디자인이 지형과 자연 조건에 크게 의존하여, 일곱 언덕으로 이루어지며 녹음이 우거진 야마노테가 '전원 도시'인 반면 수로와 강이 그물망처럼 뻗어 있는 시타마치는 베네치아 같은 '물의 도시'였다."

하지만 이후 다양한 경험과 생각 속에 이 사고방식은 크게 바뀐다. 지금 돌아보면 당시 '야마노테'의 정의나 '물의 도시'에 대한 해석은 단순한 구분에 지나지 않았던 것 같다. 도쿄 각지에서 현장 연구를 하며 국제적인 관점에서 베네치아, 암스테르담, 방콕, 쑤저우 등 다른 '물의 도시'와 비교하여 이 도시의 특성을 관찰했다. 그 후 도쿄의 '물의 도시' 공간을 강과 수로가 있는 시타마치에 한정하지 않고, 풍부한 물의 생태계를 자랑하는 야마노테, 나아가 무사시노와 다마 지역도 아우르는 도쿄 전체로 넓혀서 살펴보기로 했다진나이·호세이대학 진나이 연구실 2013.

도쿄다움의 정수

왜 지형에 관심이 쏠리나?

거품경제에 접어든 무렵인 1986년, 아카세가와 겐페이赤瀬川原平, 후지모리 데루노부藤森照信 등이 '노상路上관찰 학회'를 창설했다. 도쿄의 화려한 개발의 그늘에 가려져 외진 곳에 도시적 맥락과 단절된 채 '토머슨'[2]처럼 신기한 모양새로 가만히 존재하는 것들에 주목하고, 그 모습을 시적 표현으로 유머러스하게 그려내는 방식이 당시 사람들을 사로잡았다. 프랑스 철학자 치에리 오케는 "이름에서 알 수 있듯이 노상관찰 학회는 눈에 보이는 것을 수집하는 데 노력을 기울이지만, 진나이 히데노부 팀은 '눈에 보이는 것 밑의 보이지 않는 것, 즉 숨겨진 지리·문화적 구조를 밝히려 한다'"고 차이점을 정확하게 지적한다오케 2020. 후지모리 자신도 '공간파 진나이'에 비해 '물건파 후지모리'라고 자신의 기치를 내걸고 유쾌한 활동을 계속해 갔다. 후지모리의 활동은 포스트모던적 문화 흐름에서 파편화된 도쿄의 흥미로운 점을 재발견하려는 풍조와 의도치 않게도 궤를 같이했다.

하지만 거품경제가 무너지고 안정이 우선되며 성숙 사회로 접어

2 쓸모없지만 예술 작품처럼 부동산에 부속된 구조물.

든 지금, 흥미롭게도 반대로 대지의 기복과 도시의 오래된 측면에 관심이 높아지면서 최근에는 우리 공간파에 훈풍이 불고 있다. '도쿄 스리바치擂鉢 학회'[3]가 주목받고 '부라타모리ブラタモリ'[4]가 인기를 끄는 사회 현상이 이를 상징한다. 와쓰지 데쓰로和辻哲郎, 1889~1960[5]가 제시하고 오귀스탱 베르크Augustin Berque[6]가 심화, 발전시킨 '풍토風土' 개념을 다시 생각해 볼 수 있는 시기라 할 수 있다. 시대적으로 새로운 국면이 또다시 찾아왔다고 본다.

여기서 왜 지금 도쿄의 지형에 이토록 관심이 집중되는지 생각해 보자. '타운워칭', '노상관찰'이라는 단어와 함께 1980년대에 시작되어 지금은 일반화된 도쿄의 길거리 산책이지만, 최근 들어 특이한 움직임이 눈에 띈다. 기복이 심한 도쿄 지형에 주목하고 그 특징과 재미를 마니아적으로 탐구하는 시도가 바로 그것이다. 초고층 빌딩이 늘고 오래된 건물과 골목이 사라지는 가운데 시간을 초월한 대지의 중요성에 주목하여 그 울퉁불퉁한 지형이 만들어내는 불가사의한 분위기에서 도쿄다움의 정수를 발견한다. 저항 정신과

---

3 도쿄 도심부 스리바치를 관찰·기록하고자 2004년 봄에 세워진 그룹. 스리바치란 저지대가 계곡 모양으로 잘려나가고 세 방향이 경사면으로 둘러싸인 듯한 절구 형상의 지형을 뜻한다. 구성원들은 계속 바뀌는 도시의 역동성과 역사의 흔적을 간직하는 지형을 관찰하며 도쿄의 의외의 모습을 기록해 두려 한다.

4 NHK의 기행·교양 버라이어티 프로그램. 거리 걷기가 취미인 타모리 씨가 에도시대·메이지시대 등의 고지도를 참고하며 일본 각지의 거리를 산책한다. 오래된 건축물·신사·공원·언덕길·거리·관광 명소·음식점·역·강·다리 등을 나름의 시각으로 즐기면서 '역사의 흔적'을 발견한다.

5 철학자·윤리학자·문화사가·일본사상사가. 니체 등 서양철학을 연구했다. 나라(奈良)의 사찰 건축과 불상의 아름다움을 재발견한 『고사 순례』(1919)가 유명하다. 일본적 사상과 서양철학의 융합 혹은 지양의 경지를 지향한 희귀 철학자로 평가된다. 주저 『윤리학』은 근대 일본에서 독창성을 갖춘 가장 체계적인 철학서 중 하나로 손꼽힌다.

6 프랑스의 환경철학자. 일본에 오래 거주하며 동양 문화를 연구했다. 근대성에 대한 성찰을 토대로 한 대표작 『외쿠메네』가 번역서로 소개되어 있다(2007, 동문선).

세련됨을 겸비한 독특한 도시론이라 할 수 있다. 최근 대지진과 쓰나미의 엄청난 재해를 계기로 땅의 높낮이 차, 지반의 견고함과 취약성에 관심이 높아져 지형과 지질이 주목되는 것도 그 배경이라 할 수 있다.

이 길을 개척한 것이 타모리タモリ와 나카자와 신이치中沢新一라는 다른 입장의 두 논객이라는 점이 흥미롭다. 2004년 출간된 『타모리의 TOKYO 언덕길 미학 입문』タモリのTOKYO坂道美学入門, 고단샤은 도쿄의 언덕길을 사진에 담아 경사도나 굴곡 정도를 확인하고, 이름의 유래 등으로 토포스를 그려낸 '거리 산책의 결정판'이다. 이는 현대 도쿄, 나아가 일본 도시에 숨겨진 역사를 발견하는 NHK 인기 프로그램 〈부라타모리〉로 이어져, 고지도를 들고 지형을 확인하며 걷기 붐을 일으켰다.

한편, 2005년 출간된 나카자와 신이치의 『어스 다이버』アースダイバー:고단샤는 종교, 민속, 고고학, 지질학 등의 학문과 연계하여, 지형을 걸으며 태고의 역사 속으로 독자를 이끈다. 1980년대 후반 '에도·도쿄학'이 등장해 도쿄의 기반이 된 에도가 주목받기 시작했지만, 나카자와는 더 깊이 들어가 보이지 않는 심층을 파고들었다. 조몬시대 해수면 상승으로 바다가 깊숙이 들어왔을 때의 지형을 보여주는 '조몬 지도'를 무기 삼아, 나중에 바다가 후퇴하여 육지가 된 울퉁불퉁한 저지대와 경사면에 있는 용수, 신사, 무덤, 연못, 유곽에 습지의 외설스러움과 에로스의 분위기가 형성되었음을 밝히며 성聖과 속俗의 무의식적 세계를 묘사함으로써 도쿄의 풍경을 단숨에 바꾸어 놓았다.

비슷한 생각으로 나름의 조사를 이어온 재야의 고수들이 두 사람에게 영감을 받은 듯, 재미있는 책들을 속속 내놓았다. 마쓰모토 야스오松本泰生, 1966~[7]는 언덕의 계단에 대한 타모리의 관심을 더욱 철저히 파고들어 2006년 간행한 『도쿄의 계단東京の階段』에서 도쿄의 유명한 계단 126곳을 다루며 '이질적인 공간'으로서 계단의 아름다움과 즐거움을 풀어낸다. 한편, 지도 제작 전문가 집단이 2005년 출간한 『땅바닥에서 재발견! '도쿄'의 울퉁불퉁 지도』地べたで再発見！「東京」の凸凹地図, 기술평론사는 수만 년이라는 긴 시간 동안 물의 힘으로 지형이 형성되는 원리를 그림으로 표현하여 3D 안경으로 도쿄의 지형과 건물을 실감나게 즐길 수 있게 해 준다.

2003년 '도쿄 스리바치 학회'라는 유쾌한 이름의 학회를 설립하고 독특한 지형 탐사를 이어온 미나가와 노리히사皆川典久는 2012년 2월 『도쿄 절구 지형 산책』東京スリバチ地形散歩: 요센샤洋泉社을 출간하고, 계곡을 돌아다니며 도시 사막의 오아시스를 발견하는 기쁨을 전한다. 울퉁불퉁한 지형 산책을 즐기는 데 더없이 좋은 책이라 할 수 있다. 지도 제작·표현 기술의 비약적 진보가 미시적 지형을 읽어내는 방법에 대한 연구의 발전과 매력적인 출판물의 간행을 뒷받침한다.

또 하나, 울퉁불퉁한 지형에서 빼놓을 수 없는 것이 강이다. 근대화 과정에서 암거暗渠, 위 부분이 덮인 수로가 되거나 매립된 중소 하천의

---

7 와세다 대학 오픈 칼리지 강사 등 역임. 도시 경관·도시 형성사 연구를 하며 1990년대부터 도쿄의 계단을 찾아다닌다. 저서로 『요철을 즐기는 도쿄 언덕길 도감』(凹凸を楽しむ 東京坂道図鑑, 요센샤洋泉社), 『도쿄의 계단』이 있다.

흔적을 살피는 마니아 취향의 탐사 투어도 조용히 인기를 끌고 있다. 다하라 미쓰야스田原光泰의 『'봄 시냇물'은 왜 사라졌나』'春の小川'はなぜ消えたか, 콜레지오는 시부야구 내에 무수히 많았던 수로의 운명을 집요하게 추적하여, 젊은이들로 붐비는 시부야의 중심부 등에 지금은 사라진 청류清流의 흔적을 그려내어 우리의 상상력을 자극한다.

이들 저자들이 모두 참고하는 가이즈카 소헤이貝塚爽平의 고전 명저 『도쿄의 자연사』東京の自然史, 1964가 최근 지형 재평가 흐름에 힘입어 2011년 문고본고단샤 학술문고으로 복간된 것은 반가운 일이다. 또한 이러한 지형 도시론 붐과는 방향성이 다른 자연지리학·지형학 전문가의 학술서로 마쓰다 이와레松田磐余의 『에도·도쿄 지형학 산책江戸·東京地形学散歩』 및 『대화로 배우는 에도 도쿄·요코하마의 지형対話で学ぶ江戸東京·横浜の地形』둘 다 콜레지오을 빼놓을 수 없다.

울퉁불퉁한 지형이 자아내는 분위기는 도쿄의 역사와 관련이 깊은, 문화적 정체성 그 자체다. 이를 즐기는 법을 알려주는 이 책들은 지형의 의미를 앗아가는 대규모 개발에 대한 비판의 의도도 담고 있다.

도시와 지역의 역사적 층위 읽기

지형 그리고 고층古層, 역사적 층위에 대한 관심은 에도·도쿄학의 재검토로도 이어진다. 오기 신조小木新造, 1924~2007[8]가 1983년 '에도·도쿄학'을 제창한 것을 계기로 역사학, 민속학, 문학, 건축, 도시계획, 고고학 등 많은 분야를 연계한 학제적 도시학, 지역학으로서 새로운

8 문화사학자. 도쿄도 에도도쿄 박물관장 역임.

연구 영역이 생겼다. 그때까지 일본에서는 모든 학문 분야에서 '에도=근세'와 '도쿄=근대'를 구분하여 생각해 왔다. 그러나 실제로는 문명이 개화했다 해서 도시 모습과 사람들 생활이 갑자기 바뀔 리가 없다. 이런 사고방식을 바탕으로 에도에서 도쿄로의 발전을 연속성과 단절성을 아우른 하나의 관점에서 연구하는 '에도·도쿄학'이 탄생했고 오기 외 1987, 도쿄도의 '에도도쿄 박물관'도 1993년에 이런 관점을 토대로 개관했다.

그로부터 벌써 사반세기가 지나 도쿄 연구도 다양화하여 다각도에서 많은 성과가 있었다. 특히 도쿄 각지의 역사 박물관, 향토 자료관의 꾸준한 연구 성과 축적은 중요하다. 각지의 고고학적 발굴 성과는 도시와 지역 건설 및 사람들의 생활사를 상세하고 생생하게 알려준다.

도쿄를 이해하려면 에도라는 도시와의 관계가 중요함은 말할 것도 없고, 대상이 되는 시대를 넓혀가는 것도 중요하다. 도쿠가와 이에야스가 성 주변 시가지를 건설하기 전인 고대·중세부터 존재하며 오늘날 도쿄가 지닌 특징의 원천이 되는 도시와 지역의 기층을 조명하여 그 구조를 밝혀야 한다. 지형, 지질, 수계와 그 위에 형성된 고대·중세의 가도 옛길, 고쿠후 國府, 사원·신사, 저택·성, 취락·거주지, 나루터, 뱃길 등에 주목하여 세계적으로 독특한 성격을 지닌 거대 도시 도쿄의 성립 과정을 다양한 관점에서 밝혀야 한다. 조몬 시대 주거지 및 취락 유적과 고분도 시사하는 바가 많다. 이와 함께 관심 대상 지역도 에도의 시역 市域 이던 지금의 도쿄 도심뿐만 아니라 서쪽 외곽에 펼쳐진 무사시노·다마 지역으로, 그리고 동쪽으로는 도쿄 저지대로 확대된다.

이처럼 시대가 요구하는 발상의 전환에 부응하듯 최근 잡지《도쿄인東京人》이 특집으로 다루는 주제에 변화가 보인다. 얼마 전까지도 이 잡지는 에도 및 근대의 메이지시대부터 현대까지의 역사와 문화를 주로 다루었다. 그런데 최근에는 울퉁불퉁한 지형 특집, 옛길 특집 혹은 사원·신사 특집 등 중세와 고대로 거슬러 올라가는 기획도 속속 등장해 호평을 받고 있다. 도쿄의 도시와 지역성을 기층까지 알려는 욕구가 높아지고 있음을 말해준다.

울퉁불퉁한 지형과 '물'

'물'이라는 키워드와 울퉁불퉁한 지형을 연관지어 도시와 지역을 읽어내는 것도 도쿄의 기층을 파악하는 데 효과적인 접근법이다. '물의 도시'라는 개념을 도심 저지대에 국한하지 않고 야마노테와 무사시노까지 확장하게 된 몇몇 계기가 있다.

소설가 나가이 가후永井荷風의 『왜나막신』日和下駄: 1915에 적힌 글도 그중 하나로, 가후는 도쿄가 다양한 물의 공간을 지닌 도시였음을 꿰뚫어 보았다. 그는 시나가와 해안, 스미다강과 다마강 같은 큰 강, 간다강과 오토나시강無音川 같은 작은 강, 니혼바시와 후카가와 지역의 수로, 네즈의 아이조메강藍染川과 아자부麻布의 후루강古川 같은 도랑 혹은 하수로, 나아가 에도성을 여러 겹으로 둘러싼 해자, 그리고 시노바즈노 같은 연못, 수많은 우물 등으로 명쾌하게 구분하여 에도에서 도쿄로 이어진 물의 공간을 지형 및 생태계와 연관지어 흥미롭게 다루었다. 야마노테에서 무사시노에 이르는 다채로운 물의 공간도 놓치지 않았다.

또한, 에도시대 사람들의 의식과 깊게 연관된 도시 문화 요소로

'명소'가 있다. 애초에 에도의 '명소'라고 불리는 곳의 대부분은 물과 깊은 관련이 있다고 할 수 있다. 다나카 유코田中優子, 1952~[9]는 '도시로서의 에도'를 논하면서 우타가와 히로시게가 그린 『명소 에도 백경名所江戸百景』을 보면 전체 경관 중 80퍼센트에 물이 묘사되어 있어 운하, 강, 호수, 저수지, 바다 등 다양한 물의 공간이 등장한다고 언급한다. 구체적인 예로 니혼바시, 료고쿠바시, 고아미초小網町 등 전형적인 시타마치의 물가뿐만 아니라 간다강의 바쇼안芭蕉庵에 가까운 세키구치関口, 유시마텐진湯島天神에서 바라본 시노바즈노 연못, 외호에 면한 이치가야 하치만, 그리고 신주쿠의 다마강 제방같이 지형 변화가 풍부한 야마노테, 나아가 교외와의 경계에 있는 무사시노의 물 관련 명소를 많이 그렸다는 점을 조명한다다나카 2019. 사이토 게쓰신斎藤月岑, 1804~1878. 에도시대 말기의 문인이 하세가와 세쓰탄長谷川雪旦의 삽화를 넣어 간행한 『에도 명소 도회』江戸名所圖會: 1830년대를 보면, 야마노테에서 무사시노에 이르기까지 자연 조건을 살린 물과 관련된 명소가 더 많이 소개되고 묘사되어 있음을 확인할 수 있다.

『명소 에도 백경』과 『에도 명소 도회』 양쪽에 등장하는 이치가야 하치만을 예로 들어 좀 더 자세히 살펴보자. 이 신사는 1479년 오타 도칸太田道灌이 에도성을 지었을 때 서쪽 수호신으로 가마쿠라의 쓰루오카 하치만구鶴岡八幡宮 신사의 분신을 모신 것이 시초라고 한다. 원래는 이치가야 성문 안쪽, 즉 지요다구에 있었지만 에도성 외호가 만들어지면서 현재 위치로 옮겼다. 녹음에 둘러싸인 산 중턱에 자리하고 앞쪽으로는 외호의 수면을 바라볼 수 있는, 그야말

9　일본 근세문학, 에도 문화, 아시아 비교문화 등을 연구했고, 호세이대학 사회학부 교수, 호세이대학 총장 등을 역임했다. 에도시대의 역사와 문화를 다룬 여러 권의 저서가 있다.

6-5 우타가와 히로시게, 〈이치가야 하치만(市ヶ谷八幡)〉
(『명소 에도 백경(名所江戸百景)』)

로 신사의 전형적인 모습을 보여주는 위치다. 이 신사를 참배할 때는 외호를 따라 이어진 길에 있는 마치야상가 사이로 들어가서 오토코남자 언덕이나 온나여자 언덕을 올라 숲이 우거진 고지대의 성역에 다다른다. 이처럼 계단을 경계로 세속적 공간에서 신성한 공간으로 바뀌는 방식은 울퉁불퉁한 지형으로 이루어진 도쿄 야마노테 곳곳에 지금도 이어져 오고 있다. 고지대의 경내에는 음식점과 전통 소극장 등이 즐비해 활기가 넘쳤고, 외호의 물가에 있는 많은 음식점에도 사람들이 모여들었다. 외호 바깥쪽이기에 이와 같이 자유로운 분위기의 공간이 형성될 수 있었다.

‘산자락’과 ‘물가’

경관 연구의 선구자 히구치 다다히코樋口忠彦의 ‘산자락山の辺’과 ‘물가水の辺’론도 생각의 틀을 크게 넓혀주었다. 히구치는 『만요슈萬葉集』, 『고킨와카슈古今和歌集』를 비롯한 대표적인 옛 와카집을 소재로 거기 등장하는 지형에 관한 단어를 분석하여 일본인이 예부터 선호해 온 지형과 자연 조건을 경관론으로 고찰했다. 일본의 옛 취락은 산과 구릉을 등진 ‘산자락’에 위치하는 경향이 있다. 산에서 흘러나오는 맑은 물을 가까이에서 얻을 수 있기 때문인데, 그 물은 별다른 기술 없이도 관리할 수 있는 안전성 높은 작은 하천이었다. 즉, 물을 쉽게 구할 수 있고 수해를 입지 않는 ‘산자락’이 가장 안정적인 주거지를 형성해 왔다는 것이다.

‘산자락’과 ‘물가’가 만나 이상적인 장소가 된다. 이 논리를 적용해 에도의 사계절 명소를 지도에 배치해 보면, 산자락과 물가가 만나는 울퉁불퉁한 곳에 명소가 집중되어 있음을 알 수 있다. 바닷가나 스미다강 상류 등에도 분포하지만, 오히려 산·언덕과 계곡이 번갈아 나타나는 에도의 야마노테 지역에 명소가 많다는 점이 흥미롭다.

한편 야쓰谷, 야치谷地, 야토谷戸 등의 단어가 오래전부터 지명에 쓰여 왔다고 한다이 단어들에 대한 상세한 내용은 다나카 2005를 참조. 그리고 대지台地 사이의 계곡을 따라 올라간 안쪽에는 오지王子, 아스카산飛鳥山, 메구로후도目黒不動같이 풍부한 자연과 연관된 명소가 많이 생겨났다. 그런 명소에는 계곡과 용수가 만들어내는 작은 하천, 폭포 등 ‘물가’가 있다. 한편, 무사시노 대지의 언덕 끝자락에 위치한 명소에서는 눈 아래로 웅장한 파노라마가 펼쳐지고, 시가지 너머로 도쿄만

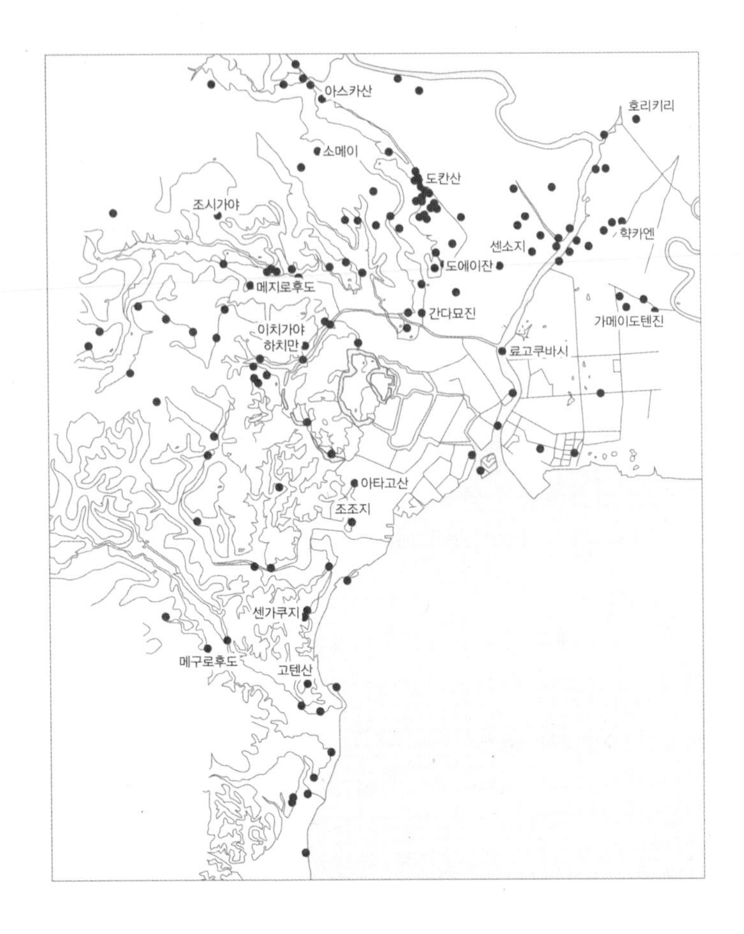

6-6 『에도 명소 화력』(江戸名所花歷: 1827)과 『동도세시기』(東都歲時記: 1838)에 기록된 사계절의 명소

의 넓은 바다가 보였다. 물이 있는 풍경의 중요성을 여기서도 알 수 있다. 에도·도쿄의 공간적 특성을 이어가려면 명소를 지탱해 온 산자락과 물가를 함께 고려하여 중점적으로 보호하고 보전하는 것이 중요하다히구치 1981.

높낮이 차이를 통해 보이게 된 것들

이런 생각을 토대로 지도를 들고 도쿄의 도시 공간을 구석구석 걸어다니며 관찰하고 분석하는 단체가 앞서 말한 미나가와 노리히사가 이끄는 '도쿄 스리바치 학회'다. 이들은 계속되는 개발로 고층 빌딩이 즐비한 현대 도쿄에 숨어 있는 울퉁불퉁한 지형이 만들어 내는 흥미로운 공간 현상을, 현지 조사를 통해 자세히 살펴보고 묘사한다.

'곡谷, 골짜기'을 비롯해 '와窪, 웅덩이', '택沢, 늪', '지池, 연못' 등의 글자가 지명에 포함되어 있다면 그곳은 분지나 골짜기 지형인 경우가 많다. 이런 계곡의 존재를 암시하는 지명을 '스리바치절구 코드'라고 부른다. 그리고 지명에 '골 곡谷' 자가 있는 곳을 걸으며 느끼고 그 구조를 이해하여 의미를 해독하는 작업을 거듭한다. 이들은 『도쿄의 공간인류학』에서 비중 있게 다루지 못한 계곡과 웅덩이 모양 지형에 있는 '물'을 조명한다. 지형적 매력으로는 계곡을 깎아 만든 강이나 그 흔적도랑, 지금도 맑은 물이 솟아나는 지점 또는 용수가 고여 있는 연못 등을 들 수 있다. 물가가 있는 덕에 풍경의 매력이 더해지고 마음이 편안해진다. 도쿄의 매력은 '골짜기'에 있다는 것이다미나가와 2012.

높낮이 차이를 즐기는 엔터테인먼트로서 스리바치 학회가 보여주는 방대한 연구 성과는 히구치가 제기한 '산자락'과 '물가'와도 일맥상통하는 것으로, 야마노테와 무사시노 지역까지 '물의 도시'라는 개념을 확장하기 시작한 나의 생각에 큰 힘을 실어주었다.

'산자락'이기에 안정감 있고 물도 공급되는 야마노테의 골짜기나 저지대 습지에는 중세부터 사람들이 거주하며 논을 경작했을 것이다.

취락 뒤편 산비탈에는 신사가 자리했다. 중세부터 이어져 온 사원도 야마노테 경사지에 여럿 있다. 이러한 원풍경 위에 에도는 도시가 되고, 계곡길의 거주지는 조닌 마을로 발전했을 것이다. 지금도 계곡 저지대에는 서민의 세계가 비교적 잘 보존되어 있다.

한편, 고지대 위쪽에는 잡목림을 개척해 다이묘 저택을 지었다. 울퉁불퉁한 지형과 용수, 개울, 초목 등 자연 조건에 맞춰 소박하게 유지되어 온 중세 농촌 원풍경 위에 에도 성 주변 시가지를 형성하는 무사 가문 중심의 야마노테 논리가 확립되었다고 할 수 있다.

지형과 연관된 야마노테의 하나마치

지형과 도로의 관계를 가늠하며 살펴본 고슈 가도 북쪽 저지대의 요쓰야 아라키초四谷荒木町는 내가 좋아하는 장소의 하나로, 일본을 찾은 외국인 친구를 자주 데려가는 곳이다. 다른 나라의 도시에서는 보기 힘든 울퉁불퉁한 역동적인 지형이 만들어낸 입체적인 미로 공간만의 특징이 있어, 이곳이 '도쿄 스리바치 학회'의 성지가 된 것도 납득이 간다. 사방이 단구段丘로 둘러싸인 이 저지대 바닥에 서면 절구 모양 지형을 생생하게 느낄 수 있기 때문이다.

에도시대에 이 일대에는 미노美濃 지방 다카스高須번 영주 마쓰다이라 셋쓰노카미松平摂津守의 저택이 있었다. 이 저택에는 용수가 높이 4미터 정도의 폭포가 되어 내려왔는데, 그 물을 둑으로 막아 인공 연못을 만들었다고 한다. 이 스리바치 지형이 만들어낸 절벽 아래 용수지로 뾰족하게 뻗은 땅에는 '쓰노모리 벤자이텐津守弁財天'이 모셔져 있었다. 그리고 메이지시대에 공용 토지로 바뀐 후, '물가'의 분위기에 이끌려 폭포가 쏟아지는 연못 주변에 음식점과 전통 소극장 등이 생겨났고, 그 후 하나마치로 발전하게 되었다미나가와 2012. 화려했던 옛 모습은 자취를 감추었지만, 화류계의 정취가 느껴지는 건물도 드문드문 있어 도심 속 불가사의한 저지대의 독특한 분위기를 자아낸다. 규모가 작아지긴 했지만 연못의 벤자이텐弁財天, 재물의 신을 모신 사당이 건재한 것도 반갑다.

이 밖에도 스리바치 지형이 만들어낸 신성한 물과 관련 있는 하나마치를 살펴보자. 시부야 안쪽, 마루야마초円山町 하나마치의 핵

6-7 요쓰야 아라키초의 '쓰노모리 벤자이텐'

심이라 할 수 있는 고보유弘法湯 부근은 신센다니神泉谷의 가장 안쪽에 위치하며, 3면이 둘러싸인 폐쇄적인 '산자락'으로서의 지형적 조건을 갖춘 곳이었다. 이 골짜기에서 하나마치가 형성되었다. 근세에는 이 부근에 화장터가 있어 '신센 온보다니神泉隠亡谷'라고 불리는 불결한 지역이었다. 또한 '신센神泉'이라는 이름에서 알 수 있듯이 영수靈水라 불리던 용수가 있었다고 전해져 신성한 물의 존재감이 컸다. 메이지시대 중엽부터 고보유를 중심으로 형성되기 시작한 하나마치는 러일전쟁 후인 1905년 세타가야에 육군 부대가 생겨 더욱 번성했고, 1913년에는 신센다니 옆 아라키산荒木山이 삼업지로 지정되어 하나마치가 완성되었다오카모토·기타가와 1989.

구마노熊野 신사를 모시는 신주쿠 주니소新宿十二社의 연못 주변에 에도시대의 명소 분위기를 이어받아 번성한 하나마치도 언덕 경사면과 연못의 넓은 수면이 어우러진 전근대적 토포스를 갖춘 곳이었다. 아자부주반麻布十番의 하나마치도 후루강古川 근처에서 형성되어 번성했다. 요쓰야 아라키초, 아자부주반을 비롯해 메이지시대부터 쇼와시대에 걸쳐 인기였던 야마노테의 몇몇 하나마치는 철도역에서 떨어져 있어 노면전차가 발달한 덕에 번성했다고 할 수 있다. 후대의 철도 터미널 역을 중심으로 한 번화가와 달리, 형성 과정에 독자적인 공간 논리를 지니고 있었던 것이다.

야마노테선 외곽의 대표적인 하나마치인 나카노신바시中野新橋도 살펴보자. 지하철 나카노신바시역 북쪽에 간다강이 동서로 흐르고, 강 북쪽에는 남쪽을 향해 내려오는 경사면이 있다. 그 경사면을 오르면 강이 흐르는 남쪽을 바라보며 후쿠주인福寿院 사원과 히카와氷川 신사가 있다. 모두 중세에 창건한 듯하다. 이 강과 성역 사이에 하나마치가 형성되었고 1950년대에는 선착장에 8곳 정도 요정이 있었음을 당시 지도에서 확인할 수 있다.

도심 속 신성한 연못의 가치

도쿄의 울퉁불퉁한 지형을 이야기할 때 연못을 빼놓을 수 없다. 대도시 도쿄에서도 가장 중심부에 가깝고 규모도 큰 시노바즈노 연못은 세계적으로 보아도 압권이다. 이 연못은 늘 우에노의 산과 함께 이야기된다는 점에서 히구치가 논한 '산자락'과 '물가'의 조합을 가장 뚜렷이 상징하는 장소다. 에도시대 초기에 시가지 북동쪽 가장자리에 있던 우에노의 산과 연못은 도시가 확장되면서 중심부에 편입되었다. 그 결과 도쿄는 우거진 숲과 물을 자랑하는 역동적인 경관이 도심에 공존하는 매력적인 여건을 갖추게 되었다.

우에노 대지台地는 에도가 도시로 발전하기 전부터 숲에 둘러싸인 신성한 공간, 즉 혼령의 공간으로서 존재해 왔을 것이다. 우에노노모리 공원에 고분이 여럿 있었고현재는 스리바치산摺鉢山 고분이 남아 있다, 우에노 대지의 조금 안쪽인 야나카谷中 주변에는 중세에 간노지感應寺, 젠코지善光寺 사원이 있었던 점에서도 그러하다. 우에노 대지 서쪽 저지대에는 원시시대에 얕은 바다가 펼쳐져 있었지만 시간이 지나면서 토사가 퇴적되어 모래톱이 생기고, 조금씩 메워져 늪이 되었으며, 결국 더 작아져 중세 중기 무렵 시노바즈노 연못이 생겼다.

에도시대 이전부터 이곳의 특징이던 성역聖域의 성격은 1625년 에도 막부의 기도 사원 간에이지寬永寺가 세워지면서 더욱 강화되었다. 쇼군 가문에 영향력을 지닌 덴카이 승정天海僧正의 청원에 따라, 에도성에서 귀문鬼門, 귀신이 드나든다는 문 방향에 해당하는 북동쪽 우에노 지역을 안전하게 지켜주는 역할로 이 사원을 지었다. 건립 때 '도에이산東叡山 간에이지'는 서일본의 유명한 사찰 '히에이산 엔랴쿠지比叡山 延曆寺'와 비견되어 동일본의 엔랴쿠지로 불렸고, 시노바즈노 연못도 서일본의 비와호琵琶湖로 불릴 정도였다. 비와호에는 지쿠부섬竹生島이 있어 벤자이텐弁財天이 모셔져 있다. 그래서 시노바즈노 연못에도 나카섬中島을 만들어 벤자이텐을 모셨다. 전통 있는 고도古都 교토를 모델 삼아 신흥 도시 에도에 권위를 부여하려 한 것이다스즈키 2018.

언덕 위에는 간에이지의 가람 배치가 계획되어 산 아래쪽 흑문黑門에서 축선軸線이 북쪽으로 뻗어나가 '문 앞 → 참배길 → 경내 → 묘지'로 이어지는 사원 공간 구성이 에도 막부의 권위를 등에 업은 성역의 엄숙한 분위기를 연출했다.

한편, 산 아래쪽 우에노 큰길과 시노바즈노 연못 주변 물가에는 세속성을 띤 유흥 공간이 생겨났다. 특히 우에노 큰길은 료고쿠나 에도바시의 큰길과 마찬가지로 미세모노코야見世物小屋[10]나 미즈차야水茶屋, 따뜻한 차를 파는 가게 등이 즐비한, 에도에서도 손꼽히는 번화가로 자리잡았다. 에도시대 중기에는 연못에 둑을 쌓고 요릿집과 다방, 양궁장楊弓場, 고샤쿠바講釋場, 이야기꾼이 공연하는 곳 등이 많이 들어서 명소로 성황을 이루었다. 남녀가 만나는 장소로 쓰인 데아이차야出合茶屋, 찻집의 일종가 등장했지만 풍속을 문란하게 한다 하여 단속으로 철거되기도 했다.

10 진귀하고 재미있는 물건, 기술, 동식물 등을 보여주는 곳.

6-8 **우에노와 시노바즈노 연못**(〈참모본부 육군부 측량국 5000분의 1 도쿄도東京圖〉, 1884)

* 오늘날과 달리 왼쪽 아래 시노바즈노 연못이 산책길을 겸한 제방에 의해 보트장과 늪지 등으로 구분되어 있지 않고, 벤텐도(弁天堂)에 이르는 제방만 놓여 있다.

6-9 **스리바치산 고분**

메이지시대 이후의 변화

문명개화 이후 우에노의 산 위와 물가의 변화도 흥미롭다. 유럽식 도시 건설을 목표로 한 메이지 정부는 1873년 태정관 포달布達, 공고에 의해 우에노를 도쿄의 다른 네 곳과 함께 공원으로 정했다.[11] 간에이지 경내가 개방되고 이후 많은 국가적 행사가 열리는 중요한 무대가 되었으며, 문화시설도 차츰 정비되어 '문화의 숲' 우에노 공원의 토대가 다져졌다. 이렇게 기능과 역할이 급격하게 바뀐 배경에는 에도 막부 지배의 상징이라는 점, 구 막부 세력이 사쓰마·조슈 중심의 신정부군과 싸운 우에노 전쟁의 무대가 되었다는 점 등을 고려하여 이 장소가 지닌 의미를 지우려는 정치적 의도가 있었다고 볼 수 있다.

유럽화 정책의 일환으로 내국 권업 박람회内国勧業博覧会가 1877년부터 세 차례 열렸는데, 그 장소는 늘 우에노의 산 위였다. 그런데 교토, 오사카에서 박람회가 열린 후 다시 도쿄로 돌아와 1907년에 열린 도쿄 권업 박람회에서는 시노바즈노 연못 주변에 제2행사장이 처음 설치되었고, 이것이 큰 성공을 거두었다. 이후 1928년 다이레이大禮 기념 국산품 진흥 박람회[12]에 이르기까지 일곱 번의 박람회가 우에노에서 열렸으며, 특히 제2행사장이 큰 인기를 끌었다. 연못 물가에는 워터슈트가 등장했고, 새로운 조명이 만들어낸 화려한 축제 분위기가 사람들을 사로잡았다. 이에 앞서 1884년에는 연못 주변에서 경마도 열렸다. 이처럼 시노바즈노 연못의 물가 공간은

---

11 당시 도쿄부(東京府)에 근대 일본 최초의 시민 공원 다섯 곳이 생겨났다. 아사쿠사 공원, 우에노 공원, 시바(芝) 공원, 후카가와(深川) 공원,아스카야마(飛鳥山) 공원.

12 쇼와(昭和)천황 즉위의 대례(大禮)를 기념하여 열렸다.

6-10 호엔샤 기요치카(方円舎清親), 〈내국 권업 박람회 지도(内国勧業博覧会之図)〉, 1877

* 지금의 도쿄 국립 박물관 자리에 해당하는 왼쪽 위 부분에 '박람회장'이 보인다. 오른쪽 아래는 오늘날 게이세이(京成) 우에노역으로 이어지는 우에노 공원 초입이다.

6-11 〈도쿄 다이쇼 박람회 제2행사장 야경(東京大正博覧会 第二会場 夜景)〉

* 1914년에 열린 이 박람회에서 우에노 공원 대지에 마련된 제1행사장에는 기존 박물관과 미술관 등이, 시노바즈노 연못 일대의 제2행사장에는 농업관, 운수업관, 염직관, 외국관, 동력관, 기계관 등이 각각 마련되었다.

문명개화를 홍보하는 실험적인 무대이기도 했다.

내 세대에게 이 연못은 1970년대 가라 주로唐十郎, 1940~[13]의 텐트 연극이 열리는 자유로운 공간으로서 의미가 있었고, 아질[14]의 분위기를 느낄 수 있는 곳이었다. 배우가 연못 물에 들어가는 장면도 있었던 것으로 기억한다. 거품경제 시기에는 이 연못 아래에 주차장 건설이 계획된 적도 있지만, 다행히 반대 운동으로 취소되었다. 하지만 지금도 오랜 역사와 자연의 자산을 제대로 활용하지 못하고 있는 것이 현실이다. 시노바즈노 연못의 르네상스를 바란다.

---

13 극작가, 배우, 연출가이자 소설가.

14 독일어 아질(Asyl). 세속세계와 차단된 불가침의 성스러운 장소나 영역을 뜻한다.

젠푸쿠지강과 그 주변 녹지 공원

스기나미·나리무네

원풍경을 찾아서

7

도쿄도 23구

젠푸쿠지강
시작점
스기나미구
나카노구
기치조지역
J R 주오선
아사가야역
나카노역
젠푸쿠지강
나리무네벤자이텐/스가신사
간다강
시작점
덴오다리
구마노신사
스기나미
제2소학교
젠푸쿠지강과 간다강이
만나는 지점
간다강

무사시노에 남은 기억들

도쿄가 격변하는 가운데

졸저 『도쿄의 공간인류학』이 간행되고 벌써 35년 넘는 세월이 흘렀다. 그 사이 다양한 경험을 쌓고 두루 생각을 넓힐 수 있었다. 그래서 이 책이 다루는 '시간'과 '공간'의 범위는 훨씬 넓어졌다. 위 책은 도쿄의 밑바탕이 되는 에도 도시 구조의 특성을 읽어내는 것이 목적이라 근세와 근대의 쇼와 초기까지를 주로 다루었다. 공간적 대상은 에도의 시역市域에 해당하는 지금의 도쿄 도심에 대부분 국한되어 있었다. 이에 반해 이 책에서는 천하에 군림하던 에도가 생겨나기 전 시기도 조명하여 '현재의 광역 도쿄'의 기층 구조를 갖춘 시대라 할 수 있는 중세와 고대까지 관심을 넓혔다. 따라서 대상 지역은 도심에서 에도의 근교 농촌이던 무사시노와 다마 지역까지 크게 넓어졌으며, 해변 지역인 도쿄 베이 에어리어도 주의깊게 살펴보았다.

돌이켜보면, 앞 장에서도 언급했듯이 1980년대 전반 오기 신조가 '에도·도쿄학'을 제창하여 역사학의 다케우치 마코토竹内誠, 민속학의 미야타 노보루宮田登, 비교문화의 하가 도오루芳賀徹, 문학의 마에다 아이前田愛를 비롯한 여러 분야의 학자가 모여 학제적 연구 교류가 이루어졌다. 이전의 모든 학문 분야가 전근대의 에도와 근대 도쿄를 분리하여 연구하는 경향이 강했던 반면, 도시를 무대로 그 역사의 연속성과 단절이라는 양면을 하나의 관점으로 보려는 '에도·도쿄학'은 새롭고 매력적인 시도였다. 내 연구가 그런 관점에 바탕을 두었기에 건축사 입장에서 이 공동연구에 참여해 많은 자극을 받았으며, 『도쿄의 공간인류학』도 이런 환경에서 구상할 수 있었다.

그러나 1980년대 중반부터 일본 경제가 버블시대에 접어들고 도쿄 각지에서 대규모 개발이 진행되어 꾸준한 현지 조사가 어려워졌다. 오래된 마치야상가나 뒷골목의 전통 연립주택 혹은 쇼와시대 초기의 간판 건축 등이 남아 있는 지역을 걷다 보면 소위 땅장사를 업으로 하는 사람들이 자주 눈에 띄었고, 주민들이 낯선 이를 의심하게 되면서 조사를 계속하기 힘들어졌다. 학자들이 발견한 역사적 가치가 부동산 광고 카피로 쓰이게 되기도 하면서 연구가 소비되고 마는 게 아닌가 하는 위기감도 느꼈다.

그래서 나도 나 자신의 원점으로 돌아가, 한동안 지중해의 이슬람 세계튀르키예, 모로코, 시리아, 튀니지, 이슬람의 영향을 받은 스페인 안달루시아, 그리고 역사의 중층성重層性이 남아 있는 이탈리아 남부 각지사르데냐, 시칠리아, 풀리아, 아말피 해안의 도시를 현장 연구하는 데 주력했다. 오랜 시간에 걸쳐 형성된 지중해 도시의 기층 구조를 더 깊이 이해하려 한 것이다진나이, 다카무라 2019. 한편, 에도·도쿄의 '물의 도시'를 연구한 경험을 베네치아에 적용하여 새로운 시각으로 이 물의 도시의 특징을 그려내는 작업도 진행했다.

그 후 거품경제가 무너지고 안정을 되찾은 1990년대 후반에 다시 도쿄 연구를 하게 되었다. 이때 주제로 선택한 것이 도쿄 중심부가 아니라 조금 바깥쪽의 시부야구, 스기나미구, 세타가야구 등 에도의 근교 농촌이던 무사시노 지역에 대한 연구다.

교외의 기억을 찾아내다

대체로 야마노테선 안쪽에 해당하는 도심 지역에는 곳곳에 에도의 자취가 남아 있어, 조금만 걷다 보면 그 흔적을 찾을 수 있다. 1980년대 중반 에도·도쿄 붐 이후 많은 사람이 지금의 도쿄 도심 밑바탕에서 보일 듯 말 듯한 에도의 재미를 느끼게 되었다. 그러나 그 외곽, 옛 에도 근교의 농촌 지역에는 특유의 중요한 역사적 맥락이나 문화적 정체성 같은 것이 없으리라 생각했다. 실제로는 전혀 그렇지 않았다.

도쿄가 확장되고 발전하며 야마노테선 안쪽에 사는 사람은 한정되고, 많은 도쿄인은 그 바깥쪽에 거주했다. 적당히 편리하고, 녹지도 많고, 살기 좋은 곳임을 느끼며 살아왔을 것이다. 도시는 공기와 같은 존재로, 없으면 살 수 없지만 평소 그 고마움을 잘 느끼지 못한다. 그런 환경으로서 에도 근교 농촌이던 도쿄 교외 주택지가 자리잡아 왔다.

내가 두 살 때부터 자란 스기나미구의 나리무네成宗: 현 나리타히가시. 가장 가까운 역은 아사가야역 주변도 전형적인 교외 지역의 하나였다. 이렇다 할 특별한 것도 없는 도쿄 교외를 어떻게 사람들이 좀 더 재미있고 풍요로운 곳으로 자랑스럽게 여기게 할 수 있을까? 교외 주택지로 발전한 근대만 살펴보아서는 연구에 깊이가 생기지 않는다. 기능성과 효율성에 기반한 경제 논리만 눈에 띌 뿐이다. 장소에 깃든 드라마를 발견하고 기억의 단층을 파헤치는 일에 도전하고 싶었다.

'원풍경'의 힘

이런 발상에서 무사시노다움을 간직하고 있던 어린 시절의 '원풍경'을 떠올리며 오래된 지도를 참고하여 이 주변의 유래를 살펴보면, 기대한 대로 언덕과 경사면, 저지대, 강으로 이루어진 지형의 특징이 뚜렷한 풍경을 볼 수 있다. 고지대 주택가의 경사면에 위치한 신사 옆길로 내려가면 저지대에는 논이 펼쳐져 있었다.

실제로 고도경제성장기에 접어들기 전, 이 지역에는 아직 무사시노의 면모가 많이 남아 있었고 지형도 뚜렷이 인식할 수 있었다. 강과 언덕의 존재감이 컸고, 오래된 취락과 사찰·신사의 위치도 특징을 말해주고 있었다. 들판, 수풀, 연못 등 아이들이 뛰놀던 곳도 지형 및 식생과 하나가 되어 분포하고 있었다. 나의 원풍경인 그 모든 요소가 근교 지역의 공간적 정체성을 그려내는 데 중요한 단서가 되었다진나이 1985.

또한, 시야를 넓혀 정보를 모아 관찰해 보니 젠푸쿠지강善福寺川, 간다강 등 강가의 조금 높은 곳은 조몬시대와 고분시대 사람들이 살던 공간의 중심축이었고, 고대부터 중세에 걸쳐서도 주로 절벽 가장자리의 용수湧水가 있는 곳에 신사가 자리잡아, 그 지점들을 연결하듯 남북으로 뻗은 가마쿠라 가도가 지나는 이 지역의 숨겨진 구조가 드러났다.

이런 관점으로 살펴보면, 별다른 특징이 없어 보이던 무사시노의 근교 주택지에도 에도의 도시를 읽는 것 이상의 흥미로운 공간적 맥락이 드러난다. 나는 이를 '교외 지역학'이라고 부르고, 1990년대 말부터 몇 년에 걸쳐 학생들과 무사시노와 다마 지역 현장 조사를 하면서 다양한 발견의 즐거움을 누릴 수 있었다.

'원풍경'이라는 말을 만든 문예평론가 오쿠노 다케오奥野健男, 1926~1997 씨와 그의 말년에 친하게 지내면서 에비스의 고지대에 있는 그의 자택 주변을 함께 걸은 적이 있다. 에비스역에서 나카메구로 방면으로 번화가를 지나 언덕 위 옛길을 오르면 오래되어 보이는 사당이 있고, 그 조금 위에 랜드마크인 느티나무가 우뚝 솟아 있다. 건물은 대부분 새로 지어졌지만 왠지 모르게 무사시노의 흔적이 느껴졌다. 그 고지대 들판에서 놀던 어린 시절의 체험이 오쿠노 씨의 유명한 용어 '원풍경'을 탄생시킨 게 아닐까 했다.

사르데냐 조사에서 얻은 힌트

에도 근교 농촌에 뿌리를 둔 현재의 교외 주택가에 남아 있는 기층 구조를 찾아내는 것은 새로운 난제였다. 실마리를 찾는 데 힌트를 준 것은 이탈리아의 신성한 섬 사르데냐에서 진나이 연구실이 진행한 조사다1993~1995. 고도의 거석 문화를 지닌 누라게시대기원전 1500~300년에 사람들은 샘이 솟아나는 좋은 위치에 신전과 취락을 만들었는데, 그 장소들은 후대에 성역으로 여겨져 지금도 중요한 장소로 남아 있다. 석사 논문으로 사르데냐를 연구한 야나세 유지柳瀬有志와 함께 이 섬을 연구한 결과를 책으로 냈다진나이, 야나세 2004. 여기서 키워드는 '용수', '성역', '유적', '옛길'이다. 이들처럼 대지에 새겨져 대대로 이어져 온 영속적인 요소에 주목하면 고대의 기억이 살아 숨 쉬는 사르데냐의 특성이 드러난다.

고맙게도 그 체험이 무사시노로 상징되는 도쿄 교외를 새로운 시각으로 바라볼 방법을 찾게 해주었다. 지상의 풍경이 점점 변화하는 도쿄에서 변하지 않는 대지의 오래된 층위에 주목하여 강, 절벽, 옛길, 용수, 유적, 사찰과 신사 등으로 눈을 돌리면 묻혀 있던 본래의 구조가 놀랍도록 선명하게 드러난다. 사르데냐에서의 경험을 살리고 자연이 풍부한 교외에서 자란 나의 원풍경에서 도출된 가설과 견주어 보면서, 학생들과 자전거로 돌아다니며 철저한 현지조사를 거듭함으로써 교외 지역 깊숙이 뿌리내린 역사의 골격을 읽어낼 수 있었다. 그 성과를 1999년에 보고서 형태로 출간했다호세이대학 진나이 연구실·도쿄 시가지 연구회 1999.

이런 관점에서 도쿄 교외를 관찰하면 중세·고대의 오래된 구조가 눈에 들어온다. 반대로 야마노테선 안쪽, 에도시대에 이미 도시였던 지역은 근세의 원리에 뒤덮여버려, 그 이전의 시원적始原的 층위는 감추어져 있다가 가끔씩 얼굴을 내미는 정도다. 교외를 연구대상으로 할 경우, 다행히도 이들 지역이 전근대의 한가로운 전원상태에서 근대의 주택지나 시가지로 바뀌는 모든 과정을, 측량을 바탕으로 만든 지도와 비교함으로써 상세하게 알 수 있다. 일본의 전원이 시가지로 바뀌는 지역 차원의 습성, 경향, 원리, 메커니즘을 잘 읽어낼 수 있는 것이다.

이 장에서는 이러한 교외 풍경이 담고 있는 전근대의 모습을 내가 나고 자란 나리무네와 그 주변 지역을 통해 살펴보려 한다. 실제로 걸으며 자세히 살펴보면 그 장소의 오래된 층위에 풍부한 드라마가 있음을 알 수 있을 것이다. 그럼 이제 출발하자.

아사가야 주변을 남북으로 걷다

강과 옛길

평소 주오선中央線을 비롯해 세이부신주쿠선西武新宿線, 이노카시라선井の頭線, 게이오선京王線 등 철도를 이용하며 전철 중심의 공간축을 떠올리는 데 익숙해진 우리는 잊어버리기 쉽지만, 스기나미杉並라는 지역의 본질을 알려면 먼저 '강'에 주목해야 한다. 북쪽부터 묘쇼지강妙正寺川, 모모조노강桃園川: 지금은 암거, 젠푸쿠지강, 간다강 등 네 강이 모두 서쪽에서 동쪽으로 흐르며 유역 공동체를 형성했다. 식수를 얻을 수 있고 물고기, 새, 동물을 잡을 수 있는 물가의 약간 높은 곳에 조몬시대와 야요이시대 취락이 만들어졌고, 이후에도 좋은 입지 조건을 이어받아 고분과 오래된 절·신사 등의 성역이 만들어졌다. 물이 솟아나는 곳은 특히 중요했다.

이어서, 다소 늦게 또는 비슷한 시기에 고대·중세의 약간 높은 지대를 지나는 여러 개의 옛길이 생겨났다. 가마쿠라 가도혹은 가마쿠라 옛길古道를 포함하여 남북으로 뻗은 몇몇 길이 그 전형이다. 그다음으로 등장한 것은 에도 막부가 정비한 근세의 가도로, 능선을 따라 방사형으로 서쪽을 향해 뻗은 길이다. 이 길에 접해 마을이 옹기종기 형성되었다. 그리고 마지막으로 건설된 것이 바로 근대의 철도다. 1889년 개통된 고부甲武철도오늘의 주오선는 무사시노 대지를 동서

7-1 조몬시대 중기 유적 분포

『새 편수 스기나미구사(杉並區史) 상권』, 스기나미구청, 1982를 토대로 작성. * 왼쪽 화살표가 가리키는 곳은 간다강이 시작되는 이노카시라 연못, 오른쪽 표시 부분은 간다강과 젠푸쿠지강이 만나는 지점이다. (참고사진 19)

로 곧게 뻗어가며, 아사가야 부근에서는 지명에서 알 수 있듯이 골짜기 모양 저지대를 통과한다.

이런 관점에서 보면 아사가야 주변에 중요한 옛길의 위치가 선명하게 나타난다그림 7-2의 점선 부분. 남쪽 젠푸쿠지강변 고지대에 등장한 '오미야 하치만구大宮八幡宮 신사', 아사가야역 조금 북쪽 모모조노강변의 약간 높은 지대에 생긴 '아사가야 신메이구阿佐ヶ谷神明宮 신사', 그리고 북쪽으로 이동해 나카노구 시라사기白鷺의 묘쇼지강 앞 고지대에 자리잡은 '사기노미야 하치만鷺宮八幡 신사'—11, 12세기에

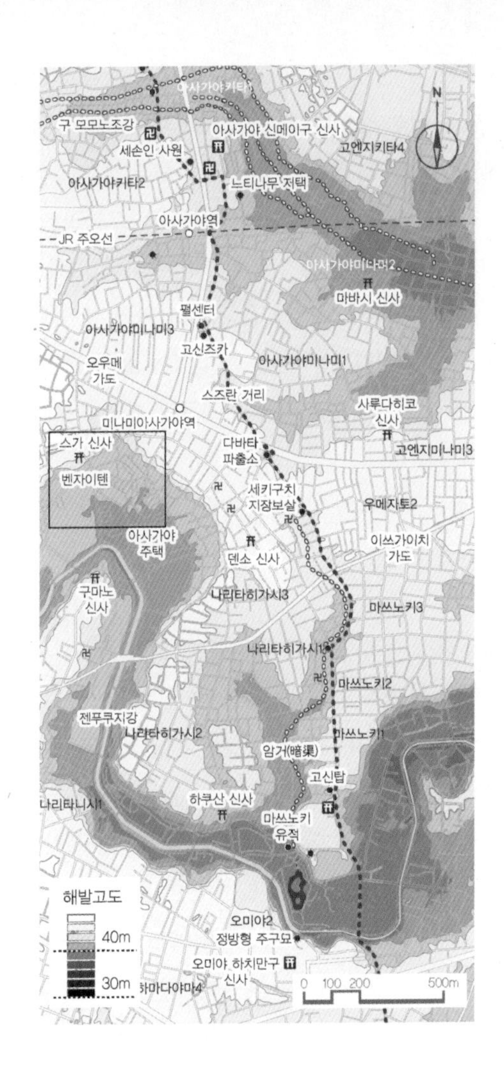

7-2 **아사가야 주변과 옛길**(후카자와 고헤이, 스기우라 기미코 작성)

* 표시 부분은 사진 7-11에 해당하는 지역이다.

창건된 중요한 세 신사가 모두 오래돼 보이는 하나의 길을 통해 남북으로 이어져 있는 것이다. 모두 고지대의 신성한 구역인 신사 북쪽 뒤편에 강이 흐르는 배치다. 원래 가마쿠라 옛길가도의 이름은 여기저기서 등장하는데, 이 옛길에 관해서도 마쓰노키松の木 사당, 그리고 사기노미야 하치만 신사의 안내판에 각각 가마쿠라도鎌倉道, 가마쿠라 가도를 오가는 사람들을 지켜 왔다고 쓰여 있다. 가마쿠라 가도의 경로에 대해서는 여러 설이 있어 명확히 밝히기가 쉽지 않지만, 이 옛길은 가마쿠라 가도의 경로라 해도 충분할 만큼 남북을 명쾌하게 연결한다.

그럼 이 옛길을 걸으며 이 땅에 대해 자세히 알아보자.

오미야 하치만구 신사로

먼저 젠푸쿠지강 남쪽 고지대에 자리한, 스기나미가 자랑하는 '오미야 하치만구 신사'에 들러 보자. 큰 숲에 둘러싸인 경내의 장엄한 분위기가 느껴진다. 1063년, 흰 깃발이 휘날리듯 흰 구름이 뻗치는 것을 본 미나모토노 요리요시源頼義, 헤이안시대 중기의 무사가 길조의 징조라고 기뻐하며 그 아래에 이와시미즈石清水 하치만구 신사의 신령을 옮겨 봉안한 것이 기원이라 한다. 신성한 영역이 넓어 '다마의 거대한 신사大宮'라고도 부른다. 참배길 옆에는 물이 솟아나 인근에서 페트병을 들고 오는 사람도 많다. 예전에는 맑은 물이 콸콸 솟아났지만, 주변이 택지화되면서 수맥이 좁아져 현재는 펌프로 물을 끌어올린다.

이 성역에는 더 오래된 신성한 층이 있다. 이 부분이 주목받는다. 경내의 강과 가까운 고지대에서 1969년 발굴 조사 때, 야요이시대

7-3 **오미야 하치만구 신사** 참배객들이 물을 길어올린다.

말기로 보이는 도쿄도내 최초의 사각형 주구묘周溝墓 3기가 가까운 곳에서 발견되었다. 이에 따라 오미야 하치만구 신사가 자리잡기 전부터 이곳이 매장 의식을 위한 '성지'로 여겨져 왔으리라 추측된다. 스기나미구에는 유명한 옛길이 여럿 있는데, 대부분 오미야 하치만구 신사와 연결되어 있다. 게다가 옛길을 따라 많은 고대 유적이 발견되어, 오미야 하치만구 신사는 고대로부터 성지로서의 장소성을 이어가며 등장한 것으로 보인다.

지금의 오미야 하치만구 신사 참배길은 동쪽에서 직진하고, 신사 정면도 동쪽, 즉 도쿄 도심을 향해 있다. 일반적인 신사 배치 기준으로 볼 때 이 땅에 이런 배치가 부자연스럽다고 생각했는데, 신사 신관으로부터 에도시대에 쇼군이 있는 에도성 방향으로 참배길을 바꿨다고 전해진다는 이야기를 듣고 납득할 수 있었다. 그럴 가

7-4 마쓰노키 유적에 복원된 수혈식 주거지

능성이 매우 높아 보인다.

젠푸쿠지강 남쪽 대지臺地 위가 매장의 성지였다면, 강 건너 맞은편 북쪽 대지는 살기 좋은 남향의 물가 지대로 예부터 사람들의 주거지였다. 이곳에 스기나미구 최대 규모인 '마쓰노키 유적'이 있다. 석기시대부터 조몬·야요이시대를 거쳐 고분시대에 이르는 다층적 유적으로, 주거 터가 150여 곳에 이른다고 한다. 현재도 잡목으로 둘러싸인 마쓰노키 중학교 운동장 남쪽 한편에 그 유적 일부가 남아 있다. 안내판에는 "대지 남쪽 아래 펼쳐진 습지대와 젠푸쿠지강에 모여드는 동물과 물고기 등을 잡아먹고, 주변 숲에서 나무 열매를 채집하며 살았던 것으로 보인다"라고 적혀 있다. 젠푸쿠지강을 사이에 두고 물가에 형성된 남쪽의 '성=비일상'과 북쪽의 '속=일상' 공간의 대비와 조합이 흥미롭다.

이 옛길을 북쪽으로 걷다 보면 작은 네거리에 도쿠가와 쓰나요시綱吉 쇼군 시기인 1685년에 세웠다는 고신 탑庚申塔이 있다. "삼백 년 넘는 세월 동안 아사가야에서 에이후쿠초로 이르는 이 가마쿠라도를 오가는 사람들을 지켜봐 왔다"라고 쓰여 있다2005년에 만든 안내판.

북쪽으로 가다가 약간 높은 고지대를 지나는 옛길을 벗어나 서쪽 뒤편 좁은 길로 내려가면 작은 수로水路 흔적이 남아 있는 암거 경로가 나온다. 주변 부지의 높낮이 차이도 어우러진 독특한 미로 같은 공간이다. 다시 옛길로 돌아가면 근세에 정비된 '이쓰카이치五日市 가도'와 마주치지만, 길은 그대로 약간 비스듬히 가로질러 나아간다. 이쪽이 더 오래전부터 있었던 것이 분명하다이쓰카이치 가도는 도쿠가와 이에야스가 에도에 입성한 후 이쓰카이치와 히노하라檜原에서 목재와 숯 등을 운반하기 위해 정비한 것으로 전해진다. 옛길은 미세한 땅의 굴곡을 따라 절묘한 곡선을 그리며 운치 있는 풍경을 만들어 낸다. 도쿄에서는 건물이 바뀌어도 옛길을 축으로 한 도시 구조는 그 바탕에 끈질기게 살아남아 지역의 고유한 특성을 빚어내고 있다오기쿠보 2010.

한참을 가면 작은 네거리 한 편에 '세키구치 지장보살' 사당이 있다. 에도시대부터 이 지역 지주인 쓰쓰미堤 가문이 대대로 이 사당을 지켜 왔다고 한다. 헌화와 청소를 하는 자원봉사자가 바로 근처 쓰쓰미 가문의 부부를 불러주었는데, 삼백 년 전 세키구치關口라 불리던 이 지역 엄마들이 피(稗)와 조(粟)를 가져와 돈으로 바꾸어 두고, 아이들을 지켜주는 수호신 삼아 지었다는 이야기를 들을 수 있었다. 지금도 1년에 세 번씩 게이안지慶安寺 주지승을 불러 공양한다고 한다. 몇 달 후, 근처에 사는 나도 그 의식에 초대받았다.

7-5 세키구치의 지장보살을 지키는 쓰쓰미 도시오(堤登志男) 씨와 노리코(紀子) 씨, 구리타 기에코(栗田キエ子) 씨

쇼와시대 초기에 지은 것으로 보이는 고즈넉한 일본식 저택을 지나 조금 북쪽으로 올라가면 '오우메青梅 가도'가 나온다. 도쿄 올림픽 직전인 1962년 마루노우치선이 오기쿠보역까지 개통되기 전에는 이곳에 노면전차가 다녔다. 그 앞쪽 모퉁이, 중세의 옛길과 에도시대의 가도가 교차하는 곳에는 예전부터 다바타 파출소田端交番: 현 히가시타마치 파출소가 있다. 파출소도 이 지역의 오래된 층을 드러내는 데 나름의 역할을 한다.

바자르 같은 상점가

오우메 가도를 건너는 지점부터 아사가야역까지, 이 옛길 경로에는 번화한 상가가 끊임없이 이어진다. 앞쪽이 '스즈란 거리', 그 너머로 역까지 길게 뻗어 있는 것이 '펄센터'다. 모두 적당한 곡선을 그린다. 옛날부터 터를 잡아온 가게가 줄고 체인점으로 대체되고 있지만, 필요한 것들을 두루 갖추고 있어 활기가 있다. 펄센터에는 무

7-6 아사가야 펄센터

슬림 도시의 바자르bazaar를 떠오르게 하는 멋진 아케이드가 있다. 곡선미를 보여주는 상점가의 길은 뜻밖의 묘미가 있다.

그 중간쯤 오래된 장어 요릿집 '이나게야稲毛屋'가 있다. 동서 방향으로 난 오래돼 보이는 길과 만나는 곳에 지장보살과 고신즈카庚申塚[1]가 모셔져 있다. 건물이 재건축되어도 사당은 더욱 품격이 높아져 공양이 끊이지 않고, 그 앞에서 합장하는 사람들을 자주 볼 수 있다. 이 상점가의 일체감과 저력은 전후시대에 시작되어 점점 규

---

1 중국에서 전래된 도교에서 유래한 경신신앙(庚申信仰, 60일마다 돌아오는 경신일에 근신하며 밤을 샌다)을 바탕으로 세운 비석이나 석탑. 고신탑(庚申塔)이라고도 한다.

모가 커지고 있는 유명한 '아사가야 칠석 축제'에 잘 나타난다.

전쟁 중 아사가야역 앞부터 남쪽으로 건물 피난[疏開][2]이 행해졌고, 그 영향으로 전후시대에는 역 앞 광장, 그리고 남쪽으로 오우메 가도까지 이어지는 거리가 만들어졌다. '개정 도로改正道路'라고 하던 이 거리는 후에 '나카스기 거리中杉通り'로 이름이 바뀌었고, 멋진 느티나무 가로수길을 자랑한다. 덕분에 펄센터에는 구조적으로 차가 들어올 수 없어, 사람들은 '가마쿠라 옛길'을 살린 독특하고 아늑한 보행자 전용 상점가를 즐길 수 있게 되었다.

이 옛길과 고부철도가 만나는 지점에 1922년 아사가야역이 생겼다. 간토대지진 이후 쇼와시대 초기에는 불타버린 시타마치의 상인들도 모여들어 역 앞에 이 옛길을 따라 상점가가 발달했다. 그런 의미에서 주오선 아사가야역과 역 앞 상점가는 지역 발전의 역사에서 보면 근대의 신참이지만, 이미 한 세기의 역사를 쌓아온 터줏대감이기도 하다.

아사가야역 북쪽의 원풍경

이 옛길은 아사가야역 북쪽 출구를 지나면 약간 동쪽고엔지 쪽으로 꺾어 북쪽으로 올라간다. 그 오른편으로 역 근처라는 것이 믿기지 않는 울창한 숲이 나타난다. 근세의 농촌일 때부터 대지주였던 아이자와相澤 가문 저택으로, '느티나무 저택'이라는 이름으로 지역 주민에게 사랑받아 왔다. 옛길 건너편에는 오랜 역사를 자랑하는 '스기나미 제1소학교'가 있다. 마바시馬橋의 사원 안에 있다가 1884년

2 공습으로 화재가 확산하는 것을 막기 위해 미리 건물을 허물어 빈 땅을 만드는 것.

이곳으로 옮겨 왔다고 한다.

옛길은 아사가야 일대가 농촌 마을이던 시절 수호 신사인 '아사가야 신메이구 신사'의 참배길로 이어진다. 골짜기谷라는 이름처럼 대체로 저지대였던 아사가야阿佐ヶ谷에서 가장 높은 곳에 위치한 이 신사는 12세기 말 창건된 것으로 전해진다. 역 방면에서는 완만한 오르막길을 지나게 된다.

아사가야 신메이구 신사 경내 뒤편에는 오기쿠보역 북쪽의 '아마누마벤텐 연못天沼弁天池'에서 시작하는 모모조노강桃園川이 암거가 되어 흐른다. 1961년 도쿄 도시부의 작은 하천을 하수도화하기로

7-7 아사가야 신메이구 신사와 '느티나무 저택'(사진에서 오른쪽)

하여 모모조노강도 1970년대까지 모두 암거화했다.

아사가야역 북쪽의 원풍경으로는 모모조노강이 뒤쪽으로 흐르는 가장 높은 위치에 아사가야 신메이구 신사가 있으며, 그 앞의 남쪽 좋은 위치에 대지주의 저택동쪽과 오랜 역사를 자랑하는 스기나미 제1소학교서쪽가 나란히 자리잡고 있는 명쾌한 공간 구조가 드러난다. 메이지시대에 주오선고부철도이 아사가야 신메이구 신사의 신자 주민 지구를 가르며 관통했지만, 그로 인해 공동체가 분열되지는 않았다. 펄센터 상점가를 비롯해 주오선 남쪽의 많은 지역 주민회가 아사가야 신메이구 신사의 축제 때 분위기를 띄운다.

아사가야 신메이구 신사 서쪽 옆에 15세기 전반에 창건된 '세손인世尊院' 사원이 있다. 옛길과 나란히 자리하고 있었지만 40여 년 전 나카스기 거리가 북쪽으로 지나면서 경내를 가로질러, 묘지가 서쪽으로 분리된 것을 알 수 있다. 곧고 넓은 나카스기 거리의 서쪽 뒤편에는 좁은 옛 거리가 역시 곡선을 그리며 북쪽으로 향한다. 펄센터와 마찬가지로 그곳에는 쇼와시대 초기에 번성했던 전통 있는 마쓰야마松山 거리 상점가가 있다. 아케이드는 없다. 나카스기 거리가 생기기 전에는 대형 버스가 이 좁은 옛 거리를 아슬아슬하게 지나갔다고 한다.

가는 길에 볼거리는 많지 않지만, 대지주의 울창한 저택과 예각으로 갈라지는 네거리의 사당 등 옛길 특유의 운치 있는 요소들이 반겨준다.

사기노미야 하치만 신사와 묘쇼지강

다음 목적지인 사기노미야 하치만 신사가 가까워지고 있음을 지형 변화로 알 수 있다. 스기나미구의 가장 북쪽을 흐르는 중요한 중간 규모 하천인 묘쇼지강이 이 지역을 굽이쳐 흐른다. 옛길은 오른쪽으로 곡선을 그리며 강을 향해 완만하게 내려간다. 도중에 오른쪽 길로 가면 호를 그리는 묘쇼지강을 등지고 숲에 둘러싸인 고지대에 '사기노미야 하치만 신사'가 모습을 드러낸다. 오미야 하치만구 신사가 창건된 이듬해인 1064년에 세워진 것도 놀랍다. 거의 같은 시기에 탄생한 남쪽의 오미야 하치만구 신사, 둘 사이에 있는 아사가야 신메이구 신사, 그리고 북쪽의 사기노미야 하치만 신사—중요한 세 신사를 연결하며 가마쿠라 옛길이라고도 부르는 이 길이 남북으로 뻗어 있다.

게다가 각각 젠푸쿠지강, 모모조노강, 묘쇼지강을 북쪽으로 내려다보는 고지대에 성역인 경내가 자리하는 것도 우연이라고 보기 힘들다. 이 옛길이 중세에 중요했다는 것은 이 경로를 따라 적어도 세 곳에서 판비板碑[3]가 발견되는 점에서도 알 수 있다스기나미 구립 향토 박물관 상설전시에 따름.

사기노미야 하치만 신사의 동쪽 옆에도 16세기 초에 창건된 중요한 사원 '후쿠조인福藏院'의 넓은 경내와 묘지가 있다. 강 쪽으로 튀어나온 녹음에 둘러싸인 고지대의 가장 좋은 자리를 지금도 이렇게 신사와 사원 경내가 차지하고 있는 것이 인상적이다. 하치만 다리를 건너면 낮은 지대를 세이부신주쿠선 선로가 지나가고, 옛길과 만나는 지점에 사기노미야역이 있다. 그 앞의 묘쇼지강은 하천

---

3 판석탑파, 청석(青石)탑파라고도 한다. 주로 공양, 추선(追善)을 위해 종자(種字)나 부처, 보살상, 공양자, 조성 연월일, 취지 등을 표면에 새긴 판 모양 비석이며 높이 1미터 안팎이다. 13세기 전반~16세기 말에 만들어져 전국에 분포하는데, 간토(關東) 지방에 특히 많다.

7-8 **묘쇼지강의 일부** 바닥과 양쪽면이 콘크리트로 되어 있다.

7-9 경내에 하천 개수 공사 기념비가 있는 사당

개수 공사로 생겨났는데, 바닥과 양쪽 면이 콘크리트로 된 전형적인 삭막한 물의 공간이다. 하지만 대홍수에 시달려온 유역 주민을 위해 고도경제성장기인 1968년 대망의 토목 사업으로 실현된 것이며, 그 기념비가 옛길에 접한 사당 경내에 세워져 있다. 치수治水에만 치우쳐 온 물가 공간에 시민과 행정기관의 힘으로 녹지를 늘리고 환경을 정비하여 매력이 한껏 돋보이는 단계를 맞이할 것이다.

어릴 적부터 매우 친숙한 스기나미구의 세 하천젠푸쿠지강·모모조노강·묘쇼지강을 남북 방향으로 잇는 오래된 공간축을 살펴보며 이 지역의 원풍경을 그려내고 오래된 층위를 읽어 보았다진나이·야나세 2013. 일상생활의 중심축으로 자리잡은 철도와 역의 존재를 잠시 시야에서 걷어내면, 지형과 연결된 하천, 중세의 옛길 그리고 에도시대의 가도를 기층으로 하는 지역 본래의 구조가 드러난다. 이에 대해서는 '주오선이 없으면 보이는 도쿄의 오래된 층위'라는 표현을 미우라 아쓰시와 함께 제시했다진나이·미우라 2012.

나리무네 스가 신사와 사당

다음으로, 소학교 시절 나의 통학로이자 일상적인 놀이 공간이던 장소를 둘러보며 그곳에서 발견할 수 있는 흥미로운 공간 구조를 살펴보고자 한다.

나는 두 살 무렵부터 부모님의 전근으로 이사하게 되는 소학교 4학년 초까지 스기나미구 나리무네成宗라는, 숭고한 분위기를 자아내는 이름을 지닌 지역에 살았다. 1960년대 말 주거 표시 변경으로 '히가시타마치, 니시타마치'라는 동네와 결합되어 '나리타히가시成田東, 나리타니시成田西'라는 무미건조한 명칭으로 바뀌었다지명 개악의 대표적인 예로 자주 거론되었다.

우리 집은 오우메 가도에서 남쪽으로 갈라지는 오래된 길에서 조금 동쪽으로 들어간 곳에 있었다. 간토대지진 후 택지화로 생긴 땅이 전쟁 후 분할되고 그곳에 세워진 작은 단층집이다. 이웃끼리 돈독하고 웃음소리가 끊이지 않는 동네에 살았다. 좁은 길에서 삼각 야구, 깡통차기, 말뚝박기, 돌멩이 차기, 고무줄넘기 등 여러 가지 놀이를 하며 시간을 보냈다.

고지대에 있는 귀퉁이를 남쪽으로 돌면 굽은 언덕이 있고, 그 왼편에는 타잔 놀이를 비롯하여 아이들의 상상력을 자극하는 덤불이 있었다. 그야말로 야생의 매력을 물씬 풍기는 '들판'이었다. 언덕 오른쪽에는 구릉 남쪽 경사면으로 '나리무네 스가 신사'가 있다. 구 나리무네촌 수호 신사로 근세 초기에 있었던 것이 확실하며, 941년 창건되었다는 설도 있다. 학교가 파하면 이 울창한 숲으로 둘러싸인 경내에서 종종 고무공 야구를 즐겼다.

그 옆에도 관심이 가는 사당이 있었다. 오른편 배롱나무 높은 곳에 늘 비단벌레가 있어 어떻게든 잡고 싶었지만 끝내 잡지 못한 기억이 난다. 왜 신사와 담으로 구분된 옆 부지에 또 다른 사당이 있는지 의아했다.

40여 년이 지난 후 이 지역을 조사했을 때 부지 내에 벤텐弁天 연못이 있고 그곳에 '나리무네 벤자이텐'을 모시는 신사가 있음을 알게 되었다. 인근 마을 물 신앙의 중심지로, 가물 때는 기우제를 지내고자 이 벤자이텐에 참배하고 벤자이 연못 물을 길러가는 풍습이 있었다고 한다. 근대 이후에도 다이쇼시대 초기까지 후지산 등산, 하루나榛名[4] 순례, 오오야마大山[5] 순례 등을 할 때는 벤텐 연못에

7-10 후에 주택가로 바뀌는 농지

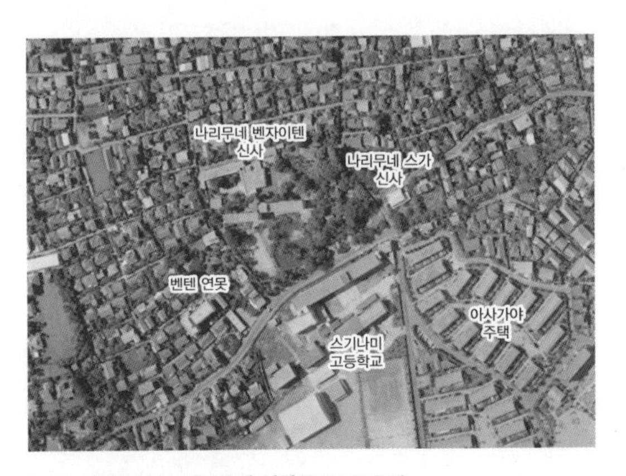

7-11 **하늘에서 본 나리무네 지역**(1963.6.26 촬영)

국토지리원 홈페이지 항공사진을 토대로 작성. * 사진에 보이지 않지만, 스기나미고등학교 아래쪽으로 ∩자로 굽이쳐 흐르는 젠푸쿠지강과 강 안쪽으로 구마노 신사, 스기나미 제2소학교가 있다.(그림 7-2 표시 부분 참고)

7-12 나리무네 벤자이텐 신사

서 목욕재계하며 여행길의 안전을 기원했다고 전해진다. 안타깝게도 연못은 아파트 개발로 매립되었지만 사당은 그대로다.

언덕 남쪽으로 내려가는 경사면에는 스가 신사와 사당이 있다. 이 천혜의 입지 조건을 갖춘 성지 앞에는 '덴포신보리天保新堀 용수用水'가 흐르고 있었다고 한다. 덴포 시기1830~1844에 물 부족에 시달린 모모조노강 주변 마바시馬橋, 고엔지高円寺, 나카노中野 등의 마을들을 위해 물이 풍부한 젠푸쿠지강에서 모모조노강까지 약 2.5킬로미터에 걸쳐 만든 인공 수로다. 이 벤자이 연못에 일단 물을 모았고, 조

---

4 간토 지방 군마현에 있는 높이 1,148미터의 휴화산. 정상에는 화산구 호수인 하루나 호가 있고, 하루나 산 주변에는 이카호 온천을 비롯한 많은 온천이 있다.

5 가나가와현에 있는 산. 높이 1,252미터로, 에도시대 중기에 이 산을 찾아 기도하는 것이 유행했다.

금 동쪽부터 지하 터널이 되어 고지대 능선을 통과하는 오우메 가도 아래를 지나 북쪽 모모조노강 골짜기 지역으로 물을 공급했다. 1880년 지도에는 그 경로가 뚜렷이 표시되어 있다.

또한, 더 많은 물을 저장하기 위해 연못을 더 깊게 파며 나온 흙으로 후지코富士講, 후지산을 섬기는 신앙를 위한 '나리무네 후지成宗富士'라는 후지즈카富士塚, 후지산을 본떠 만든 작은 언덕도 만들었다고 한다. 작은 도리이 앞에 남아 있는 돌다리와 수로 터는 덴포신보리 용수 흔적으로, 귀중한 문화유산이다. 이렇게 조사 과정에서 어릴 적 놀던 일상적인 공간 곳곳에 값진 장소가 숨어 있었다는 사실에 놀라곤 했다.

젠푸쿠지강 녹지, 오자키 구마노 신사

스가 신사 동쪽에 접한 언덕길을 따라 남쪽으로 쭉 가면 논이 끝없이 펼쳐져 있었다. 이른 봄에 가득 핀 자운영의 아름다움은 잊을 수 없다. 1962년에 나리무네로 돌아와 보니, 그 옛날 나의 원풍경은 완전히 바뀌어 논이었던 광활한 땅에 일본주택공단의 '아사가야 주택'1958년 준공이라는 최신 아파트 단지가 들어서 있었다. 공단의 신예 기획자 쓰바타 슈이치津端修一, 1925~2015[6]가 구상한 아름다운 곡선을 그리는 도로와 주택 배치, 그리고 건축가 마에카와 구니오前川國男, 1905~1986[7]가 설계한 테라스 하우스의 모던한 미학이 눈길을 끌었다미우라 2010. 그것도 지금은 없어지고, 아쉽게도 민간 개발자의 아

---

6 건축가, 도시계획가, 평론가. 일본주택공단 재직 당시 아사가야주택을 비롯한 많은 단지를 설계했다. 『밭일 1시간, 낮잠 2시간』(김수정 역, 윌스타일, 2017)은 은퇴 후 아이치현 뉴타운에 그가 지은 통나무집 '쓰바타 하우스'에서 부인과 보낸 슬로라이프 일상이 담긴 책이다.

7 르 코르뷔지에에게 사사했고, 일본 제국주의의 장중한 양식에 반대되는 건축 양식을 시도했다. 우에노 공원에 있는 도쿄 문화회관(1961), 신주쿠역 동쪽에 있는 기노쿠니야 서점(1964) 등, 콘크리트를 재질에 맞게 사용하려는 노력을 보여주는 작품들을 남겼다. 단게 겐조가 그의 제자.

파트 단지로 바뀌었다. 변화무쌍한 도쿄에서 무엇을 이어갈 것인지 더 고민해야 한다.

이 길을 따라 더 나아가자. 진정한 '가마쿠라 가도'라고 불리는 이 도로는 베테랑 택시 기사라면 누구나 알고 있다. 곧 젠푸쿠지강에 걸린 '덴오다리天王橋'에 이른다. 구불구불 흐르는 젠푸쿠지강 주변 저지대는 예부터 강의 범람원氾濫原: 홍수가 나면 물이 넘치는 범위의 저지대이었음에 틀림없는데, 배수가 잘 되지 않아 수해가 잦았다. 어렸을 때 태풍이 오면 길이 물에 잠겨 학교에서 집에 돌아가지 못할 때도 종종 있었다. 비일상적인 체험이 어린 마음에 왠지 모를 설렘과 흥분을 안겨주던 기억이 난다.

전후시대에 택지화가 진행되고 고도경제성장기에 접어들 무렵, 하천을 개량하고 주변을 도립都立 공원으로 정비했다. 1964년 개원

7-13 아사가야 주택(2010)

한 이 '젠푸쿠지강 녹지'는 구불구불 흐르는 젠푸쿠지강을 따라 멋진 물과 녹음의 회랑을 만들어냈다이 장의 시작 사진. 반려견 산책, 조깅, 공놀이, 피크닉, 게이트볼 그리고 꽃놀이 장소로도 활용되어 인근 주민의 생활에 없어서는 안 될 소중한 자산이 되었다.

덴오다리를 건너 구불구불한 젠푸쿠지강 쪽으로 튀어나온 남쪽 언덕길을 오른다. 오른쪽 안쪽에는 아이들이 가재 잡으러 모이는 저수지가, 왼쪽 경사면에는 묘지가 있었는데 모두 주택지로 바뀌었다. 언덕을 다 올라 오른쪽서쪽으로 꺾어 한참 가면 내가 다니던 스기나미 제2소학교가 있다. 역사가 오래된 학교답게 가마쿠라 가도에 접한 고지대라는 훌륭한 입지 조건을 갖추고 있다. 북쪽 끝에는 이 지역 수호 신사로 유서 깊은 '오자키 구마노尾崎熊野 신사'가, 남쪽 옆에는 '산넨자카三年坂'를 사이에 두고 '호쇼지寶昌寺 사원'이 있다.

7-14 오자키 구마노 신사

* 경내 안쪽을 지나면 젠푸쿠지강이 흐른다. 앞의 도로는 가마쿠라 가도. 스기나미 제2소학교는 사진에서 보이는 횡단보도 건너편에 있다.

하안단구 위의 매우 이상적인 입지를 갖춘 오자키 구마노 신사는 뒤쪽인 북측에 강이 있고, 남측의 가마쿠라 가도에서 들어간다. 오미야 하치만구 신사와 거의 같은 시기에 창건되었다는 오래된 신사다. 1968년 경내에서 조몬시대 토기와 주거지가 발굴되어 예부터 이곳에 사람들이 거주하고 있었음을 알 수 있다.

이렇게 나의 원풍경과 겹쳐서 이 지역을 걷다 보면 변화된 시가지에서도 울퉁불퉁한 지형, 절벽과 언덕, 길의 굴곡, 구불구불한 하천의 물길을 확인하고 아직 남아 있는 무사시노의 숲, 신사, 사원, 큰 저택, 골목길, 네거리의 사당 등에서 각 장소 특유의 정체성을 느낄 수 있다. 이 또한 '주오선이 없었다면'이라는 관점에 섰을 때 비로소 보이는 '도쿄의 오래된 층위'인 것이다.

사람들이 보트를 타거나 산책하며 휴식을 취하는 이노카시라 연못

무사시노

이노카시라 연못, 간다강, 다마강 상수시설

8

도쿄도 23구

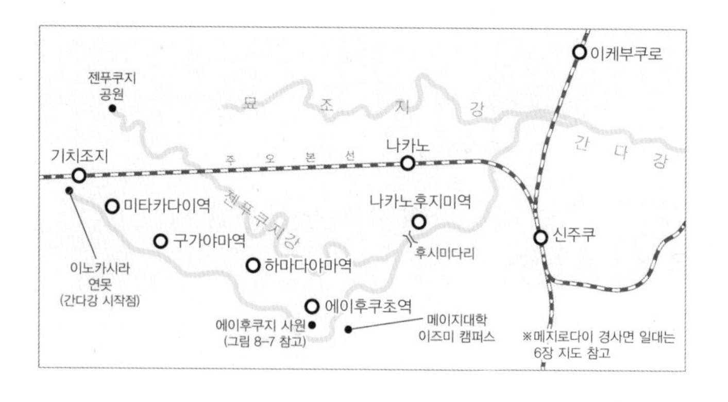
이케부쿠로
젠푸쿠지
공원
묘 조 지 강
간 다 강
기치조지
주 오 본 선
나카노
젠푸쿠지강
미타카다이역
나카노후지미역
구가야마역
신주쿠
후시미다리
이노카시라
연못
(간다강 시작점)
하마다야마역
에이후쿠초역
에이후쿠지 사원
(그림 8-7 참고)
메이지대학
이즈미 캠퍼스
※메지로다이 경사면 일대는
6장 지도 참고

에코시티를 만드는 연못

무사시노 대지의 용수가 낳은 연못

앞 장에서는 내가 자란 곳이라 친숙한 스기나미의 한정된 곳에 초점을 맞추어 무사시노 일부분의 지역 구조를 나름대로 그려보려 했다. 이번에는 대상의 범위를 넓혀 무사시노, 특히 '물'과 관련된 공간의 모양새를 살펴보려 한다.

먼저 무사시노 대지를 흐르는 강의 중요한 수원水源이기도 한 '연못'에 주목해 보자. 이들 연못은 모두 도쿄 특유의 자연 조건이 가져다주는 혜택, 곧 '용수湧水'가 만들었다. 사람들에게 친숙한 도심 속 오아시스로 자리잡은 용수에 의해 형성된 연못이 많은 것도 물의 도시 도쿄의 특징 중 하나다.

이 대지臺地를 덮고 있는 간토關東 롬층[1] 아래에는 여러 자갈층이 있어 물을 저장하는 대수층帶水層을 이룬다. 비가 내리면 쉽게 그 층까지 스며들어 풍부한 지하수가 된다. 부채꼴 대지의 가장자리에 벼랑이 있으면 그 자갈층이 지표면에 노출되는 곳에서 물이 솟아난다.

도쿄의 용수는 크게 두 유형으로 나뉜다. 먼저 '벼랑선 유형'이

1 분화에 따라 화산재와 화산 모래가 쌓이고 그것이 미생물 등에 의해 분해된 것.

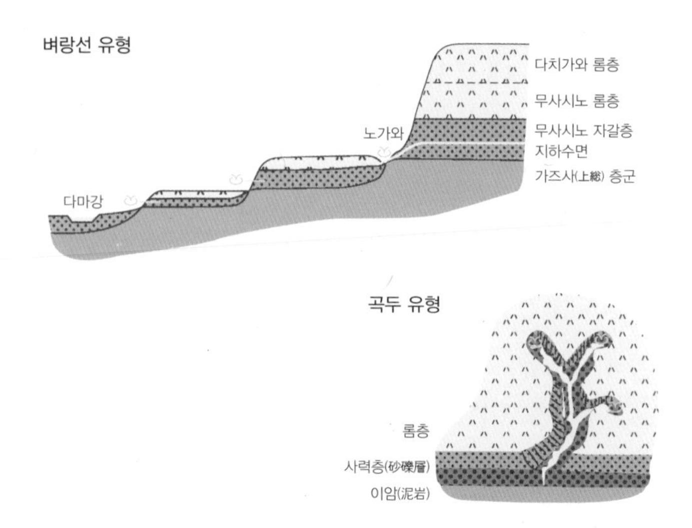

8-1 무사시노 대지의 주요 용수 유형(다카무라 2009를 바탕으로 작성)

다. 강에 의해 침식된 대지의 단구애段丘崖나 단층면에 노출된 사력층砂礫層에서 솟아나는 것으로, 사력층 하부는 물이 잘 스며들지 않는 점토층이나 이암泥岩인 경우가 많다. 이미 살펴본 메지로 대지에서 간다강을 향해 내려가는 단구, 나중에 살펴볼 고쿠분지 벼랑선의 용수 등 그 예는 많다.

다음은 '곡두谷頭 유형'이다. 대지 면의 말굽 모양이나 움푹 파인 지형 등 골짜기 지형의 곡두, 즉 골짜기의 가장 상류에 있는 급경사 부분 중에 물을 함유한 층이 노출된 곳에서 솟아나는 용수다. 지하수가 솟아나는 힘으로 지반이 침식되어 이런 골짜기 지형이 생겨난 곳이 많다. 무사시노 3대 용수 연못인 이노카시라 연못, 젠푸쿠지 연못, 산포지三寶寺 연못은 모두 이 유형에 속한다다카무라 2009.

8-2 산포지 연못

이들 연못은 모두 해발 50미터 정도인 무사시노 대지의 선상지 가장자리에서 단구段丘의 경사가 완만해지는데, 가파른 경사면이 완만해지는 경계 부분에 용수대가 생긴 것으로 보인다. 그 용수를 수원으로 간다강과 젠푸쿠지강이 흐르고, 산포지 연못의 용수는 샤쿠지강石神井川의 물 공급원 중 하나다. 이들은 도쿄를 대표하는 제법 규모가 큰 하천으로, 지금도 무사시노의 옛 모습이 남아 있는 연못에서 흘러나와 이 대도시를 촉촉하고 풍요롭게 하며, 유역에는 유적지와 신사, 명소 등이 많아 다채로운 역사를 간직한 공간이기도 하다. 독특한 지형과 지질의 자연 조건이 가져다주는 풍부한 수자원을 바탕으로 하는 '에코시티 도쿄'다운 구조라고 할 수 있다. 여기에 인문·역사적 요소까지 더해져 '물과 녹음緣陰의 회랑'이라는 자주 쓰이는 표현을 넘어, 호세이대학 에코지역디자인연구소현재는 에코지역디자인연구센터로 개칭에서는 '역사·에코 회랑'이라는 개념을 내세워 왔다다카하시 2012.

전후시대에 논을 없애고 시가지가 들어서면서 수해에 시달려 온 이들 물가 지역은 홍수에 대비한 하천 정비 사업으로 양안兩岸과 강바닥이 콘크리트로 뒤덮여 무미건조했다. 하지만 최근 시민과 행정기관의 다양한 노력 덕분에 녹지가 늘어나면서 다시 물과 가까워지고 있다.

앞서 말한 무사시노 대지를 대표하는 이노카시라, 젠푸쿠지, 산포지 등 세 연못 주변은 식수와 식량을 구하기 쉬워 조몬시대부터 취락이 존재해 왔다. 오랜 역사 속에서 생활에 필요한 물 공급지일 뿐만 아니라 기우제를 지내러 모이는 성스러운 장소로서 삶과 밀접하게 연결된 역사를 이어 왔다. 이들 연못 모두 주변이 고지대에 둘러싸인 산자락에 있고, 계곡 벼랑에서 솟아나는 용수가 만든 연못 가운데 있는 섬에는 벤자이텐弁財天을 비롯하여 물과 관련된 신들이 모셔져 있다.

도쿄의 '물의 도시'라는 개념을 확장해서 생각할 때 핵심이 되는 것이 바로 '용수'다. 예부터 용수는 일상에서 다양한 역할과 의미를 지녀 왔다. 용수가 지닌 성스러운 의미는 고대 서구 세계에도 있었지만, 기독교가 보급되며 사라졌다. 동아시아의 공통된 문화로 존재하긴 하지만, 일본의 경우 용수에 대한 정신적·문화적 애착이 특히 강해 도시와 지역 문화 형성에도 큰 역할을 해 왔다.

이노카시라 연못과 간다강

무사시노 대지의 용수가 낳은 대표적인 연못인 '이노카시라 연못'을 중심으로 살펴보자. 많은 연못 중에서도 도시 에도와 특히 관계가 깊어 역사적으로 중요한 곳으로, 이곳에서 흘러나오는 물은 '간다 상수시설'로서 에도 사람들에게 식수로 공급되었다. 그 역할은 메이지시대에도 이어져, 급수가 중단되고 폐지된 것은 근대 수도시설이 완성된 후인 1901년이다.

이노카시라 연못에서 흘러나오는 간다강은 지형을 따라 크게 구불구불하게 흐르다가 젠푸쿠지강, 묘쇼지강과 합류해 유역마다 표정의 변화를 보여주며 도심으로 향한다. 마지막 하류에서는 스이도바시水道橋 부근부터 오차노미즈, 야나기바시까지 기복이 심한 대지를 굴삭한 경로를 거쳐 스미다강으로 흘러든다.

현재의 간다강은 이노카시라 연못을 나와 스미다강에 이르는 강줄기 전체를 가리키며, 1970년대 대히트곡 〈간다강〉도 그 중류인 다카다노바바高田馬場, 와세다早稲田 부근을 무대로 한 것이다. 하지만 1965년 하천법을 개정하기 전에는 상류는 '간다 상수시설', 중류는 '에도강', 하류는 '간다강'이라고 불렀다. 우선 이노카시라 연못을 둘러보고, 도쿄를 대표하는 하천인 간다강 유역의 특징적인 물가 경관 구조를 관찰해 보자.

이노카시라 연못의 원풍경

이노카시라 공원에 있는 이노카시라 연못은 Y자 모양이며, 두 갈래로 갈라진 서쪽 끝에 용수가 있다. 대지에서 꽤 가파른 경사면을 따라 내려가면 넓은 수면이 펼쳐지는 구조는 커다란 절구 모양으로, '산자락'과 '물가'의 조합으로 볼 수 있다. 이런 천혜의 자연 조건을 지닌 주변 대지와 경사면에 오래전부터 사람들이 살기 시작한 것은 당연하다. 그야말로 고고학의 보물 창고인 셈이다.

서쪽에 물이 솟아나는 곡두谷頭, 즉 계곡 최상류부를 둘러싼 형태

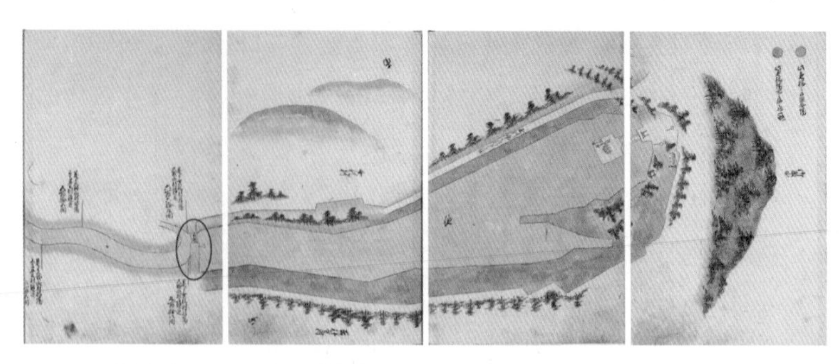

8-3 『상수기』(上水記:1791)에 그려진 이노카시라 연못

* 일반적인 지도와 달리 위가 남쪽이어서 연못 모양이 반대로 보인다. 맨 오른쪽 산은 고텐산(御殿山). 간다강이 시작되는 곳은 왼쪽 표시 부분이다.(참고사진 20)

로 연못 주변에 중요한 유적군이 있다.

연못이 자리한 공원 내 고텐산御殿山 숲속에 '도쿄도 지정 사적 이노카시라 연못 유적군' 해설 표지판이 있다. 1887년 학회에 소개된 유명한 유적으로, 1962~1963년 발굴 조사 때 조몬시대 중기~후기 수혈식竪穴式 주거터 세 곳, 부석敷石 주거터 한 곳 등이 발굴되었다. 또한, 전체 모습은 알 수 없지만 이노카시라 유적군에서 조몬시대 주거터 60곳 이상, 구석기시대 유물, 그리고 중세시대 유구와 유물도 출토되어 무사시노 대지의 용수지 주변에 있는 구석기·조몬시대의 대표적인 유적으로 꼽힌다.

구석기시대 유적이 많은 점도 주목할 만하다. 구석기시대 유적은 큰 하천변에는 없고, 내륙의 대지에 곡두谷頭가 있는 작은 하천 주변에 흩어져 있다. 정주하지 않고 수렵과 채집으로 생활하던 구석기시대 사람들에게 식수가 있고 먹잇감을 쉽게 찾을 수 있는 곳이 하천 주변이나 물이 솟아나는 지점의 곡두였다나가사키 2019. 이노카시라 연못은 살기 좋은 조건을 갖춘 땅이었던 것이다.

이노카시라 연못 물의 장소성

오늘날 이노카시라 연못은 꽃놀이 명소로 알려져 있다. 주변의 만개한 벚꽃에 몇 번이나 감탄한 적이 있지만 이는 이노카시라 연못의 본래 모습이 아니다. 예전의 연못 주변 숲은 '수원水源을 확보하고 보호하는' 역할을 하는 삼나무가 주를 이루었다. 에도시대에 상수원 보호를 위해 막부가 관할하던 삼림을 메이지 신정부가 민간 목재업자에게 매각했다. 하지만 사태의 심각성을 깨닫고서 다시 사들이고 삼나무를 심어 울창한 숲을 되살렸다. 태평양전쟁 당시 이 주변 삼나무는 거의 모두 베어져 전사자의 관을 짜는 데 쓰였다고 한다. 이후 이노카시라 연못은 행락지 성격이 강해졌다오자와·도미타 1989, 하마노 2019.

북서쪽 끝의 용수 지점은 '오차노미즈'라고 부른다. 설명 표지판에는 이렇게 적혀 있다. "옛날 옛적에 이 지역으로 사냥 온 도쿠가와 이에야스가 이 용수를 매우 좋아해 자주 차를 끓여 마셨습니다. 그 후 이 물은 '오차노미즈찻물'라고 부릅니다. — 도쿄도" 예전에는 일곱 군데에서 물이 솟아났다는데, 도시화의 영향으로 고갈되어 현재는 이 지점에서만 지하수를 펌프로 끌어올려 용수를 재현한다.

이노카시라 연못은 에도시대 중기부터 막부 말기에 이르기까지 이미 행락지와 명소로 알려졌다. 그 과정을 바바 겐이치馬場憲一, 1947~[2]가 문헌 사료를 통해 풀어냈다. 그 열쇠를 쥐고 있는 것은 이 연못 서쪽의 작은 섬에 모셔진 '벤자이텐'이다. 이에야스와 3대 쇼군 이에미쓰 등 도쿠가와 가문과 인연이 깊은 것으로 알려진 연못

---

2 역사학자, 호세이대학 명예교수. 주요 연구 분야는 지역사학, 문화유산학, 문화환경정책 등.

이지만, 10세기 전반 벤자이텐 창건에 관여한 미나모토노 쓰네모토源經基, 그 후의 미나모토노 요리토모源賴朝 등 미나모토 가문과의 인연이 이 물가의 종교적 신비성과 맞물려 일종의 성지 같은 성격을 띤다.

'간다 상수시설'은 도시 에도의 본격적인 첫 상수시설이다. 1590년, 도쿠가와 이에야스는 에도 입성에 앞서 가신家臣 오쿠보 도고로大久保藤五郎에게 수도水道를 만들라고 명했다. 도고로는 고이시강小石川을 상수원 삼아 메지로다이目白台 아래 부근 시냇물을 이용해 간다 방면으로 이어지는 '고이시강 상수시설'을 만들었다고 전해진다. 에도가 발전함에 따라 고이시강 상수시설을 확장해, 1629년 무렵 이노카시라 연못과 젠푸쿠지 연못, 묘쇼지 연못 등의 용수를 수원으로 하는 간다 상수시설이 완성되었다.

간다 상수시설은 중류에 있는 '세키구치 오아라이제키關口大洗堰보洑'에서 취수되어, 위로 흐르는 상수 해자와 방류된 물이 떨어지는 강 본류로 나뉜다. 간다 상수시설은 상수원에서 에도까지 굴삭해서 연결한 것이 아니라 무사시노를 흐르는 자연의 흐름을 개조하여 에도까지 끌어온 것으로, 원래는 이노카시라 연못에서 물을 끌어와 마을 주민들이 사용하던 관개용수를 상수시설로 이용한 것으로 생각된다이토 1996.

그 수원지인 이노카시라 지역은 에도시대 '이노카시라 벤자이텐' 신앙의 성지로, 특히 에도 사람들이 신성시하는 장소이며 지역 주민에게는 농업의 재생산을 위한 중요한 곳이기도 했다.

에도시대 중기에 이르러 문인과 학자들이 이노카시라를 찾아와 그 존재가 알려지게 된다. 지리지 『에도 명소 도회』에는 그때까지

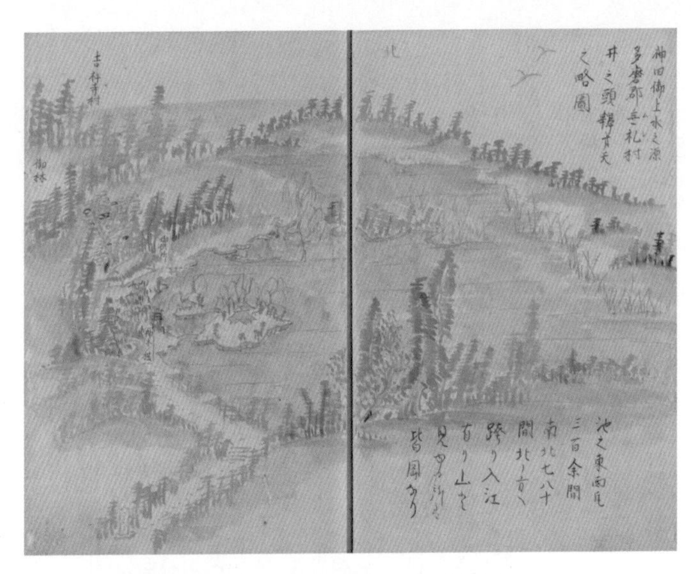

8-4 『사신지명록(四神地名錄)』에 그려진 이노카시라 연못의 벤자이텐

그림 왼쪽의 작은 섬에 벤자이텐이 있다. * 이노카시라 연못을 지나 왼쪽으로 더 간 위치에 현재는 애니메이션의 성지라 일컬어지는 지브리 미술관이 있다.

전해 오던 이노카시라와 벤자이텐의 유래와 내력이 빠짐없이 실려 있다. 이렇게 전통과 자연환경을 갖춘 경승지라는 인식이 바탕이 되어, 에도시대 후기에 이노카시라의 '명소화'가 진행되었다바바 2020.

에도·도쿄의 울퉁불퉁한 지질 환경이 만들어내는 물가에는 이노카시라 연못처럼 일찍부터 신앙과 연관된 성지가 되고 이후 근세 중기~후기에 걸쳐 명소가 되어 지금까지도 사람들을 끌어들이는 곳이 많다. 용수가 만들어내는 공간이 영적인 힘을 지니며 사람들을 매료하는 것도 물의 도시 도쿄의 특징 중 하나다.

강에서 만나는 고대와 중세

간다강 유역 살피기

이노카시라 연못에서 흘러가는 물을 따라 간다강 유역의 여러 장소를 찾아가 보자. 미타카다이三鷹台에서 구가야마久我山, 후지미가오카富士見ヶ丘, 다카이도高井戸까지는 전철 게이오京王 이노카시라선이 달린다. 주오선이 무사시노 대지를 동서로 곧게 뻗어 있는 것과 대조적으로, 지형을 따라 지역성과 연관을 맺으며 건설된 것을 알 수 있다. 메이지시대에 구불구불한 하천을 곧게 만드는 공사가 이루어졌지만 크게 보면 범람원 저지대에 한정되었기에, 본래 지형과 하천 그리고 전통적인 요소가 어우러져 만들어내는 지역 구조를 살펴보는 데는 큰 지장이 없다.

무사시노의 침식곡浸食谷: 흐르는 물의 침식으로 생긴 계곡을 따라 구불구불하게 흐르는 간다강 유역에는 조몬시대부터 많은 취락이 있어 왔다. 또한 에도시대보다 훨씬 전부터 신사와 사원이 생겼으며 사람들이 계속 거주해 왔다. 간다강을 사랑하고 이 수계水系의 환경 재생과 역사·문화 발굴에 힘쓰는 '간다강 네트워크' 회원들이 총력을 기울여 조사해 발간한 『간다강 재발견』神田川再發見: 도쿄신문출판국이 유역의 볼거리를 매우 상세하게 소개한다. 이를 길잡이 삼아 물의 도시 도쿄의 중요한 공간축인 간다강 유역의 기층 구조를 그려보려 한다. 이를 위해 의미가 있다고 생각되는 장소를 찾아 그 배경을 관찰해 보자.

무사시노의 옛 모습이 남아 있는 상류 강변에는 녹지가 많다. 미타카다이 바로 앞, 부지 남쪽에서 강을 향해 완만하게 내려가는 녹음 우거진 부지에 릿쿄 여학원立敎女學院이 있다. 간토대지진 직후인 1924년에 도심에서 이 지역으로 옮겼다. 로마네스크 양식의 성 마가렛 예배당이 장엄한 분위기를 자아낸다. 미타카다이역이 생긴 것은 그보다 조금 뒤인 1933년이니, 전원 풍경이 펼쳐지는 무사시노의 한구석에 간토대지진 이후 교외 동네가 형성되는 과정을 상상해 볼 수 있다. 입지 조건이 좋은 만큼 릿쿄 여학원 부지 발굴 조사에서는 조몬시대 주거 유구, 토기, 돌도끼 등의 유물이 출토되었다. 5월 초순에 이 지역을 거닐 때 수많은 고이노보리鯉のぼり, 원통형 잉어 깃발가 간다강 위에서 힘차게 펄럭이는 광경에 기분이 상쾌했다.

8-5 녹음이 우거진 간다강 최상류부 (* 참고사진 20)

8–6 강 위를 헤엄치는 고이노보리(미타카다이역 부근)

구가야마역 앞, 선착장에서 조금 북쪽으로 들어간 남쪽 내리막 경사면에 구가산 수호 신사인 '구가야마 이나리久我山稲荷 신사'가 큰 숲에 둘러싸여 있다.

다음 볼거리로는 하마다야마濱田山역에서 조금 남쪽으로 가서 가마쿠라다리 건너 맞은편의 '스기나미 구립 쓰카야마塚山 공원'을 둘러보자. 참고로 가마쿠라다리에서 조금 하류에 오타 도칸太田道灌의 명으로 가마쿠라의 '쓰루오카 하치만 신사'를 권청勸請, 신령의 영을 청하여 맞이함한 '시모타카이도下高井戸 하치만 신사'가 있는데, 다리 이름 '가마쿠라'는 쓰루오카 하치만에서 유래했다는 설과 이 지역을 북쪽에서 남쪽으로 관통하는 '가마쿠라 가도'에서 유래했다는 설이 있다. 숲에 둘러싸인 쓰카야마 공원은 1938년 발굴 조사에서 수혈식 주거지 네 곳이 모습을 드러내 주목받았고, 1973년에는 주거지 유적 20곳이 발굴되어 조몬시대 중기의 원형 취락이었음이 밝혀졌다. 수혈식 주거지도 복원되었다. 입지 조건도 강으로 향하는 완만한 경사면이지만, 여기서는 천천히 북쪽으로 내려간다.

북쪽 건너편좌안에는 잘 갖추어진 운동장대기업의 복리후생 시설이 모여 있다. 간다강 유역에서 근대적 토지 이용의 전형적인 유형의 하나다. 하지만 거품경제가 붕괴된 후, 기업들이 이를 계속 유지할 수 없게 되자 용도가 바뀌었다. 예를 들어 일본흥업은행日本興業銀行 운동장 터는 주민 참여를 적극 유도해 2004년에 스기나미구 '가시와노미야柏の宮 공원'으로 거듭났다. 그 이름은 근처 '시모타카이도 하치만 신사'가 '가시와노미야'라고 불리던 데서 유래한 것으로, 여기에도 가마쿠라시대1185~1333까지 거슬러 올라가는 오랜 역사가 남아 있다.

에이후쿠초永福町 역에서 남쪽으로 조금 가면 옛 에이후쿠지촌 수호 신사인 '에이후쿠 이나리永福稲荷 신사'가 있다. 창건은 1530년으로 전해진다. 앞서 본 구가야마 이나리 신사와 마찬가지로 이곳도 간다강을 따라 북쪽으로 다소 높은 위치에 유서 깊은 마을의 수호신이 모셔져 있어, 전형적인 배치를 하고 있음을 짐작할 수 있다. 이 이나리 신사 동쪽의 '에이후쿠지 사원'은 1522년에 처음 문을 연 것으로 알려져 있으며, 스기나미구에서도 손꼽히는 중요한 사원이다. 선착장 고지대가 지역 역사에서 얼마나 중요한 위치를 차지하는지 알 수 있다.

메이지대학 이즈미和泉 캠퍼스를 지나 조금 더 가면 간다강이 북북동 방향으로 흐른다. 그 강변에 신사와 사원이 짝을 이루어 나란히 늘어선 또 하나의 전형적인 예를 볼 수 있다. 먼저 옛 이즈미촌 수호 신사인 '이즈미 구마노和泉熊野 신사'가 있는데, 가마쿠라시대인 1267년 창건된 것으로 전해진다. 그 옆의 진언종 사원인 '류코지龍光寺 사원'은 무로마치시대1336~1573 중기에 만든 것으로 알려져 있다. 여기서도 신사와 사원이 강을 향해 동남동쪽을 향하고 있어 역시 입지가 좋다.

간다강 유역의 원풍경

간다강 유역의 기층 구조를 읽어내기 위해 메이지시대 초기부터 중기에 걸쳐 참모본부 육지 측량부가 작성한 〈신속측도迅速測圖〉를 보면서 주변 지역의 원풍경을 살펴보자. 근대적 개발의 손길이 닿기 전 에도 근교 농촌 모습을 고스란히 엿볼 수 있다. 구불구불하게 흐르는 간다강을 따라 낮은 지대에는 논이 이어지고, 단구段丘 위에 밭이나 숲이 있는 경우가 많다. 논이 있는 단구 가까이에 강과 나란한 길이 있고, 그 길을 따라 물에 잘 잠기지 않는 땅에 농가가 늘어선 풍경을 흔히 볼 수 있다. 그중에서도 에이후쿠지촌은 고지대에 집들이 넓게 분포해 큰 취락이 있었던 것으로 알려져 있다.

지하철 나카노후지미초中野富士見町역 근처 후지미富士見다리 동쪽은 강변에 도로가 없고, 양쪽에 민가와 건물이 바로 붙어 있다. 이는 간다강을 단면 방향으로 잘랐을 때, 평탄한 지역에서 보이는 형태 중 하나다. 신新다리까지 걸어가면 6장에서 설명한 나카노신바시의 옛 '화류계' 일대에 들어선다. 이곳에서도 기본적으로 원풍경의 구조는 같으며, 강 북쪽의 경사면 높은 곳에 종교시설의 입지 유형대로 '혼고 히카와本鄉氷川 신사'와 '후쿠주인福壽院 사원'이 있다. 그 성지 밑자락에 있는 간다강 선착장에서 그 뒤쪽에 걸쳐 1929년

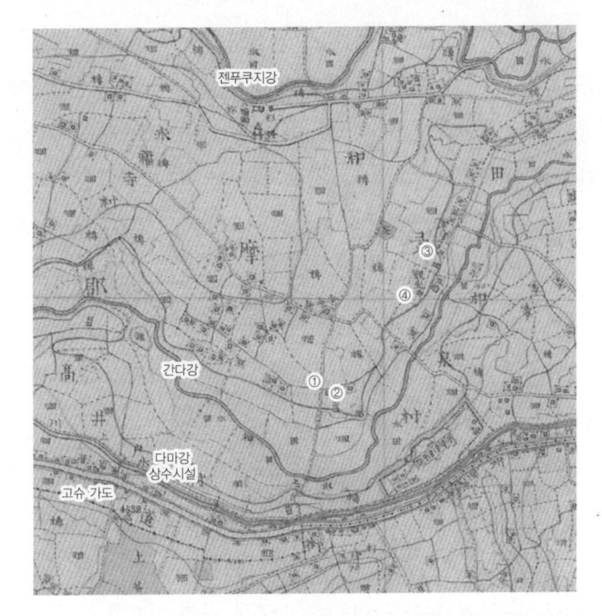

8-7 간다강 유역 에이후쿠와 이즈미 주변(참모본부 육지측량부, 〈신속 측도迅速測圖〉)
①에이후쿠 이나리 신사 ②에이후쿠지 사원 ③이즈미 구마노 신사 ④류코지 사원

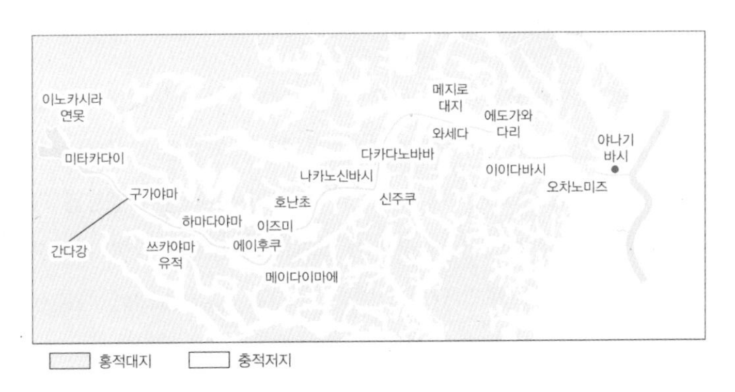

8-8 간다강 유역의 지형 * 맨 오른쪽 물줄기는 스미다강이다.

이후 화류계가 발달했다.

혼고 히카와 신사는 오타 도칸이 에도성을 건설한 1457년에 서쪽 영토를 보호하기 위해 무사시 오미야武藏大宮의 히카와 신사를 짓게 했다고 전해진다. 후쿠주인 사원 창건은 1319년으로 전해지며, 고지대에서 강을 내려다보면 경관이 뛰어나다. 붉게 칠한 보주寶珠 모양 조형물이 있는 신新다리 그리고 사쿠라櫻다리, 하나미花見다리 등의 다리 이름에는 요정, 마치아이, 게이샤 오키야가 늘어서 한때 문전성시를 이뤘던 화류계의 정취가 남아 있다. 역시 화류계는 물가에 어울리는 존재인 것이다.

이처럼 무사시노 대지를 침식하며 흐르는 간다강을 살펴보면, 그 지역의 기층을 이루는 고대 말~중세의 중요한 장소와 종교 공간 등이 잇따라 등장한다. 다카이도의 역참 마을 외에는 도시적인 요소가 전혀 없어 농촌 사회를 기반으로 자연 지형을 오롯이 품으며 만들어낸 기본 구조를 잘 알 수 있으며, 물과의 관련이 매우 강하다는 것도 확인할 수 있다. 전후시대에 건물이 빽빽하게 들어선 시가지 때문에 모습을 알아보기 힘들어졌지만 지금도 그 기층을 찾아볼 수 있다.

에도의 도시가 밑바탕을 이루는 도쿄 도심의 야마노테를 관찰할 때 주의할 점이 있다. 에도의 도시 개발이라는 거대한 힘이 작용하면서 조몬시대, 야요이시대, 고분시대부터 중세에 걸쳐 형성된 기층으로서의 전원적인 지역 구조가 크게 변형되고 덧칠이 이뤄져 그 모습이 부분적으로만 남아 있다는 점이다. 그럼에도 울퉁불퉁한 지형, 물의 흐름, 유적 분포, 에도시대 이전의 신사·사원 분포, 오래된 길의 경로 등으로 유추할 수 있는 부분도 있다고 6장에서 언급했다.

반면, 에도의 도시 개발과 무관했던 간다강 상류 지역을 살펴보면 메이지시대 초기의 정확한 측량 지도를 활용하여 무사시노의 원풍경과 지역의 원래 구조를 이해할 수 있고, 이를 바탕으로 어떤 과정을 거쳐 근대의 도시·지역으로 발전하고 변화해 왔는지를 알 수 있다. 현대 시가지에 고대·중세의 기층이 어떻게 뿌리내리고 있는지 관찰할 수 있는 것도 흥미롭다. 이를 통해 지역의 역사적·문화적 정체성을 발굴할 수 있는 것이다.

메지로다이의 경사면에 이어진 회유식 정원

간다강 유역 전체에서 이런 작업을 해야 하지만, 여기서는 평탄하고 지형 변화가 적은 신주쿠구新宿區 내 오치아이落合, 다카다노바바高田馬場, 와세다 부근 시가지 지역은 건너뛰고, 동쪽 도심으로 옮겨 지형 변화가 많은 야마노테의 일부 지역을 살펴보자. 메지로 대지를 왼편으로 끼고 가다 보면 물가의 절벽 지형인 단구애가 가파르게 변한다. 간다강의 단면 형태 가운데 가장 역동적인 모양을 보여주는, 하이라이트라 할 수 있는 지점에 다다른다. 현재의 메지로다이 1초메, 세키구치 2초메 부근이다. 서쪽부터 도요사카豊坂, 유레이자카幽靈坂, 무나쓰키자카胸突坂 순으로 표정이 풍부하고 경사가 급한 언덕이 계속된다.

울퉁불퉁한 지형을 자랑하는 도쿄의 야마노테, 무사시노에서는 도시의 지층 단면을 읽으면서 그 지역의 형성 과정을 파악하는 것이 중요하다. 강 북쪽좌안을 보면, 메지로 대지'세키구치 대지'라고도 부른다의 구릉 남쪽 경사면에는 울창한 숲에 둘러싸인 넓은 부지에 문화시설과 호텔 및 정원이 들어선 반면, 강 남쪽의 논밭이었던 저지대에는 작은 건물들이 밀집한 시가지가 펼쳐져 있다. 야마모토 쇼코쿠가 『신찬 도쿄 명소 도회新撰東京名所圖會』의 삽화로 1900년대에 그린 〈메지로다이 밑 고마쓰카다리 주변 경치目白台下駒塚橋辺の景〉는 이 일대가 변모하기 전의 원풍경을 보여준다. 강을 사이에 두고 북쪽좌안과 남쪽우안의 대비되는 풍경은 여전하다.

야마모토 쇼코쿠의 그림에서 알 수 있듯이 원래는 지금보다 강의 수위가 훨씬 높고 유량도 풍부하여 가까운 물가에 한가로운 전원 풍경이 펼쳐졌다. 지금은 수면이 상당히 낮아졌다. 스즈키 마사오는 이를 "강이 가라앉았다"고 하는데, 홍수 대책으로 저지대를 구불구불 흐르던 강줄기를 곧게 만들면서 유속이 빨라져 강바닥이 깎여 내려갔기 때문이라고 설명한다스즈키 2003.

여기서 〈오와리야판 에도키리에즈〉와 1883년의 〈참모본부 육군

8-9. 야마모토 쇼코쿠 〈메지로다이 밑 고마쓰카다리 주변 경치〉(『신찬 도쿄 명소 도회』)

부 측량국 5000분의 1 도쿄도東京圖〉를 비교하며, 고지대에서 경사면에 이르는 지역에 대한 에도시대 사람들의 상상력과 기술로 만들어낸 공간 구조를 살펴보자. 〈에도키리에즈〉에 따르면 고지대를 지나는 현재의 메지로 거리 남쪽에는 간다강옛 에도강으로 향하는 경사면도 아우르는 넓은 부지의 다이묘 저택이 늘어서 있었다. 이 일대는 남북조시대1337~1392부터 동백나무가 자생하는 경승지였기에 '쓰바키야마동백산'라고 불렸다고 한다. 이러한 환경의 장점을 살려 다이묘 저택군이 자리잡은 것이다. 한편, 거리 북쪽 평지에는 중하층 무사 거주지가 비교적 규칙적인 형태로 조성되었다.

이를 참모본부의 지도와 비교해 보면, 도로와 부지 배분에는 전혀 변화가 없는 반면, 메지로 거리 양쪽 많은 부지가 무사 계급이 사라진 뒤 차밭으로 바뀌었음을 알 수 있다. 메이지시대 전반기 국가 정책으로 무사 계급 저택 자리에 뽕나무나 차를 재배하게 된 시대 상황이 반영된 것이다. 흥미로운 것은 남쪽 다이묘 저택의 강에 가까운 경사면이다. 용수를 이용한 연못이 여럿 남아 있어 에도시대 다이묘 정원을 연상케 한다. 특히 구로다黑田 가문 부지 일부를 사들이고 그 구조를 살려 자택으로 삼은 야마가타 아리토모山縣有朋[3] 저택이 지도에 상세히 그려져 있다. 부지 가운데에 있는 연못 회유식 정원의 북쪽 높은 곳에 위치한 이 저택은 '친잔소椿山莊'라는 이름으로 불렸다. 그 후 후지타코교藤田興業 소유가 되어 1952년 '친잔소'의 이름을 이어받은 웨딩홀로 영업을 시작했다.

---

3 정치인이자 군인. 메이지유신을 주도한 인물 중 하나다. 조슈번 출신이며, 메이지유신 후에는 근대 일본 육군 창설에 크게 기여했다. 청일전쟁 때는 제1군 사령관, 러일전쟁 때는 참모총장으로 일본군을 지휘했다.

한편, 무나쓰키자카 서쪽에 접한 호소카와細川 가문의 부지 일부가 메이지시대에 호소카와 가문의 저택으로 쓰인 것을 알 수 있다. 경사면 아래 간다강옛 에도강과 가까운 위치에 큰 연못을 내려다보는 저택이 있다. 분쿄 구립 공원인 이곳은 최근 '신에도가와 공원'에서 역사성이 더 부각된 '히고 호소카와肥後細川 정원'으로 이름을 바꾸었다. 대도시에 있다는 것을 잠시나마 잊게 해 주는 오아시스다.

이 부지 동쪽 옆을 가파르게 내려가는 무나쓰키자카 아래에는 간다강과 접한 곳에 '세키구치 스이 신사関口水神社'가 있다. 대도시 에도에 물을 공급하던 간다 상수시설의 수호신을 모신 곳이다. 계단 참배길 좌우에 도리이처럼 은행나무 두 그루가 우뚝 서 있는데, 안쪽 작은 사당을 대신해 이 성지의 상징 역할을 한다.

맞은편에 있는 바쇼안芭蕉庵은 스스로 '도세이桃青'라고 칭한 마쓰오 바쇼松尾芭蕉, 1644~1694[4]가 상수시설 관리인 시절 머물던 곳이다참고사진 21. 이 바로 동쪽 하류에는 자연 하천인 간다강에서 에도 시내로 물을 보내는 '간다 상수시설'의 공급량을 늘리기 위해 1630년경 '세키구치 오아라이제키 보'가 축조되었으나 폭우로 몇 차례나 보수 공사를 했으며, 바쇼는 1677년부터 공사에 관여한 것으로 알려져 있다.

'스이 신사水神社'를 좀더 살펴보자. 아시아와 일본의 '물의 도시'를 비교 연구하는 다카무라 마사히코高村雅彦는 에도를 비롯한 성 주변 시가지에는 물가에 '수신水神'을 모셔 성지화하는 경향이 있고, 의도적으로 그 위치가 도시 개발 구역의 경계에 정해졌다는 흥미

---

4 일본 역사상 가장 유명한 하이쿠 시인으로, '하이쿠의 신'이라 불린다.

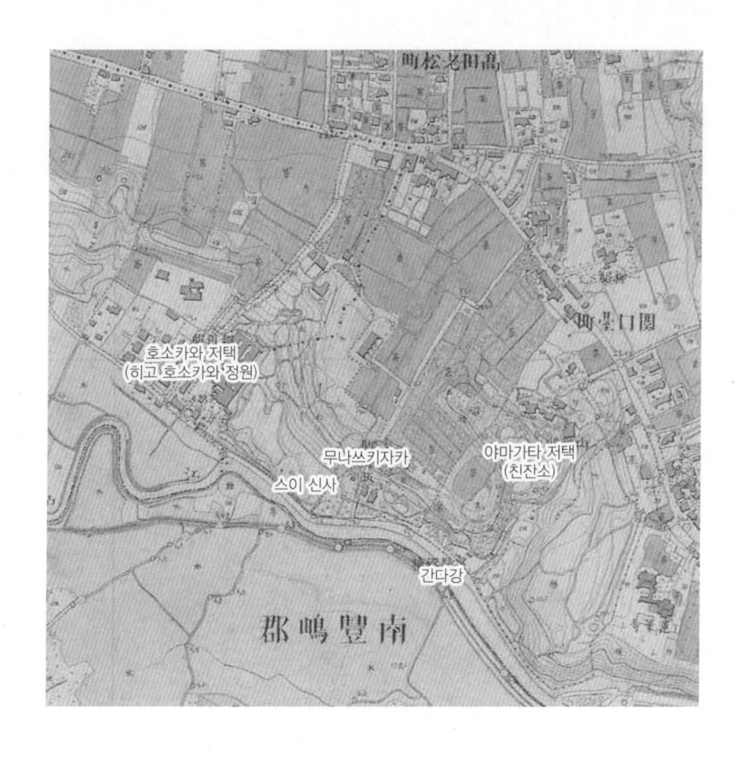

8-10 메지로 대지의 경사면 녹지와 간다강(〈참모본부 육군부 측량국 5000분의 1 도쿄도東京圖〉, 1883) * 오른쪽 아래로 나타난 간다강의 오른쪽 부분은 오늘날 에도가와 공원이다. 지하철 유라쿠초선 에도가와역 1a 출구로 나와서 에도가와다리를 건너면 공원 입구에 이른다.

8-11 히고 호소카와 정원

8-12 세키구치 스이 신사 입구

* 사진에 잘 보이지 않지만, 도리이 바로 뒤 양쪽으로 은행나무가 우뚝 서 있다.

로운 가설을 제시하고 이를 검증한다. 도쿠가와 가문이 도시를 건설하기 전부터 다른 곳에 있던 신사를 옮겨 새로운 의미를 부여하는 일도 종종 있었다. 에도의 경우, 스미다강 상류의 다소 높은 지대에 있는 '스미다강 신사', 근세 초기 에도 항구에 만든 '조반 이나리常磐稲荷 신사', 스미다강 동쪽의 몇몇 신사, 간다강 하류의 '야나기모리柳森 신사', 그리고 간다강을 거슬러 올라간 곳에 있는 간다 상수시설의 수호신을 모신 '세키구치 스이 신사' 등이 모두 '수신'을 모시는 역할을 했다고 지적한다다카무라 2016.

간다강 하류

에도 시내에 물을 공급하던 간다 상수시설은 스이 신사 조금 하류인 세키구치에 설치된 '세키구치 오아라이제키 보'에서 수위를 높여 취수하는 구조였다. 이렇게 간다강의 물은 상수上水와 방류수남은 물로 나뉜다. 상수를 취수하고 남은 물은 대부분 보洑를 넘어 강 본류로 떨어진다. 상수는 강 북쪽을 따라 약간 높은 곳에 만든 상수용 수로를 지나 '미토번水戶藩 정원' 연못으로 향한다. 원래 간다 상수시설은 에도 시내로 들어가기 전 미토번 정원 연못에 물을 공급하기 위해 계획된 듯하다. 그 외의 상수도는 선착장 지면을 흐르다 스이도바시를 지나 수도관을 통해 간다강을 건넌 다음 간다, 니혼바시, 교바시 일부까지 흘러갔다.

간다강은 이이다 해자에서 외호外濠와 합류한 후 동쪽으로 방향을 바꾸어 스미다강으로 흘렀다. 이 하류역을 옛날에는 간다강이라고 불렀다. 1620년 무렵부터 시작된 제3기 천하보청 때 스루가다이駿河台를 굴삭하여 히라강의 흐름을 바꿈으로써 생긴 인공적인 수

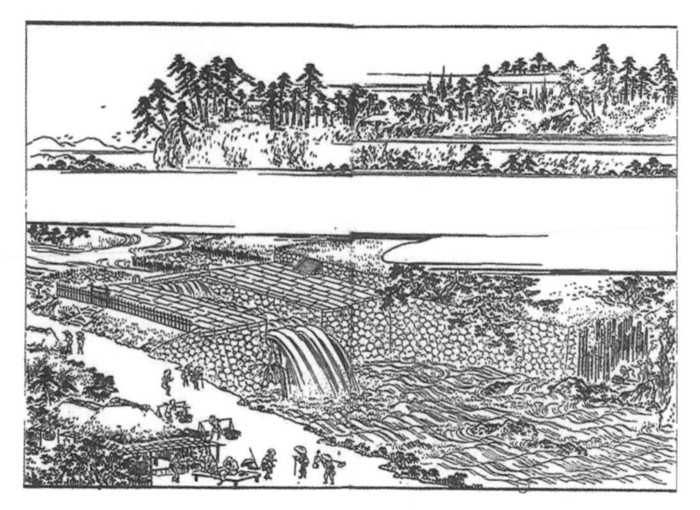

8-13 세키구치 오아라이제키 보(『에도 명소 도회』)

로로, 1660년 대규모 확장 공사 때 간다강으로 이름이 바뀌고 선박 운송에도 쓰인 것이다. 인공적으로 파낸 것이어서 오차노미즈 근처에는 도심에서 보기 힘든 아름다운 계곡이 생겼다. 그 기능도 다양해 에도 도심을 수해와 침략자로부터 보호했으며, 후에 폭을 넓혀 뱃길로도 쓰였다.

이렇게 폭이 넓은 간다강이 생겨나면서 선박 운송이 가능해졌고, 스미다강에 가까운 하류의 평지에는 선착장이 많이 만들어졌다. 쌀 도매상이 스지카이다리筋違橋부터 미쿠라다리美倉橋 하류까지 집중적으로 자리했고, 간다타초神田多町의 청과물 시장이 뱃길과 연결되어 중요한 역할을 했다사카타 1987.

선착장 중에서도 가장 내륙 깊숙한 곳에 있었던 것이 제5장에서 살펴본 '가구라 선착장'이다. 앞서 언급했듯이 메이지시대에는 미토번의 다이묘 저택 터에 포병공창이 만들어졌고, 히라강의 흐름을 바꾸어, 막힌 수로였던 부분을 굴삭하여 니혼바시강에 연결하는 등 간다강에서도 이 부근의 선박 운송은 근대에 들어 더욱 활발해졌다고 본다. 도쿄 올림픽 직전인 1960년 무렵을 경계로 선박 운송이 완전히 쇠퇴했고, 지금은 배가 오가는 모습과 함께 에도의 정취를 느낄 수 있는 곳은 스미다강으로 이어지는 하구의 '야나기바시 부근'에 한정되어 있다제1장 참조.

풍요를 가져다준 상수시설

다마강 상수시설 건설

에도 상수시설 및 무사시노 지역 개발의 역사에서 큰 역할을 한 것이 다마강 상수시설이다.

에도의 인구 증가에 따라 간다 상수시설만으로는 물이 부족해졌다. 게다가 간다 상수시설의 물은 교바시 일부까지만 보내져, 그 외 지역에 사는 사람들이 늘어나면서 여러 지역에서 물 수요도 늘었다. 이에 따라 1652년, 다마강玉川 물을 에도로 끌어들이는 계획안을 바탕으로 다마강 상수시설 건설이라는 거대한 프로젝트가 시작되었다. 이 건설에 큰 역할을 한 것이 쇼에몬庄右衛門과 세이에몬清右衛門 형제로, 나중에 그 공로를 인정받아 '다마가와玉川'라는 성을 하사받았다. 막부 측에서는 로추老中, 막부 최고 관료인 가와고에川越 번주 마쓰다이라 노부쓰나松平信綱가 총봉행總奉行을 맡고, 수도봉행水道奉行에 이나 다다하루伊奈忠治가 취임하여 상수시설 건설을 진행했다.

다마강 상수시설은 에도 시내에서 식수생활용수, 방화용, 다이묘 정원용, 에도성 해자용, 하수를 흘려보내는 물로 활용되었다. 특히 식수와 다이묘 정원용으로 역할이 컸다. 에도는 화재가 많던 만큼 방화용수로서도 중요했다.

다마강 상수시설은 하무라羽村의 보에서 취수하여 요쓰야 오키도

8-14 하무라의 취수 보(『하무라 임시일기羽邑臨視日記』, 1833)

大木戸까지 총 길이 43킬로미터 구간을 파서 만든 수로다. 이 대공사를 8개월 만에 마쳤다고 한다. 다마강 상수시설의 특징은 하무라에서 요쓰야까지 고저차가 92미터에 불과하다는 점인데, 대지의 능선을 따라 물길을 만들고 얼마 안 되는 고저차로 물이 흘러내려가게 하여 이 난제를 해결했다.

다마강 상수시설은 에도에 다다르면 수로가 나뉘어 '아오야마青山 상수시설', '미타三田 상수시설', '센가와千川 상수시설'에도 물을 댔다. 에도의 물 사정은 좋아졌고, 이에 따라 일부 다이묘 저택에 연못 있는 정원이 만들어졌다. 시부야강과 다마강 상수시설의 남은 물을 끌어들인 '신주쿠 교엔'다카토高遠번 나이토内藤 가문, 센가와 상수시설을 이용한 '리쿠기엔'六義園, 가와고에번 야나기사와柳沢 가문, 다마강 상수시설을 이용한 '후키아게교엔'吹上御苑, 도쿠가와 쇼군 가문, 그리고 간다 상수시설을 이용한 '고이시카와 고라쿠엔'小石川後楽園, 참고사진 20-1, 미토 도쿠가와 가문 등이 대표적인 예다고바야시 2009.

지요다구의 시미즈다니清水谷 공원에 커다란 석조 상수시설 유구

8-15 시미즈다니 공원의 상수시설 유구

* 왼쪽 구조물의 사각형으로 뚫린 부분으로 나무로 된 수도관이 지나갔다. 뉴오타니 호텔 뒤편 기오이초 거리를 사이에 두고 위치한 시미즈다니 공원은 '유신 3걸'의 한 사람인 오쿠보 도시미치(大久保利通)가 암살된 곳으로, 그를 추모하는 비가 이 유구 바로 왼쪽에 세워져 있다.

가 옮겨져 있다. 쇼와시대 고지마치 거리 확장 공사 때 발견된 것으로, 다마강 상수시설 간선幹線에 설치되어 있던 '돌 되'다. 이렇게 몇 겹으로 쌓은 돌 되에 나무 통을 연결하여 물 흐름을 나눔으로써 에도성 내부를 비롯해 고지마치, 아카사카, 도라노몬虎ノ門 등의 무사 가옥과 교바시강 이남의 조닌 지역에 물을 공급했다. 이리하여 교바시강 북쪽은 간다 상수시설, 남쪽은 다마강 상수시설의 물을 이용하는 배수 체계가 자리잡혔다.

세계에서도 보기 드문 토목 유산

다마강 상수시설 개통으로 에도 시내뿐만 아니라 무사시노 일대 넓은 지역도 혜택을 누렸다. 간토 롬층에 덮인 무사시노 대지는 물이 적어 농사에 부적합했기에 거주하기 힘든 곳이었다. 그래서 용수가 많은 대지 벼랑선 부근에 주거지가 모여 있었다. 이것이 조몬 시대부터 이어져온 무사시노의 특징이었다. 그런데 다마강 상수시설이 개통되면서 새 농경지가 개발되고 취락이 발달했다.

에도 상수시설 건설을 기록한 『상수기』上水記: 1791에 따르면 하무라와 요쓰야 오키도 사이에는 물길이 나뉘는 부분이 33곳이나 있어, 다마강 상수시설의 물이 널리 쓰였음을 알 수 있다도쿄도 수도 역사관 2006. 그중에서 중요한 것으로 초기에 만든 '들불 방지용수'가 알려져 있다. 다마강 상수시설을 건설하라는 명을 받은 가와고에 번주 마쓰다이라 노부쓰나가 본인 영지에 물을 끌어 쓸 수 있게 허락받아 식수 및 농업용수로 이 들불 방지용수를 개통시켰다. 이로써 물이 부족해 농사가 힘들던 지역에 새 농경지가 활발하게 개발되어 에도의 식량 공급지로 발전하게 된다. 이 용수 주변에는 나무들이 심어져 무사시노의 자연을 이어가는 큰 자산으로 자리잡았다.

골짜기를 흐르는 자연 하천과 달리 인공적으로 만든 다마강 상수시설이 해발고도가 높은 분수령을 따라 정교하게 설계된 점도 주목할 만하다. 그 결과, 도쿄의 무사시노는 자연이 만든 골짜기와 별도로 지형과 밀접하게 연계되어 분수령을 따라 물이 흐르는 '상수 인프라의 이중 구조'를 갖추게 된다. 이것이 물의 도시 에도·도쿄의 큰 특징이자 자산이 되었다.

무사시노 대지의 지형을 읽어내고 고도의 기술을 활용해 건설한 다마강 상수시설은 실로 다양한 역할을 했을 뿐만 아니라 세계적으로도 보기 드문 토목시설이다. 오랜 세월에 걸쳐 양쪽에 나무가 우거져 물과 녹음이 어우러진 멋진 환경을 이룬 덕에 다양한 생물이 모여 사는 보금자리 역할도 하고 있다. 무사시노 특유의 잡목 숲

8-16 들불 방지용수

8-17 **다마강 상수시설**(다카노다이 부근)
가장 깊고 웅장한 경치를 즐길 수 있는 부분이다.

과 하나가 된 다마강 상수시설 부근의 쾌적한 산책로는 지역 주민에게 최고의 선물이며, 고가네이小金井의 상수시설 주변은 에도시대부터 이어져 온 꽃놀이 명소로 알려져 있다.

다마강 상수시설 및 그 분수령의 조사 및 재평가와 보존·재생을 위한 운동이 일찍부터 있어 왔다. 토목 유산이자 물과 녹음이 어우러진 뛰어난 환경 자산이기도 한 다마강 상수시설을 세계유산으로 등재하자는 전문가와 시민의 활동이 최근 활발해지고 있다.

다마강 상수시설과 물 순환 도시

최근 다마강 상수시설이 또 다른 측면에서 크게 주목받게 되었다. '외호' 물의 정화라는 큰 과제와 관련해서다.

도심의 외호가 지닌 가치의 재발견과 물의 재생을 위한 다채로운 활동은 제5장에서 다루었다. 원래 이 해자에는 곳곳에 용수湧水가 있어 빗물과 함께 중요한 물 공급원이었으나 전후시대에 대부분 고갈되었다. 에도시대에는 다마강 상수시설에서 도심으로 보낸 물의 일부가 외호로 흘러와 물이 순환하는 구조가 있었다. 이것이 근대에 끊긴 것도 외호 수량이 부족해져 수질이 나빠진 원인으로 보인다.

에도·도쿄는 이같이 자연의 혜택을 최대한 살리면서 인간의 지혜와 기술로 만들어낸 '물 순환 도시'였다. 이런 생각이 연구자들 사이에 대두되어 제5장에서 언급한 바와 같이 호세이대학을 포함한 다섯 대학이 '물 순환 도시 도쿄'라는 이름의 연속 심포지엄을 열었다2014~2015.

그중에서도 주인공 자리를 차지한 것이 에도의 뛰어난 토목 기술이 낳은 '다마강 상수시설'이다. 게다가 이 심포지엄에서는 이를 포괄적으로 '다마강 수계水系'로 다루어 '다마강 상수시설, 분수망分水網, 외호, 니혼바시강'이라는 물 순환 구조를 재평가하고, 본래의 기능을 되찾는 것을 목표로 했다. 예전에는 다마강 상수시설의 물이 외호로 유입되면서 수량이 확보되어 수질을 유지해 왔다. 이를 부활시켜 외호를 살리겠다는 구상이다. 외호의 물이 깨끗해지면 하류의 '니혼바시강'도 살아난다. 최근 이 웅장한 프로젝트가 진행되기 시작했다.

그동안 다각도의 조사 연구가 있었고 '다마강 상수시설, 분수망, 외호, 니혼바시강'의 각 지역에서 활동하는 사람들이 한자리에 모이는 흥미로운 심포지엄도 여러 차례 열렸다.

이를 바탕으로 2019년 9월, 외호에 접한 호세이대학, 주오대학,

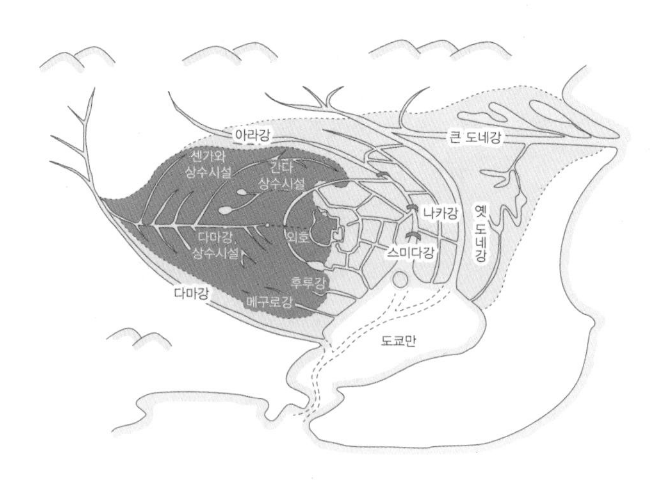

8-18 에도 수계도 가미야 히로시(神谷博)의 그림을 바탕으로 작성했다.

도쿄이과대학 총장·학장이 서명한 「외호·니혼바시강 수질 정화와 다마강 상수시설, 분수망 보전·재생에 대하여」라는 정책 제안서를 호세이대학 다나카 유코 총장이 고이케 유리코小池百合子 도쿄도지사에게 전달해 화제가 됐다. 이런 노력 덕분에 2019년 12월, 도쿄도는 2040년까지 도정都政 기본 방침으로 세워가는 장기 계획에 '다마강 상수시설'을 활용한 외호 정화 사업을 포함시킬 것이라고 발표했다「물의 도시에 다마강 상수시설 부활」: 《요미우리신문》 2019.12.26.. 이것이 실현되면 물의 도시 도쿄 부활에 큰 진전이 있을 것이다.

무사시노의 다종다양한 하천

물의 관점에서 무사시노를 파악하기 위해 먼저 이노카시라 연못과 간다강 상수시설을 살펴보았고, 막부의 대규모 토목 공사로 만든 원래 외호와도 연결되어 있었던 다마강 상수시설을 살펴보았다. 다마강 상수시설은 완전히 인공적인 수로로, 약간의 경사를 따라 멀리까지 물을 보냈을 뿐 아니라, 흐름이 나뉠 수 있도록 대지의 분수령을 따라 정교하게 경로를 정했다.

이에 반해 자연 지형과 밀접하게 연결되어 저지대를 흐르는 하천군은 오래전부터 도쿄의 골격을 만들어 왔다. 도쿄의 하천은 크게 도네강, 아라강, 스미다강, 다마강 같은 큰 하천과, 무사시노 대지 군데군데 있는 용수가 만든 연못이 수원이 되어 에도·도쿄의 도심을 적시며 도쿄만으로 흘러드는 간다강을 비롯한 중급 규모의 하천, 그리고 그물망처럼 흘러 이들 하천으로 흘러드는 작은 하천으로 나뉜다.

도쿄의 작은 하천은 대부분 고도경제성장기에 위를 덮어 하수도로 전환했기에 사라진 곳이 많다. "봄의 시냇물은 졸졸졸 흐른다"라는 가사로 유명한 노래 〈봄의 시냇물春の小川〉의 모델로 알려진 '고호네강河骨川'도 암거가 되어 시부야강의 지류인 우다강宇田川으로 흘러든다. 또한 메이지 신궁의 기요마사清正 우물을 원천으로 하는 연못에서 흘러나온 시냇물이 하라주쿠의 다케시타 거리 뒤편을 돌아 시부야강에 합류하는데, 이 또한 암거가 되어 분위기 있는 '브람스 오솔길'로 인기를 끌고 있다. 시부야강 자체도 하라주쿠에서는 암거가 되었는데, 오히려 그 묘한 매력이 '캣 스트리트이색적인 상점과 카페 등이 들어선 곳'로서 활기를 불어넣고 있다. 이러한 강줄기의 기억이 도심에 많이 새겨져 있는 것도 도쿄의 개성 중 하나라 할 수 있다다하라 2011.

지금도 도쿄에는 무사시노에서 도심에 걸쳐 중급 규모의 하천이 많이 흐르며, 각지에서 조금씩 되살아나고 있다. 자연을 되찾으려는 시민들의 뜻과 행정기관의 치수 공사가 이를 뒷받침해 왔다.

도시 근교의 농지와 공터가 한꺼번에 내린 빗물을 일시적으로 저장하는 유수지遊水池 역할을 했지만, 전후시대에 도시화되어 땅으로 스며드는 수량이 줄면서 많은 비가 단시간에 하천으로 흘러들어 수해를 더 자주 일으키는 원인이 되었다. 이에 대처하기 위해 행정기관에서 주도하는 대규모 수해 대책으로 강폭을 넓히고 강바닥을 굴삭하는 등의 하도河道 정비가 있다. 하도 정비가 어려운 곳에서는 빗물을 저장하는 조정지調整池나 다른 쪽으로 흘려보내는 수로를 정비하는 등, 토목 기술을 동원하여 수해를 막기 위한 노력을 기울여 왔다. 생태계 훼손, 용수 고갈 등 우려되는 점도 있지만 수해를 줄이는 효과가 있는 것은 사실이다.

예를 들어 간다강변 메지로 대지의 벼랑 아래에서 에도가와다리까지 이어지는 녹지로 둘러싸인 물가와 공원은 매우 쾌적해 산책로로 인기가 높다. 그 뒤편 도로 아래에는 여러 개의 분수로가 정비되어 있다. 한편, 메구로강변에는 치수 사업으로 두 개의 큰 조정지를 건설하면서 강 주변 환경을 정비하여 이미지 개선에 성공했다. 작은 공장 등이 있던 나카메구로 선착장은 오래된 건물을 활용한 멋진 레스토랑과 상점 등이 늘어나고 세련된 현대식 건축의 상업시설도 여럿 생겨나면서 꽃놀이 시즌뿐 아니라 늘 많은 이가 찾는 명소로 자리잡았다.

하지만 최근에는 기후 변화 때문에 예측을 뛰어넘는 집중호우가 늘면서 각지에서 수해 피해가 늘고 있다. 물가를 매력적인 공간으로 탈바꿈시키는 것은 물론, 안정성을 확보하는 환경 정비에 더욱 심혈을 기울여야 한다.

용수가 있는 성지, 야보텐만구 신사(스즈키 도모유키 촬영)

다마

히노, 고쿠분지, 구니타치

9

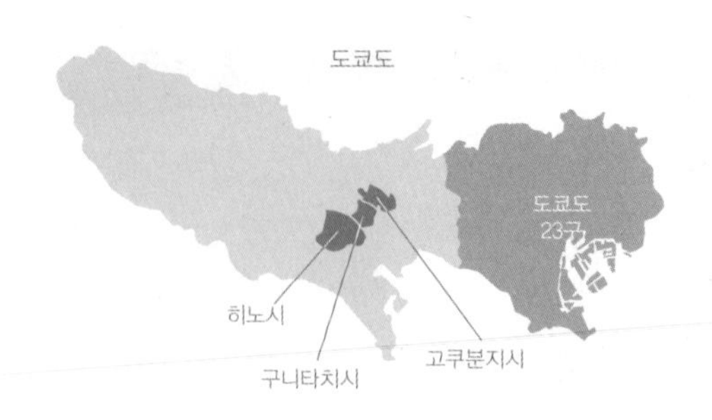
도쿄도
도쿄도
23구
히노시
구니타치시
고쿠분지시

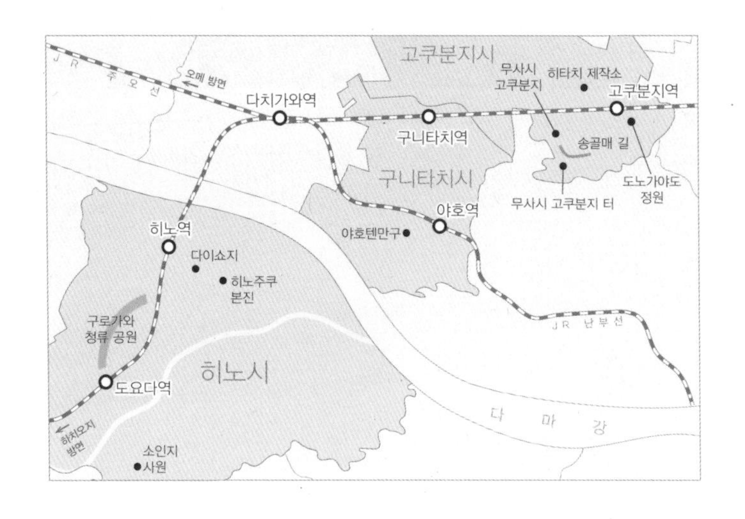
고쿠분지시
J R 주 오 선
오메 방면
다치가와역
무사시
고쿠분지
히타치 제작소
고쿠분지역
구니타치역
송골매 길
구니타치시
도노가야도
정원
무사시 고쿠분지 터
야호역
야호텐만구
히노역
다이쇼지
히노주쿠
본진
구로가와
청류 공원
히노시
J R 난 부 선
도요다역
다 마 강
하치오지
방면
소인지
사원

농경지 풍경이 지닌 가치

'물 고을' 히노를 만나다

최근 20~30년 사이 일본인의 사회·경제·생활방식 등이 크게 바뀌었다. 성숙 사회를 맞이해 여유와 개성을 추구하는 사람들이 주변 풍경·환경·생활문화에 더 큰 관심을 갖게 된 것이다.

내가 근무했던 호세이대학 에코지역디자인연구소이하 '호세이 에코연구소'에서는 도쿄의 물가 공간을 재발견하여 현대적으로 활용하는 방안을 연구하다 운 좋게도 '물 고을' 히노日野를 알게 되었다. 처음 이곳을 방문한 때는 2006년이다. 환경 분야의 선구적인 지역으로 알려진 히노는 강에 둘러싸여 있고, 벼랑선에 용수湧水가 많으며, 수로가 사방으로 흐르는 풍요로운 전원 풍경이 남아 있다. 도심에서 불과 35킬로미터쯤 떨어진 곳인데도 오랜 역사를 배경으로 한, 지역사회에 깊게 뿌리내린 '농경지 풍경'을 다양한 형태로 간직해 왔다. 옛날에는 어디서나 볼 수 있던 풍경이 이제는 이곳 주민뿐만 아니라 외부인에게도 소중한 환경과 문화 자산으로 자리잡았다.

전후시대에 개발을 우선시한 근대화 추진 과정에서 도시 근교 농업은 타격을 입었고, 농지가 급격히 줄어들었다. 그러나 이제 시대는 전환점을 맞이하고 있다. 인구가 급속도로 줄고 고령화도 심해지고 있다. 도시가 축소되리라는 주장도 들린다. 자연환경을 중시하고 지역 생산품 소비하기를 실천하는 움직임도 각지에 확산하고 있고, 느긋하고 건강한 생활 습관을 중시하는 이탈리아에서 탄생한 슬로푸드, 슬로시티 개념이 전 세계 사람의 마음을 사로잡고 있다.

호세이 에코연구소는 히노 땅의 잠재력과 소중한 자산을 다각도에서 재조명하여 지역의 매력을 돋보이게 하고, 지역 시민, 전문가, 지자체 관계자들과 '농경지 풍경'을 활용한 '물 고을' 조성에 이정표가 될 연구를 오랫동안 해 왔다. 지형의 골격, 풍경의 구조, 사람들의 생업, 생활과 시민 활동까지, 역사적 축과 공간적 축을 연결하여 지역 성립 과정을 그려냈다. 그 자취는 히노시와 호세이대학 연계 사업2009~2011의 성과로 간행되었다호세이대학 에코지역디자인연구소 2010.

내게 히노와 만날 기회를 준 것은 이 연구소 회원 나가노 히로코長野浩子 씨다. 그는 히노와 깊은 관련을 맺으며 지역 주민과 함께하는 다양한 활동을 자신의 연구와도 접목하고 있었다. 건축을 전공하고 설계사무소에서 일한 뒤, 환경 분야에서 새로운 길을 찾고자 '사회인 학생'으로서 열정적으로 공부하며 왕성하게 활동했다. 그가 지역 주민들과 쌓아온 신뢰 관계와 네트워크를 바탕으로 호세이 에코연구소는 히노 연구 프로젝트를 본격적으로 진행할 수 있었다나가노 2017.

히노 연구를 뒷받침한 배경

내가 히노에 한눈에 반해 연구 주제로서 큰 가치가 있다고 확신할 수 있었던 데는 몇 가지 배경이 있다.

먼저 7장에서 언급한 나의 원풍경과 관계가 있다. 에도시대에는 에도 근교 농촌이었고, 근대에 들어 도쿄 교외 주택지가 된 스기나미의 나리무네에서는 1964년 도쿄 올림픽 무렵부터 전원 풍경이 급속하게 사라져 갔다. 드넓은 논밭은 도쿄에서 가장 먼저 조성된 교외형 단지 중 하나인 아사가야 주택으로 바뀌었고, 주변의 수풀, 들판, 연못, 묘지 등은 자취를 감추어 갔다. 원풍경은 일부러 찾지 않으면 눈에 띄지 않게 되었다.

한편, 다마 지역의 히노에도 대규모 뉴타운과 단지가 건설되어 전원 풍경이 많이 사라졌다. 하지만 도심에서 멀리 떨어진 만큼 논을 포함한 농경지가 비교적 잘 보존되어 있다. 이렇게 나 자신의 원풍경과 많이 겹친다는 인상을 받았는데, 이게 계기가 되어 '농경지 풍경'의 가치를 제대로 연구하기로 했다 농업을 지속하기 어렵다는 것을 배우고 함께 고민하게 되었지만.

아울러 '물 고을'이라 불리는 히노에는 근세 초기부터 관개용 수로가 그물망처럼 뻗어 있었고, 그 대부분이 지금도 시골 정취와 풍경을 뒷받침한다. 논이 주택지로 바뀐 곳에서도 물의 흐름이 땅의 가치를 높이고 있다. 도쿄의 시타마치가 수로가 잘 정비된 '물의 도시'였던 것처럼, 다마의 이 지역은 용수로가 그물망처럼 뻗어 있는 '물의 지역'으로서의 모습을 간직하고 있다. 물가 공간을 재평가하고 되살리기 위한 이론적 토대를 만들어내려는 호세이 에코연구소의 주제에 걸맞다고 생각했다.

'슬로푸드 운동'과의 공통점

히노의 '농경지 풍경'이 지닌 가치를 발견하는 데 힘이 되어준 것도 이탈리아에서의 경험이다. 이탈리아에서 1980년대 말 '슬로푸드 운동'이 생겨난 것은 우연이 아니라 필연이다. 이탈리아는 도시의 역사가 긴 나라다. 그런 특징을 살려 1970년대에 역사적 도시의 보존·재생을 의욕적으로 추진했고, 1980년대 이탈리아 중소 도시는 잠재된 매력을 살려 적극적으로 홍보하기 시작했다. 또한, 개성 넘치며 창의성이 요구되는 패션·디자인 분야에서 이탈리아인이 저력을 발휘할 수 있도록 중소 규모의 도시가 최적의 무대로서 기능했다. 그리고 보존·재생으로 가치를 높인 건축물과 도시 공간이 획일화된 근대 도시보다 훨씬 매력적이라는 것이 밝혀졌다.

대도시가 아닌 중소 도시가 주축이 되면서 주변 농촌과의 관계도 자연스럽게 의식하게 되었다. 이탈리아에서는 중세·르네상스시대부터 도시와 농촌이 서로를 지탱하는 유기적인 관계가 강했다. 시골의 풍요로움이 미적 감각을 포함해 이탈리아가 지닌 저력의 비결이기도 했다. 하지만 그 후 일본과 마찬가지로 산업화·도시화의 흐름 속에서 농업이 경시되어 경작지가 버려지고 농촌이 피폐해졌다.

하지만 시대가 바뀌었다. 그러한 문명 전환의 흐름을 재빨리 감지하고 각지의 중소 도시가 활기를 되찾은 1980년대, 농촌에 대한 재검토도 함께 시작되었다. 전원 풍경을 보호하는 '경관법景觀法'과 농촌 부활을 촉진하는 '아그리투리스모법'이 우연히도 같은 시기인 1985년에 제정되어 농촌과 전원에 대한 관심이 급격히 높아졌다. 역사적 도시를 연구하고 그 특징과 매력을 밝혀 부활시키는 방법을 찾아온 건축·도시계획 전문가들은 도시 주변에 펼쳐진 '테리토리오'지역, 영역에 큰 관심을 기울였다. 원래부터 있었던 이 '테리토리오'라는 단어에 새로운 의미를 부여하고 적극적으로 사용하며 그 가치를 발굴하는 연구와 실천에 심혈을 기울이게 되었다.

이처럼 전환점은 1980년대였다. 최근 일본에서도 자주 듣게 된

'문화적 경관paesaggio culturale'이란 말이 이 무렵부터 이탈리아에서 널리 쓰이기 시작했는데, 역사를 간직한 도시뿐만 아니라 사람 손길이 닿아 형성된 전원과 농촌의 경관도 가치를 인정받게 되었다. 로마대학 도시계획 전문가인 파올라 파리니 교수는 이 분야의 권위자로, 아시시와 발도르차 계곡의 '테리토리오'의 가치를 현지 주민들과 연구하여 도시뿐만 아니라 그 주변에 펼쳐진 전원 풍경과 농업 경관을 세계유산에 등재했다파리니·우에다 1998. 평범해 보이던 전원 풍경이 세계유산이 된 것이다. 이는 시대의 변화를 잘 보여준다.

그의 권유 덕에 나도 연구실 사람들과 발도르차 지역을 조사해왔고, 이러한 이탈리아의 움직임에 호응하는 뜻에서 도쿄의 교외를 연구했다. 그런 나에게 진정한 전원 풍경을 그대로 간직하고 있는 히노와의 만남은 결정적이었다. 히노에서는 논을 비롯한 농경지가 점점 사라져 주택지와 뒤섞인 풍경으로 변해가지만, 함께 현장을 시찰한 파리니 교수는 큰 호기심을 보이며 이것이 진정한 의미의 '전원 도시'라고 높이 평가했다.

'역사'와 '생태'를 잇다

일본에서도 일찍이 농업 경관의 중요성을 호소하는 움직임이 있었다. 신지 이소야進士五十八, 1944~[1]는 1994년 '루랄 랜드스케이프'rural landscape, 농촌 풍경라는 말을 내세우며 '농업에서 배우는 도시 환경 조성'을 제창했다신지 외 1994. 이 매력적인 접근법에 나도 크게 공감했다.

에히메현 우치코초內子町는 풍경 보존에 앞장서는 선구적인 마을

1 조원(造園)학자, 농학자, 공원 디자이너. 환경계획학·경관(景觀)정책학 등이 전문 분야이며, 많은 관련 저서를 냈다.

의 하나로 알려져 있는데, 그다음 단계로 신지의 지도 아래 '무라나미村並み, 농촌 풍경'라는 단어를 고안하고 전원의 가치를 일찍이 발견하여 농촌 경관을 지키며 가꾸는 활동을 해 왔다. 그 무대가 된 '이시다타미石畳'라는 마을을 20년 만에 다시 찾았는데, 큰 성과를 거둔 모습에 감명을 받았다. 일찍이 실현된 농가 민박과 더불어 곳곳의 작은 계곡에는 계단식 논이 보존되어 있었고, 여러 개의 지붕이 있는 목조 다리가 풍경과 조화를 이뤘으며, 마을 안쪽에는 계곡에서 내려온 물을 이용한 세 개의 물레방아를 복원해 놓았다. 이 농촌 풍경, 루랄 랜드스케이프는 이탈리아와 프랑스에서 시작된 '문화적 경관景觀'과 같은 발상에 바탕을 둔 것이다.

히노는 물과 환경문제에 앞서 대처한 지역답게 일찍부터 하천, 용수로, 용수, 지하수 등에 관심이 높아 '청류 조례'1976, '하천정비 구상'1987, '물가 환경정비 기본계획'1991 등을 꾸준히 세워 왔다. 하지만 이렇게 가치 있는 전원 풍경을 물려받았음에도, 의외로 전체를 조망하는 관점이 부족했다. 그래서 우리는 '도시 읽는 방법'을 확장 적용하고 루랄 랜드스케이프 개념도 도입하여, 히노라는 테리토리오지역의 풍경 읽기를 시작했다. 자연 조건/지형으로서의 '대지', '구릉지', '용수湧水', '강'과 더불어 인위적으로 만든 '용수用水', '옛길', '가도', '사원·신사', '마을', '유적', '농경지' 등이 잇따라 키워드로 등장했다.

히노에서 수로와 용수에 관심 있는 사람들은 신사, 마을, 유적에는 대체로 관심이 없었다. 주택 단지 개발 등이 이어지면서 발굴 조사 성과가 많이 축적되어도 관련 활동은 교육위원회에만 머물러, 지역 형성과정 이해에 충분히 활용되지 못했다. 전통 민가나 역사적인 건축물에 대한 관심과 수로·용수에 대한 관심이 접맥되지 않은 것이다. 시민, 행정기관, 연구자 모두 물과 녹지에 대한 관심은 '생태'계와 '역사'계로 나뉘어 협력할 기회가 거의 없었다.

이는 일본 어디서도 마찬가지였다. 2003년 설립 이래 호세이 에코연구소는 이를 반성하며 '역사'와 '생태'를 연결지어 연구하고 활동해 왔다. 그래서 히노를 조사·연구할 때 그 경험을 잘 활용할 수 있었다. 현지의 다양한 분야 전문가와 지식인이 모여 다채로운 주제로 스터디 모임을 하면서 히노의 전체상이 부각되기 시작했다. 농업용수와 용수에 관해서는 일본 전국을 조사해 왔으며 히노를 잘 아는 와타베 가즈지渡部一二, 고고학 발굴 성과는 향토 자료관의 나카야마 히로키中山弘樹, 생태계 및 시민 활동은 히노시 거주자이자 도쿄농공대학 교수였던 오구라 노리오小倉紀雄에게 많은 가르침을 받았다. 히노의 물 순환 개선을 위해 싸운 '아사강 스터디 모임浅川勉強会'의 야마모토 유미코山本由美子를 비롯한 열정적인 시민들에게도 많은 것을 배웠다.

도쿄의 축소판, 히노 읽기

지형, 용수, 유적으로 읽는 지역 구조

히노는 지형 변화가 많은 도쿄의 축소판이라고도 할 수 있는 매우 흥미로운 곳이다. 두텁게 퇴적된 '히노 대지台地'가 히노 서부의 롬층에 끼어 있고, 동서로 '다마강'과 '아사강浅川'이 흘러 히노 동부에서 합류한다. 두 강이 운반한 토사가 쌓여 생긴 '충적지'가 동쪽에 펼쳐지고, 대지 가장자리에는 하안단구河岸段丘의 벼랑선이 있다. 아사강 남쪽의 복잡하게 얽힌 계곡이 있는 '다마 구릉'도 과거에는 대지처럼 평평했지만, 수십만 년이라는 긴 시간 동안 유수가 침식하여 능선과 계곡으로 이루어진 지형이 되었다.

야마노테는 물론 무사시노를 다룰 때도 '물'이 중요함을 거듭 언급했다. 히노는 지금도 곳곳에서 용수를 볼 수 있고, 그 용수가 풍요로운 환경을 만들어내고 있어 놀랍다. 히노 전체 지형과 수계水系를 겹쳐서 도면을 만들어 보면, 대지의 벼랑선과 구릉 기슭에 지금도 용수가 많이 분포하는 것을 확인할 수 있다. 대지는 '벼랑선 유형', 구릉지는 '곡두 유형'의 용수로 나눌 수 있다. 1955년경까지는 평지에도 용수가 많았다고 한다. 아사강 근처의 한 중학교는 지금도 뿜어 나오는 지하수로 교정에 비오토프[2]를 조성했다.

이 지형과 용수 분포도에 조몬시대, 야요이시대, 고분시대 유적

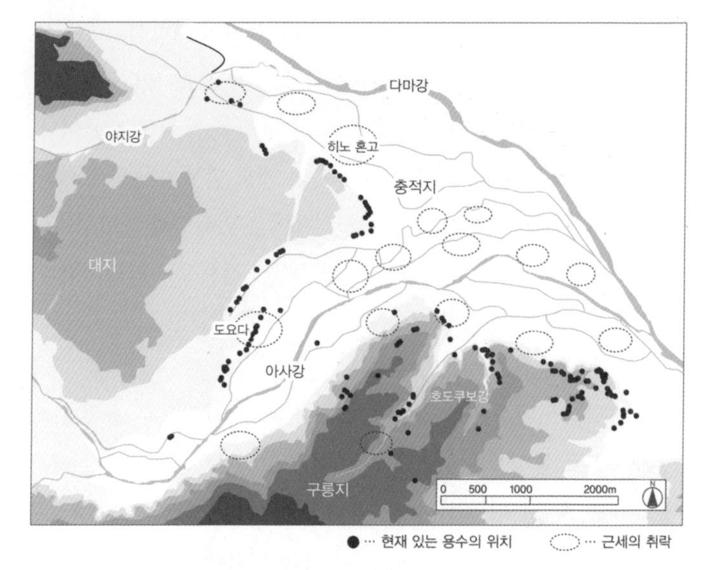

9-1 히노의 지형과 수계(호세이대학 2010을 바탕으로 작성)

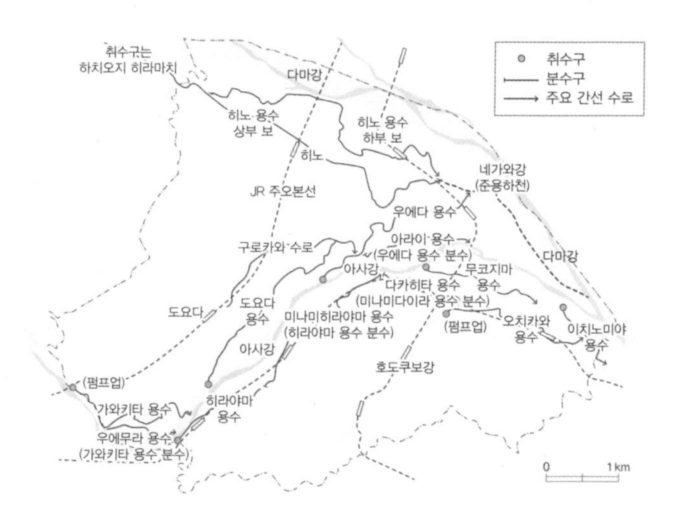

9-2 히노의 수로(호세이대학 2010을 바탕으로 작성)

분포를 겹쳐보면 흥미로운 결과가 나온다. 대지의 벼랑선이나 구릉 기슭의 용수 주변에 예부터 사람들이 살았음을 알 수 있다.

히노의 용수로用水路는 대부분 에도시대 토목 공사의 산물이다. 그러나 이 땅에 처음 생긴 '히노 용수'는 에도 막부 이전인 1567년에 만들어졌다. 이를 시작으로 에도시대에는 아사강과 다마강에서 취수하여 많은 용수로가 만들어졌다. 충적지 전체에 그물망처럼 뻗은 용수로군은 미개척지에 풍부한 경작지를 만들었고, 조금 높은 곳에 농촌 마을이 여럿 형성되었다.

하지만 히노에서는 그 이전인 중세부터 풍부한 용수湧水를 활용해 소규모로 농사를 지었으며, 마을이 있었던 듯하다. 아사강 남쪽에 펼쳐진 구릉지의 예를 보자. 게이오선京王線에 '히라야마 성터平山城址 공원'이라는 역이 있다. 이 지역 이름은 히라야마平山로, 중세부터 중요한 장소였다. 가마쿠라 막부 성립에 기여한 히라야마 스에시게平山季重를 비롯한 히라야마 가문의 본거지로, 다마 구릉 숲속에 있는 '히라야마 성터'와 스에시게를 모신 신사도 연고지로 알려져 있다. 구릉에서 약간 아사강 쪽으로 있는 '소인지宗印寺 사원'은 간에이寛永 시기1624~1644에 세워진 절로, 그 전신은 '안교지 무료인安行寺無量院'이며, 히라야마 가문의 위패를 모신 절로 전해진다.

다마 구릉에 위치한 히라야마에서는 메이지시대 초기 지적도地籍圖를 보아도 등고선에 대해 수직으로 흐르는 냇물을 여럿 확인할 수 있다. 강에서 취수하는 용수로가 생기기 전부터 소인지 사원 주변의 풍부한 용수에서 흘러나오는 냇물을 농가의 생활용수나 계단

---

2 인공적으로 만든 생태 공간으로, 다양한 생물종이 함께 서식한다. 그리스어로 생명을 뜻하는 '비오스(bios)'와 땅을 뜻하는 '토포스(topos)'가 결합하여 만들어진 말.

9-3 **히라야마 지구와 히라야마 용수**(호세이대학 2010을 바탕으로 작성)

식 논밭에 이용했다. 에도시대에 들어 아사강에서 취수하는 '히라야마 용수'를 만들었고, 이는 충적지의 논에 물을 공급하는 데 쓰였다. 히라야마에서는 이처럼 에도시대 이후 이 두 수로가 지역민의 삶을 뒷받침해 왔다이시와타 2010.

구릉 기슭에는 지금도 냇물이 흐르며, 주변에는 옛길을 따라 지장보살과 오래된 마을이 있다. 히라야마 용수를 따라 걷다 보면 농경지가 많이 남아 있고, 식당과 빵집들에서는 이 고장에서 수확한 채소를 비롯한 현지 재료로 만든 식사를 즐길 수 있다.

대지의 용수가 모여 생겨난 용수로

아사강 건너편 히노 대지로 눈을 돌려보자. 남쪽으로 트인 단구면段丘面에 지형에 따라 마을이 분포한다. 주오선 도요다역에서 산책을 시작하자. 이 부근은 지형이 계단 모양인 하안단구로, 평탄한 세 면으로 이루어졌다. 대지 면을 '상단면', 그 아래에 펼쳐진 단구면을 위에서부터 '중단면', '하단면'이라 하면 도요다역은 중단면에 자리한다. 북동쪽으로 조금 걸어가면 상단면과 중단면의 경계에 이르고, 보는 이를 압도하는 아름다운 녹음의 벼랑선이 나타난다. 동서로 600미터나 이어지는 이 녹지는 '구로카와 청류 공원黑川清流公園'이라 부른다참고사진 23. 이 벼랑선의 용수군은 히노의 용수 중에서도 가장 수량이 많고 '구로카와 수로'가 되어 흘러간다. 이 수로는 시내에서 유일하게 용수湧水가 수원인 용수로다. 강에서 취수하는 다른 용수로는 모두 '용수用水'라고 하는 반면, 이곳만 '수로'라고 불리며 헤이안시대부터 있었던 오래된 용수로로 알려져 있다. 벼랑선 주변의 물을 구할 수 있는 이 인근에는 고대부터 사람들이 살기 시작했고, 발굴 조사에서 횡혈묘와 유물이 많이 발견되었다.

1960년대 후반부터 시작된 시민 활동으로 '히노의 자연을 지키는 모임'이 결성되었고, 도쿄도와 히노에 벼랑선의 녹지 보존을 요청하여 1975년에 약 6헥타르가 보존 녹지로 지정되었다. 시민의 힘으로 수질 오염을 개선하고 지금의 '구로카와 청류 공원'을 만든 것이다. 이 용수군은 도쿄의 '명용수名湧水 57선'에 꼽혔으며, 고추냉이 재배에도 활용된다.

풍부한 용수를 모은 구로카와 수로의 물은 '가와베호리노우치川辺堀之内'라는 오래된 마을을 거쳐 '도요다 용수用水'로 유입된다.

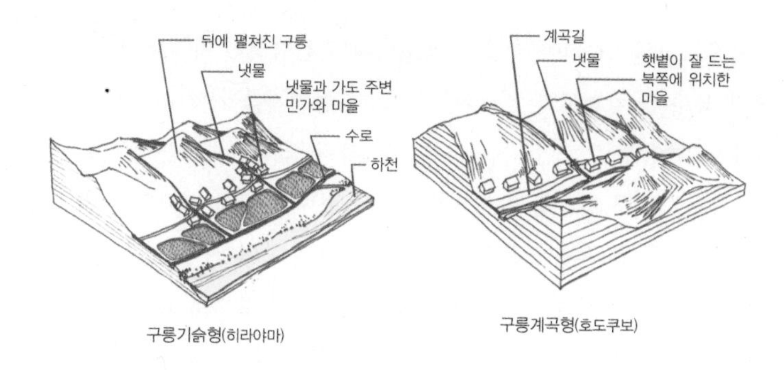

구릉기슭형(히라야마)

구릉계곡형(호도쿠보)

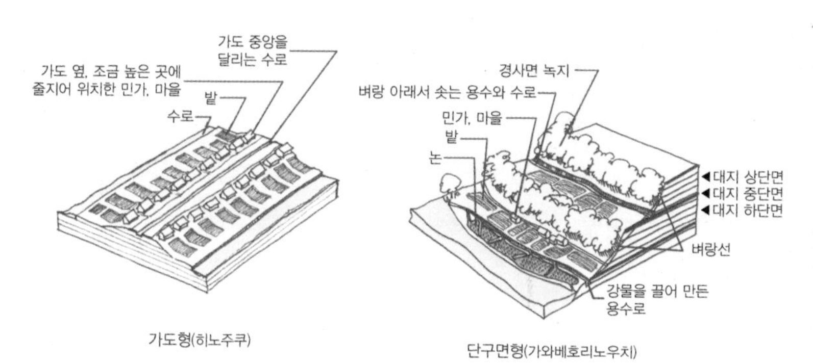

가도형(히노주쿠)

단구면형(가와베호리노우치)

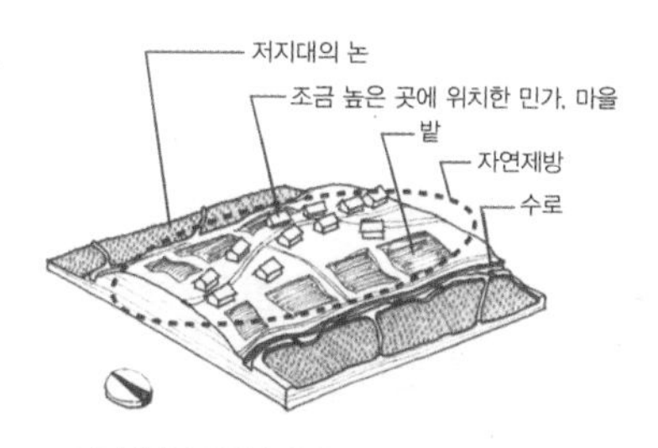

저지대에서 약간 높은 곳(만간지 사원, 오치강)

9-4 히노의 지형과 마을 위치의 유형(우지이에 겐타로氏家健太郎 작성)

강에서 취수하는 근세의 용수로

다음으로 토목 기술이 발달한 에도시대의 전형적인 용수로인 '도요다 용수'를 살펴보자. 강에서 취수되어 농경지를 거쳐 관개용수, 식수, 생활용수로 쓰인 다음 하류에서 다시 강과 합류하는 전형적인 용수로의 구조를 볼 수 있다. 도요다 용수는 아사강 좌안 히라야마平山다리 부근에서 취수하며, 지금도 용수조합이 수문을 여닫는다. 물은 단구 아래 저지대 지형을 따라 동쪽으로 흐르고, 볼거리 중 하나인 가와베호리노우치를 지나 '우에다 용수上田用水'와 합류해 하류에서 아사강으로 흘러든다.

도중에 구로카와 수로와 벼랑선의 용수가 흘러 들어온다. 또한, 주변에는 풍부한 전원 풍경의 흔적이 곳곳에 남아 있다. 벼랑선 아래 '자분 우물自噴井'[3] 물로 만든 연못이 있는 2차대전 당시의 별장 건축, 호농豪農의 저택, 선착장의 조약돌을 쌓아 만든 돌담과 울타리 등이 눈에 띈다.

주목해야 할 것은 도요다 용수에서 약간 대지 쪽으로 있는 히노시립 중앙 도서관 아래 용수군이다. 이곳도 도쿄의 명용수 57선에 선정되었다. 이 용수가 있는 벼랑 바로 위에 '하치만八幡 신사'가 있다. 용수가 성역을 낳은 사례 중 하나다. 수량이 풍부한 이 용수는 예부터 사람들에게 축복의 물이었다. 녹음에 둘러싸인 신사를 세운 것은 맑은 물을 지키겠다는 의지의 증표이기도 하다. 녹음이 한껏 우거진 이 고지대에 1970년대 전반, 품격 있는 도서관이 만들어졌

---

3 양수(揚水)를 하지 않아도 지하수가 자연스럽게 지상으로 솟아나는 우물. 선상지(扇状地)의 부채꼴 가장자리 부분, 화산 산록, 퇴적 분지 중심부 등에서 깊이가 다른 우물을 파면 우물의 수위는 깊은 우물일수록 높아지는데, 일정 깊이를 넘는 우물에서는 지하수가 솟아난다.

9-5 **도요다 용수 주변 저택**(이시와타 유시石渡雄士 촬영)

다. 용수가 모여드는 작은 수로는 도요다 용수로로 흘러든다.

도요다에서 가와베호리노우치로 흐르는 용수로를 따라 옛날부터 오솔길이 있는데, '토토로의 길'이라 부른다. 이 부근에서 대지가 남쪽으로 밀려나면서 도요타 용수는 크게 굽이친다. '가와베호리노우치 성터'는 이 대지의 울창한 수림에 묻혀 있다. 중세 호족의 저택이 있었던 듯하다.

용수로를 따라 동쪽으로 조금 가면 대지 남쪽 단구면에 발달한 전형적인 전원 풍경을 볼 수 있다. 물이 잘 솟아나는 벼랑 아래 오래된 저택들이 늘어서 있다. 저택 뒤편은 지금도 숲이 우거진 경사면 녹지다. 한편, 마을에서 조금 떨어진 저지대에는 드넓은 논이 펼쳐진다. 오래된 길가에는 지장보살과 큰 나무가 있어 옛 농촌 풍경이 느껴진다. 채소와 식기를 씻거나 빨래하던 터도 곳곳에 남아 있

9-6 중앙 도서관 아래 하치만 신사와 용수

다. 하지만 이 농촌 풍경을 잘 간직해 온 가와베호리노우치도 최근 넓은 도로가 들어서고 대규모 구획 정리 사업이 진행되면서 모습이 크게 바뀌고 있어 안타깝다.

가와베호리노우치의 아사강변에 또 하나의 중요한 '우에다 용수' 취수구가 있다. 아사강 제방 바로 안쪽으로 에도시대 초기에 가와베호리노우치 마을이 생겼을 때 세웠다고 전해지는 '히에日枝 신사'가 있다. 강을 등지고 자리한 본전 뒤에는 수령 삼백 년이 넘는 느티나무히노시 천연기념물가 높이 솟아 있어 물가의 신성성을 상징한다. 신사 부지 쪽 '엔메이지延命寺 사원'은 15세기의 비석이 남아 있어, 신사보다 오래된 것으로 보인다.

가장 오래된 용수로 '히노 용수'

마지막으로 강에서 취수하는 가장 오래된 용수로인 '히노 용수用水'를 살펴보자. 1605년, 히노주쿠日野宿는 에도 막부 하에서 나이토신주쿠内藤新宿[4]를 기준으로 고슈 가도甲州街道의 다섯 번째 역참 마을이 되었다. 지금도 남아 있는 '히노주쿠 혼진本陣, 에도시대의 공인 여관'은 에도시대 말기의 화재 이후 다시 세운 것으로, 도쿄도 내에 유일하게 남아 있는 에도시대 혼진 건물로서 가치가 있다참고사진 22. 근대화로 재건축이 진행되면서 옛 역참 마을 모습은 많이 사라졌지만, 가도와 접하며 가로 폭이 좁고 세로가 긴 대지 형태는 그대로 이어졌다. 창고와 골목사잇길도 역참 마을을 떠오르게 한다.

히노 용수는 이 역참 마을이 생기기 훨씬 전인 1567년 호조 우지테루北条氏照의 도움으로 미노美濃, 현재 기후현에서 이주한 무사 사토 하야토佐藤隼人가 만든 것으로 전해진다. 다마강에서 취수하는 히노 용수 상부 보洑와 하부 보—두 줄기의 간선 용수가 지형을 절묘하게 이용해 만들어졌으며, 역할을 분담하면서 먼 곳까지 물을 보냈다. 히노 역참 마을의 경우 남쪽에는 상부 보가 북쪽에는 하부 보가 흘러, 식수와 생활용수로서 역참 운영의 기반이 되었다. 주변 농지의 관개용수로서도 중요한 역할을 했다.

히노주쿠는 게이초慶長 시기1596~1615에 고슈 가도의 역참 마을이 되었지만, 그 전부터 주변에 있던 구舊 혼주쿠, 우바쿠보姥久保 등의 마을에서 신사와 사원을 옮겨 오면서 호조 우지테루가 1570년경

---

4 에도시대 고슈 가도의 니혼바시와 다카이도(高井戸) 사이에 있던 숙소 역. 시나가와(品川), 센주(千住), 이타바시(板橋)와 함께 에도 주변의 대표적인 네 곳의 주쿠(宿)였다. 현재 신주쿠구 신주쿠 1~3초메 일대로, 오늘날 신주쿠(新宿)의 발상지다.

저택 구획을 하고 역참을 정비한 것으로 전해진다. 이리하여 히노 용수 상부 보와 하부 보 사이에 히노주쿠의 원형이 탄생했다. 이것이 후에 막부에 의해 고슈 가도의 역참 마을이 된다.

상부 보와 하부 보 모두 수로의 흐름을 잘 간직하고 있다. JR 히노역과 가까운 다이쇼지大昌寺 사원 주변에 상부 보가 암거화된 구간이 있었는데, '히노주쿠 재생 계획'에 따라 개수로로 바뀌었다참고사진 26.

〈용수 마을 걷기 지도〉와 '물가 풍경 히노 50선 프로젝트'

물 환경에 관심을 기울여 온 지역답게 히노 시민과 행정기관은 열정적으로 임하고 있다. 『물 고을 히노』를 간행한 후 호세이 에코 연구소와 히노 시 환경공생부 녹지·청류과가 '히노주쿠日野塾'라는 스터디 모임을 만들었다. 많은 시민과 학생의 참여와 성원에 힘입어 워크숍 형식으로 다양한 활동을 즐겁게 했다. 가장 큰 성과는 '물 고을 히노 에코뮤지엄 지도'라고 하는 〈용수 마을 걷기 지도〉다. 모든 멤버가 용수로와 그 주변을 걸으며 관찰하고, 문헌도 조사하며 알찬 정보가 가득한 매력적인 용수 지도를 만들었다. '도요다 용수', '히라야마·미나미다이라 용수', '무코지마 용수' 지도가 먼저 완성되어 호평을 받으면서 '히노 용수' 지도도 만들었다. 지금까지 설명한 히노의 각 용수 인근에 대한 해설에도 『물 고을 히노』와 〈용수 마을 걷기 지도〉를 만들 때의 성과가 많이 반영되었다.

그 후 다양한 활동 중에서도 히노 물가 공간의 경이로움과 다채로움을 다시금 뚜렷이 인식하게 된 계기는 '물가 풍경 히노 50선 프로젝트'2013~2014다. 킥오프 포럼 '히노의 보물, 지켜야 할 물가란?'을 시작으로 포럼 참가자, 물가에 관심 있는 시민, 행정기관 직원,

호세이 에코연구소 멤버들이 물가 50선 선정 그룹을 구성하여 물가 공간을 추렸다. 시민이 소중하다고 여기는 물가를 모으고 워크숍을 거듭하며 여러 경로로 응모했더니 84군데가 모였다. 이를 히노 시정市政 50주년 기념 행사 때 전시하여, 방문객에게 설문 조사를 했다. 그 결과를 참고하여 최종 결정했다. 이때의 성과가 매력적인 소책자 『물의 도시 히노—물, 생활, 마을』호세이대학 에코지역디자인연구소 2014에 정리되어 있다. 히노의 물가 공간 만다라 같은 느낌이 든다.

다양한 물의 요소에 주목하며 몇 가지를 소개한다. 구획 정리 사업 당시 시민들의 노력으로 공원에 논을 만들고, 스보리素堀, 온통파기[5]로 만든 수로도 남겨 농가의 협조를 받아 초등학생들이 벼농사를 짓고 있는 '요소모리 공원よそう森公園'. 용수 취수구인 '다이라 보—히노 용수의 수원'. 쇼와시대까지 물레방아가 50개나 있었던 히노의 기억을 간직한 '물레방아 수로 공원水車堀公園'. 상부 보와 하부 보의 합류점으로, 옛날에는 후지산 순례를 떠나기 전에 목욕재계하던 '쇼진조精進場'. '다마강—유구한 세월이 흐르는 물가'. '벼랑 아래 별장'. 부지 뒤편 벼랑 밑에서 솟아나는 물로 채소 등을 씻었던 '가와도씻는 터가 있는 집'. 메이지시대 한때 풍부한 지하수로 맥주도 만들던 '용수변 검은 담벼락 집'. '개성적인 다리가 놓인 수로'. '히가시토요다의 논과 수로가 있는 풍경'. '히라야마 용수 후레아이 물가'. '미나미다이라의 논이 있는 풍경'. '자분 우물自噴井이 있는 집'. '나나오七生 중학교 자분 우물—생물을 키우는 물가'. '학교 농원 비오토프—생명을 배우는 물가'. 히라야마 용수 위를 구릉지에서 내

5 흙막이 등 안전시설을 갖추지 않고 땅을 파내려 가는 공법.

려온 냇물이 교차하며 흐르는 '용수의 분수分水·입체 교차—오묘한 수로 시스템'. '무코지마 용수用水 친수로—생물 친화적인 물가'. '아라이의 조금 높은 곳을 흐르는 용수'. 숲과 용수가 있고 반딧불이가 서식하는 '신도가야도真堂が谷戸'. '미사와三沢의 작은 계단식 논밭'. '호도쿠보강 원류' 등등.

이들 모두 자연과 인간이 대화하며 만들어낸 멋진 물의 공간이자 문화적 경관이다. 이 행사는 히노 물가 공간의 아름다움을 다시금 느끼게 되는 좋은 기회였다.

고쿠분지의 송골매 길과 용수

'송골매 길' 용수들

2006년 히노를 알게 되기 전, 그리고 2003년 호세이 에코연구소가 창립되기도 전인 1990년대 말, '고쿠분지 벼랑선'의 용수가 있는 물가 공간을 처음 방문하고 감명을 받았다. 고쿠분지 혼무라本村의 통칭 '송골매 길お鷹の道'이라 부르는 곳이다. 이 일대가 오와리尾張 도쿠가와 가문의 매 사냥터였기에 '송골매 길'이라는 이름이 붙었다고 한다.

앞 장에서 언급했듯이 나는 그 무렵 무사시노 근교 주택지에도 에도의 도시를 읽는 것 이상의 흥미로운 공간적 맥락이 있으리라 생각하여 '교외 지역학'이라 명명하고 호세이대학 진나이 연구실 학생들과 현장 조사를 하고 있었다. 연구소에서 했던 사르데냐 조사 경험을 살려 도쿄 교외 조사를 주도한 야나세 유지柳瀬有志가 이곳의 가치를 깨닫고 조사를 시작한 것으로 기억한다.

상징적인 '마스가타眞姿 연못'을 비롯한 이 벼랑선 아래 용수들은 이들이 만들어낸 수로변의 '송골매 길'과 어우러진 환경의 우수성을 일찍이 인정받아 1985년 환경성環境省이 선정한 '명수名水 100선'에 뽑혔다송골매 길·마스가타 연못 용수군. 도쿄에서도 널리 인정받은 용수가 낳은 매력적인 환경으로 유명했던 것이다. 지금도 흐르는 본격적인

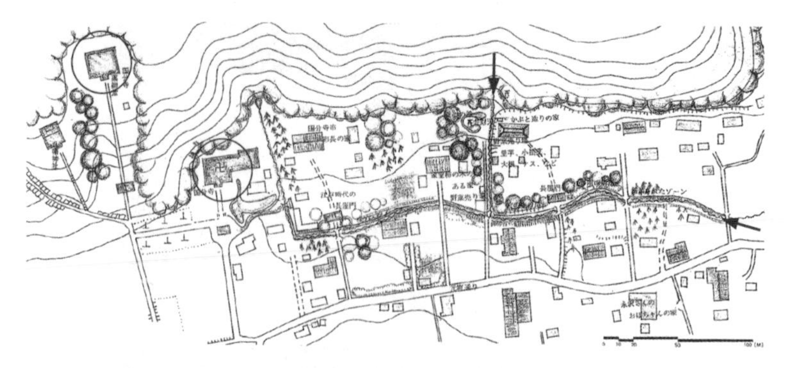

9-7 고쿠분지 혼무라의 취락 공간(1953년 도쿄건설국 측량도를 바탕으로 작성)

* 이 지도에 나타나지 않은 윗부분에는 드넓은 도립 무사시 고쿠분지 공원이 있다. 등고선이 말해주듯 고도차가 상당히 나는 계곡 같은 지형을 따라 내려오면 이 취락 공간에 이른다. 가운데 화살표 방향으로 내려오면 왼쪽에 321쪽 사진의 마스가타 연못과 벤자이텐이 있다. 오른쪽 화살표를 따라 난 길이 송골매 길.(참고사진 25) 왼쪽 위 표시 부분은 고쿠분지다.

용수 공간을 집중 조사한 결과를 그림으로 정리하며 그 공간 구성을 살펴보았다호세이대학 진나이 연구실·도쿄 시가지 연구회 1999.

고쿠분지의 용수와 옛 자취

천혜의 자연 조건을 갖춘 고쿠분지 벼랑선 주변에는 용수가 많아 다양한 시대에 걸쳐 사람들이 활동한 흔적이 켜켜이 쌓여 있는 역사의 보물 창고다. 나는 『주오선이 없으면 보이는 도쿄의 오래된 층위』NTT출판사에서 주오선中央線, 구 고부철도은 메이지시대 이후 등장한 신참자로, 그곳에서 멀어져야만 지역의 오랜 역사를 전해주는 다양한 요소를 만날 수 있다고 썼다. 그런데 그 몇 안 되는 예외 중 하나가 고쿠분지다. 주오선은 고쿠분지 벼랑선 바로 위 대지를 동서로 관통하는데, 여기서 주목하는 풍부한 용수가 만들어낸 주요 명소들이 주오선 바로 근처에 집중되어 있고, 다행히도 그것들을 아슬아슬하게 피해 지나가고 있음을 알 수 있다.

고쿠분지역에서 북서쪽으로 조금 걸어가면 '히타치日立 제작소 중앙연구소'가 있다. 1918년 등장한 근대식 별장 중 하나인 이마무라今村 별장이 있던 곳으로, 1942년 이 천혜의 자연환경 속에 세워졌다. 예전에 강연을 의뢰받고 방문했을 때 안내받은 유명한 정원을 보고 깜짝 놀랐다. 고지대에 자리한 연구소의 웅장한 시설 남쪽에는 경사면을 활용하여 큰 연못이 한가운데 자리한 멋진 회유식 정원이 펼쳐져 있었다. 이곳이 고쿠분지 벼랑선에서 흘러나오는 것으로 알려진 '노가와강野川'의 원류가 되는 곳이다.

원래 '고쿠분지 벼랑선'이란 서쪽 고쿠분지 주변에서 동쪽 세타가야구까지 이어지는 무사시노다이武藏野台가 '다치카와立川 단구'로 떨어지는 벼랑을 말한다. 정원·공원 연구의 대가 다나카 마사히로田中正大에 따르면 이 고쿠분지 벼랑선은 직선 모양이 아니고 곳곳에 야토谷戸, 구릉지가 침식되어 생겨난 골짜기 형태의 지형가 있는데, 그가 명원名園으로 추천하는 '도노가야토殿ヶ谷戸 정원'이 바로 그 예라고 한다참고사진 24. 제3장에서 보았듯이 '하케벼랑'의 높낮이 차를 살린 아름다운 회유식 정원으로, 벼랑 밑에서 솟아나는 물이 연못으로 흘러든다. '하케'라는 말도 고쿠분지 벼랑선 일대 주민들이 써 온 말인데, 뜻이 애매모호한 점이 있다. 다나카는 여러 사례를 비교 관찰하여, 고쿠분지 벼랑선 중 용수에 의해 움푹 파인 땅이 '하케'라고 결론지었다다나카 2005.

히타치 제작소 중앙연구소의 연못도 야토에 위치한다. 구릉지 깊은 곳에서 솟는 계곡 용수를 모은 큰 연못이 있다. 이 연못을 둘러싼 벼랑 위에는 조몬시대 취락터인 고이가쿠보戀ヶ窪 유적, 하네

자와羽根澤 유적, 고이가쿠보히가시戀ヶ窪東 유적이 있다. '마스가타 연못'이 있는 혼무라 뒤편 벼랑 위에도 조몬시대의 다키쿠보多喜窪 유적군이 있다. 이들 모두 좋은 용수가 있는 천혜의 입지 조건을 갖췄다. 하지만 벼랑선 근처에서는 조몬시대 이후인 야요이시대 유적을 거의 찾아볼 수 없다. 솟아나는 물이 벼농사에는 너무 차갑기 때문이다. 야요이시대 취락은 노가와강을 따라 내려간 곳에 많이 분포한다.

흥미롭게도, 645년 다이카大化 개신 이후 생겨난 무사시노쿠니의 중심지 '고쿠후', '고쿠분지' 둘 다 고쿠분지 벼랑선과 다치카와 벼랑선 사이, 즉 무사시노다이보다 한 단계 아래에 있는 다치카와다이다치카와 단구에 위치한다. 무사시노 고쿠분지는 '송골매 길, 마스가타 연못의 용수군群' 남서쪽에 있다. 그 칠층탑 터 부근에서 북쪽을 바라보면 고쿠분지 벼랑선이 녹색 병풍처럼 동서로 펼쳐져 있다. 그리고 '무사시 고쿠후 터'고쿠아國衙 지구는 고쿠분지 남쪽, 후추府中에 위치한 무사시노쿠니의 총사總社 '오쿠니타마大國魂 신사'서기 111년 창건으로 전해진다 동쪽 옆에서 발굴되어 건물 터 일부가 복원되어 있다.

이처럼 무사시노다이에서 다치카와다이 사이에 있는 고쿠분지와 후추 지역은 시대에 따라 지형 조건에 맞는 장소가 바뀌면서 역사의 층을 쌓아 왔다. 전체적으로 조망했으니 가장 오래된 층인 고쿠분지 벼랑선으로 돌아가자.

용수의 성스러운 힘

고쿠분지역 남쪽 출구 광장에서 왼쪽동쪽으로 조금만 가면 앞서 언급한 벼랑선의 야토谷戶에 자리한 '도노가야토 정원'이 있다. 다시

역 앞으로 돌아와 남서쪽으로 가면 가파른 언덕을 지나 노가와강에 이른다. 다리를 건너 안쪽으로 들어서면 경사면의 한적한 주택가가 나온다. 그 뒤로는 울창한 숲이 고쿠분지 벼랑선의 풍경을 잘 간직하고 있다. 작은 길을 따라 벼랑을 내려가면 맑은 물소리가 들려온다. 목적지인 '송골매 길'로 들어서 물과 녹음이 기분 좋게 맞이해 주는 작은 길을 걷는다. 벼랑 아래에는 곳곳에서 맑은 물이 솟아나고, 그 옆에는 녹음과 어우러진 붉은 도리이가 있다. 용수가 만든 연못 한가운데 작은 섬에 사당이 있다. '마스가타 연못眞姿の池'이라는 이곳에는 물의 신성한 힘을 알려주는 전설이 있다.

헤이안시대인 9세기 중반, 피부병에 걸려 추하게 변한 절세 미녀 다마쓰쿠리 고마치玉造小町가 무사시 고쿠분지 사원에서 기도드리다 "연못에서 몸을 씻으라"는 영험한 계시를 받고 그대로 했더니 순식간에 병이 낫고 아름다운 모습을 되찾았다고 한다.

9-8 '송골매 길' 마스가타 연못과 벤자이텐

근대 의학이 도입되기 전에는 깨끗한 용수가 질병과 상처 치료에 이용되었다. 앞서 살펴본 사르데냐의 신성한 우물도 그 역할을 했고, 베네치아의 배후지인 피아베강 상류에도 '라골레 신전'이라는 물의 성지가 있다. 고대인들은 산기슭에서 솟아나는 물에 신성한 힘이 있어 마술적인 치유력을 발휘한다고 믿었고, 그런 물이 모인 연못을 의식과 봉헌의 장소로 삼아 물의 신전을 만들었다. 이러한 자연의 물을 신앙 대상으로 삼는 것은 기독교가 확산되면서 부정되었고, 이후 서구 세계에서는 잊혀졌다. 한편, 일본에서는 깨끗한 물에서 신성한 의미를 발견하고 이를 경애하는 마음이 자연스럽게 이어져 왔다고 할 수 있다.

노출된 단구 벼랑의 사력층砂礫層, 모래와 자갈로 이루어진 층에서 솟아나는 용수를 도심에서는 보기 어려워졌지만, 마스가타 연못 용수군에서는 단구 상부가 광활한 '도립 무사시 고쿠분지 공원'으로 보존되어 이런 풍부한 용수를 볼 수 있다. 무사시노 대지 특유의 잠재력을 느낄 수 있는 신성한 장소라 할 수 있다미나가와·마가이 2018.

'송골매 길'

샘솟는 명수를 플라스틱 용기나 물병에 담아 가져가는 사람들도 있다. 솟아난 물은 시냇물이 되어 모토마치 용수元町用水로 흘러든다. 이 용수 옆 작은 길이 산책로로 정비되어 '송골매 길'이라 불린다. 길가에는 용수로 '씻는 터'가 여럿 있어 근처 집들의 부엌문을 들여다본 느낌이 든다. 이 물가의 작은 길이 혼무라의 농촌 공동체 사람들을 연결하는 역할을 했다.

주민들은 이 시냇물을 '가와강'라고 불렀고, 상수도 시설이 갖춰

지기 전까지 식수, 취사와 목욕, 씻기채소, 쌀, 빨래 등을 모두 이 물로 했다고 한다. 수로에 설치된 씻는 터는 '가와도川所'라고 불렀는데, 특히 주민들은 물소리에서 호칭을 따 '본보'라는 귀여운 이름으로 부른다. 집집마다 정해진 '씻는 터'가 있고, 여러 집이 함께 쓸 경우 시간대를 나눠 사용한다. 상류 주민들은 함께 사용하는 용수를 오염시키지 않으려고 조심한다.

이 '송골매 길'을 따라, 숲에 둘러싸인 호농豪農의 저택이 지금도 늘어서 있다. 남쪽을 가로지르는 넓은 모토마치 거리에서 남북으로 뻗은 길을 따라 북쪽으로 접근하고, 그 끝자락에 용수와 접하도록 나가야 문長屋門을 배치하는 것이 정해진 모양새였던 듯하다. '마스가타 연못' 바로 동쪽 옆 저택은 남쪽에 나가야 문이 있고 그 안쪽에 가부토 양식[6]의 안채가 있다. 수로를 따라 녹음이 우거진 '송골매 길'을 서쪽으로 더 가면, 두 번째 저택에 에도시대 후기의 풍격이 느껴지는 나가야 문이 있다. 고쿠분지 마을의 묘슈名主, 촌장를 지낸 혼다本多 가문의 부지 남쪽에 세운 것으로, 고쿠분지시 중요문화재로 지정되어 있다. 그 바로 앞에 '송골매 길' 용수가 흐른다.

이렇게 히노에 이어 물과 밀접한 관련을 맺은 고쿠분지 혼무라를 관찰하다 보면, '물의 도시 도쿄'라는 개념이 더 확장되는 것은 매우 자연스러운 일이다.

---

6 일본 전통 민가의 건축 양식 중 하나로, 지붕이 세모난 2, 3층 구조다. '가부토'는 투구라는 뜻이며, 세모난 지붕 모양이 일본 사무라이가 쓰던 투구와 닮아 그렇게 부른다.

오래된 층위, 구니타치·야호

벼랑선 주변의 오랜 역사를 전하는 '야호'

JR 주오선 서쪽 히노 방향으로 조금 돌아가 구니타치國立를 살펴보자. 고쿠분지와 달리 이곳은 '주오선이 없으면 보이는 도쿄의 오래된 층위'라는 표현이 딱 들어맞는다.

'구니타치' 하면 역 남쪽에 있는, 근대 도시계획이 만들어낸 '학원 도시學園都市, 교육기관과 연구기관이 모여 있는 도시'의 아름다운 모습을 떠올릴 것이다. 디벨로퍼부동산 기획·개발업의 선구자 하코네 토지주식회사가 1924년 도쿄상과대학현 히토쓰바시대학을 중심으로 한 학원 도시 구상에 따라 351헥타르의 구니타치 학원 타운 지구를 개발해 토지 분양을 시작했다. 고쿠분지와 다치카와 사이에 구니타치역이 세워지고, 여기서 남쪽으로 뻗은 가로수길의 축선 도로, 그리고 남서쪽 방향후지미 거리과 남동쪽 방향으로 각각 직선 도로가 역에서 방사형으로 뻗어 서양식 도시 공간이 새로 등장했다. 대학 캠퍼스 내 건물뿐만 아니라 깔끔하게 구획된 부지에 근대식 주택이 들어서기 시작했고, 전후시대에 주택지로 완성되었다. 늘 미관을 고려한 도시를 만들고자 했으며 지금도 품격 있는 모습을 자랑한다. 한자 문화권 특유의 방식이라 할 수 있겠는데, 고쿠분지國分寺와 다치카와立川의 앞 글자를 합성한 조어 '구니타치國立'라는 명칭이 브랜드화했다.

9-9 구니타치와 야호 일대 1961년 8월 27일 촬영. 다카하시 겐이치(高橋賢一)의 그림을 참고하여 국토지리원 홈페이지의 항공 사진을 바탕으로 작성했다.

하지만 메이지시대 초기~중기의 〈신속 측도〉를 보면, 이 학원 도시가 자리잡게 될 광활한 땅은 대부분 잡목이 우거진 숲이었음을 알 수 있다. 에도시대 초기에 다마강 상수시설이 개통된 무사시노 대지 북쪽 지역에는 분수分水 시설들을 갖춘 관개 수로가 만들어지고 새 농경지 개발도 활발했던 반면, 다치카와 단구 위쪽인 현재의 구니타치역 남쪽은 물이 부족해 쇼와시대 전까지는 잡목만 우거져 있었던 것이다.

그 단구 남쪽으로는 밭이 펼쳐지고, 밭 남쪽 가장자리를 '고슈 가도'가 지나, 가도를 따라 집들이 띠 모양으로 줄지어 마을을 이루고 있음을 알 수 있다. 바로 남쪽에는 용수가 많고 녹음이 우거진 '아오야기青柳 벼랑선'이 있고, 그 경사면에 역사가 오래된 '야보텐만구谷保天満宮'라는 이름이 보인다. 그 아래 저지대에는 히노와 마찬가지로 강에서 취수한 용수로가 그물망처럼 뻗어 농경 지대가 펼쳐진다. 이 벼랑선 주변이 '야호' 마을로, 구니타치 시내에서 가장 먼저 생긴 주거지이며, 학원 도시 건설 전까지는 이 지역에서 가장 중심지였다. 그러다가 구니타치역과 학원 도시의 화려한 등장으로 입장이 바뀌었다. 그야말로 주오선에서 조금만 벗어나면 이 지역의 역사를 말해 주는 흔적들이 보인다.

이 부근에는 고슈 가도와 나란히 달리는 전철 난부선南武線이 깔렸고, 구니타치역에서 남쪽으로 뻗은 축선과 만나는 지점에 2차대전 전에 야호역이 생겼다. 그만큼 이 지역에서 야호가 중요했음을 알 수 있다. 대대로 야호에 거주하는 진나이 세미나 소속의 니쿠라 메구新倉芽具는 이런 관점에서 야호와 구니타치의 대비되는 지역 구조를 연구했다니쿠라 2014.

이어서 고슈 가도와 거의 나란하게 동서 방향으로 펼쳐지는 아오야기 벼랑선 인근 지역을 살펴보자. 정석대로 이 단구애 아래 용수를 기반으로 터를 잡은 중요한 역사적 명소 세 곳이 있다. 앞서 소개한 헤이안시대에 창건된 '야보텐만구 신사', 그 서쪽에 전국시대 이전 성관城館인 '조야마城山', 그 서쪽에 남북조시대인 14세기 중반에 창건된 '난요지南陽寺 사원'이 거의 같은 간격으로 세워져 있다. 모두 남쪽 앞면에 용수로가 정비된 논이 있는 풍경이 펼쳐진다.

야보텐만구는 동일본에서 가장 오래된 텐만구이며, 유시마湯島텐만구, 가메이도텐龜戶天신사와 함께 '간토 3대 텐진天神'으로 불린다. 학문의 신 스가와라노 미치자네菅原道真를 모시고 있어, 입시철이면 합격 기원 에마繪馬, 기원할 때 신사에 봉납하는 나무판가 빽빽이 걸릴 정도로 북적댄다. 고지대의 고슈 가도에서 도리이를 지나 돌계단을 내려와서 경내로 들어가는데, 이는 중요한 신사로서는 다소 부자연스러워 보인다. 하지만 까닭이 있다. 원래 옛 가도는 텐만구 남쪽을 지났고, 관례대로 본전까지 오는 참배길은 아래에서 올라오게 만들었다. 그러나 다마강 유로 변경으로 에도시대 중기 이후 경내 북쪽 고지대로 가도가 옮겨지면서 참배길도 바뀌었다.

벼랑선과 신사와 용수의 관계라는 주제로 접근하자면, 볼거리는 본전 뒤에 있다. 고슈 가도의 벼랑 아래서 풍부하게 솟아나는 '도키와常盤의 맑은 물'을 경내로 끌어들여 만든 '벤텐 연못'이다. 이 연못 가운데의 작은 섬에 '이쓰쿠시마嚴島 신사'가 모셔져 있다. 예전에는 인근 주민들의 우물로 쓰였다는 이 물도 '도쿄의 명용수 57선'에 선정되었다. 맑은 물속에는 잉어들이 헤엄치고 있다. 연못에서 흘러나온 많은 물이 담장을 따라 흐르며 지나가는 사람들의 눈을 즐겁게 해 준다.

다음으로, 가마쿠라시대 초기 호족의 성관城館 터로 전해지는 조야마城山를 살펴보자. 이곳은 1986년 공원으로 조성되었다. 토루土壘로 둘러싸인 두 개의 요새와 자연 지형을 이용한 물 없는 해자, 느티나무 거목이 있는 방어용 숲과 잡목 숲이 남아 있다. 성관 터와 주변 숲은 도쿄도의 역사환경 보전 지역으로 지정되어 있고, 성관 터는 유적지이기도 하다. 숲 밑자락에는 용수가 솟아나 연못을 이룬다. 인접한 곳에는 옮겨진 옛 야나기사와柳澤 가문의 전통 민가도 있어 이 지역의 자연과 역사를 느낄 수 있는 귀중한 장소다.

세 번째 볼거리는 육백 년 역사를 자랑하는 난요지 사원이다. 구니타치 향토 문화관 북쪽에 있다. 아오야기 벼랑선을 조금 파고든 웅덩이 모양 지형으로, 물을 활용하기 좋은 곳이어서인지 조몬시대 중기 유적이 발견되었다. 본당 남쪽과 묘지 동쪽에 울창한 숲이 있는데 그 안쪽에 스와 연못諏訪池이 있었다고 한다. 연못은 말라버렸지만 용수는 여전히 흐른다미나가와·마가이 2018.

계승되어 온 야호의 농지와 전원 생활

이렇듯 구니타치라 하면 가장 먼저 떠오르는 구니타치역 주변 학원 도시에는 쇼와시대 이후의 짧은 역사만 있는 반면, 아오야기 벼랑선 주변의 야호에는 고대·중세로 거슬러 올라가는 오랜 역사와 풍부한 자연이 있다. 단구 벼랑 아래 펼쳐진 충적지에는 다마강에서 취수한 용수로가 있으며, 예전보다 줄어들긴 했지만 여전히 논이 남아 있다. 야호의 역사적 자산과 농업 경관을 적극적으로 평가하여 현대의 학원 도시 문화와 결합함으로써 양쪽을 오가는 매력적인 공간을 창출할 수 있다면, 남북의 지역적 차이를 넘어 21세기의 가치관에 따라 구니타치의 이미지를 한층 높일 수 있을 것이다.

실제로 구니타치에서는 대대로 이어져 온 농지를 활용해 일찍부터 '지산지소地産地消, 그 지역 산물은 그 지역에서 소비함' 운동이 다양하게 전개되고 있으며, 이를 추진하는 NPO민간 비영리 단체와 지역 정보지 등의 활동을 볼 수 있다. 후지미다이 단지 1층에는 대학생과 시민, 구니타치시가 함께 운영하는 매장이 있어 구니타치에서 재배한 신선한 채소를 직거래하거나 지역 농가가 개발한 지역 특산품을 판매해 인기를 끈다. 구니타치역 앞 몇몇 레스토랑과 카페에서는 지역 농가 생산자의 이름을 딴 신선한 야채로 만든 맛있는 요리를 제공한다.

야호에 남아 있는 전원 풍경 속에는 '구니타치 하타켄보'라는 재미있는 이름의 농장이 있다. 'NPO 법인 구니타치 농원의 모임'이 대학, 지역단체, 행정기관과 연계해 운영하는 것이다. 호세이대학 진나이 세미나에서 현지 출신 학생의 주선으로 이곳을 방문하여 젊은 대표자의 안내를 받은 적이 있다. 어린이부터 노인까지 논과 밭을 지키고 즐기며 가꾸고 싶은 사람들이 참여할 수 있는 새로운 형태의 농장으로, 대여 농장의 경우 기업이나 단체가 수확 체험, 식생활 교육, 연수, 결혼 이벤트 등에 사용할 수 있다고 한다. 교외에 덩그러니 남겨진 밭과 논에서 도시 속 농업의 가능성에 도전하는 그들의 활동이 기대된다.

〈동도 근교도〉에 그려진 웅장한 '물의 지역'

이렇게 시야를 넓혀 에도의 교외였던 무사시노와 다마 지역까지 살펴보면, 대도시 도쿄의 넓은 범위에 걸쳐 다양한 지형·자연 조건과 연결된 풍부한 수자원이 자리하고, 그 물을 활용한 '지역에 특화된 공간 구조'가 형성되어 왔음을 알게 된다.

오랫동안 나는 도쿄의 야마노테 지역은 로마처럼 일곱 언덕으로 된, 녹음 우거진 '전원 도시'이고, 시타마치 지역은 강과 수로가 그물망처럼 얽혀 베네치아 같은 '물의 도시'라고 말해 왔다. 하지만 지금 생각해보면 단순한 구분인 것 같다. 국제적인 관점에서 베네치아, 암스테르담, 방콕, 쑤저우 등 다른 '물의 도시'와 비교하며 이 도시를 관찰하니, 강과 수로가 있는 시타마치에 한정하지 않고, 풍부한 생태계를 자랑하는 무사시노와 다마 지역까지 아우르는 도쿄 전체로 넓혀 고찰해야 한다는 생각이 들었다. 또한, 동쪽의 도쿄 저지대와 도쿄만의 베이 에어리어도 새로운 관점에서 재검토할 수 있다. 이렇게 보면 도쿄는 이른바 '물의 도시'라는 틀을 넘어 '물의 지역'이라고도 할 수 있는 넓고 풍부한 영역을 갖추고 있다.

근교 농촌까지 그린 에도시대의 〈동도 근교도東都近郊圖〉를 보면 에도성이 있고, 이를 둘러싼 외호外濠와 대하천인 다마강, 아라강, 에도강이 있다. 아울러 메구로강, 간다강, 젠푸쿠지강, 묘쇼지강 등 여러 중소 하천이 흐르고, 용수를 수원으로 하는 연못도 그려져 있다.

강가에는 곳곳에 마을이 분포하며 선착장이 발달한 것도 알 수 있다. 직선으로 정비한 다마강 상수시설도 보인다. 에도·도쿄의 넓은 영역 전체가 강과 수계로 이어져, 에도 사람들이 이런 인식을 하고 있었음을 알 수 있다.

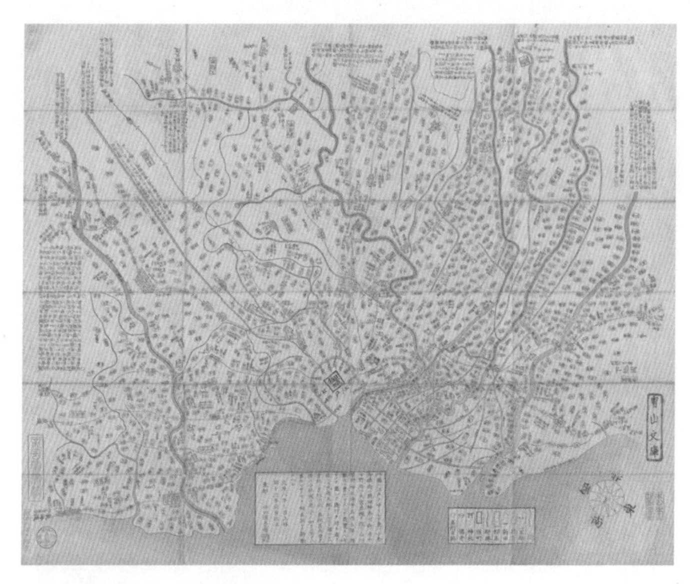

9-10 〈동도 근교도〉(東都近郊圖, 1830)

* 에도 근교를 유람하는 사람들을 위해 만든 안내지도. 동쪽은 현재 치바현 고가네(小金)와 후나바시(船橋) 근처까지, 남쪽은 하네다 공항 일대와 가나가와현 가와사키시·요코하마시 아오키초(青木町) 근처, 서쪽은 히노시, 북쪽은 사이타마현 오미야(大宮)와 이와쓰키(岩槻) 부근까지 실려 있다. 명소 옛터, 신사와 사원, 마을 이름 등이 기호에 따라 표시되어 있다.

경제 발전 및 효율과 기능을 우선시하는 근대적 도시 개발만 추구해 온 도쿄 사람들에게 자연과 인간이 공생하며 상상력을 자극하는 '물의 도시', 나아가 '물의 지역'이라는 인식과 이미지는 오랫동안 완전히 잊혀진 것이었다. 도쿄의 기층에 역사로 새겨져 지금도 계승되고 있을 이 〈동도 근교도〉의 세계를 현대의 가치관과 기술로 조금씩이라도 되살리고 싶다.

『도쿄의 공간인류학』 출간 후, 다양한 경험을 통해 도쿄 연구의 주제와 방법을 시간과 역사는 물론 공간과 지역으로도 크게 넓혀보고 싶었다. 그 점을 간단히 돌아보자.

먼저, 1980년대에 생겨나 나도 깊이 관여했던 '에도·도쿄학'에 대하여, 그 역사를 파악하는 방식에 한계를 느끼기 시작한 것이 계기였다. 도시로서 도쿄의 역사는 에도성 아래 마을 건설에서 시작하며, 연구 대상지는 주로 야마노테선 안쪽 지역에 한정되었다. 그것만으로는 빈약했다.

에도의 시가지였던 곳을 걷고 있어도, 지형상 중요한 장소로서 중세로 거슬러 올라가는 신사와 사원을 곧잘 맞닥뜨렸다. 도시 에도의 변두리에 위치하면서 큰 역할을 한 북동쪽의 아사쿠사와 남서쪽의 시나가와가 중세는 물론 고대부터 항구 기능을 했던 중요한 장소였음을 알게 되면서, 도쿄 역사 탐구의 시점을 에도시대보다 더 거슬러 올라가야겠다는 생각에 빠져들었다.

에도·도쿄 역사 붐이 일면서 도쿄도의 에도도쿄 박물관은 물론 각 자치단체가 역사 박물관과 향토 자료관을 세워, 고장의 역사를 발굴하며 연구하고 전시하게 된 것도 의의가 크다. 특이하게도 1993년에 함께 열린 가사이구 향토와 천문 박물관의 〈시타마치 중세 재발견〉과 시나가와 역사관의 〈바다에 열린 다마치—중세 도시 시나가와〉라는 두 특별전이 도쿄의 역사 이해에 큰 전환점이 된 것을 다시금 생각하게 된다. 고고학 발굴 조사와 중세 문서 연구에 바탕을 둔 새로운 견해가, 에도 성립 이전에 수운을 이용하여 경제 활동이 확산해 간 자취를 밝힌 것이다.

내가 일찍부터 각별히 매료된, 기복이 많은 도쿄의 지형이 2000년대에 새로이 주목받게 된 것도 큰 의미를 지닌다. 미나가와 노리히사의 '도쿄 스리바치 학회', 나카자와 신이치의 『어스 다이바』 그리고 TV 프로그램 〈부라타모리〉, 모두가 많은 사람을 사로잡았다. 대지가 빚어낸 지형과 지질을 살펴보면 에도의 도시 형성보다 훨씬 오랜 시대로 단숨에 거슬러 올라간다. 에도의 시 지역 안팎을 나누는 의미가 옮어진 것이다. 도쿄의 지형을 살펴보며 물이 기층 문화에 깊이 관계된 점도 시야에 들어왔다.

물의 도시라는 원점으로 돌아가 보자. 유럽과 미국을 중심으로 세계 각지의 도시에서 1990년대 이후 물가 공간의 재생과 재개발이 큰 성과를 올리며 종종 화제가 되었다. 그렇지만 도쿄에서는 임해 부도심 개발이 좌절되면서 대규모 물가 프로젝트가 완전히 모습을 감추었다. 해외에서 열린 회의나 심포지엄에 초대받았을 때, 에도 이래 물의 도시의 화려함은 자랑스럽게 이야기하지만 현대 도쿄의 자랑할 만한 개발 사례가 거의 없어 늘 아쉬웠다.

2008년 '물'을 주제로 한 스페인 사라고사 박람회 경험도 시사적이다. 세계 각지의 도시 전시관이 설치되고, 호세이대학 에코지역디자인연구소는 도쿄의 영상 작품 전시를 맡았다. 서구 선진국은 어디나 자랑할 만한 성공 사례가 있다. 스페인 빌바오가 이루어 낸, 쇠퇴한 강가의 공업도시 재생은 두드러진 예다. 아시아에서도 대한민국 서울의 청계천변 재생이 세계적으로 큰 화제가 되었을 무렵이다. 도쿄는 여기서 승부를 겨룰 수 없었다. 우리가 생각한 것은 다른 물의 도시의 시나리오였다. '원류에서 바다까지'라는 컨셉으로 하천을 더듬어가고, 유역 사람들의 생활과 삶, 물과 친밀한 전통문화를 그려내며 일본의 독특한 자연관을 소개했다. 오다이바 해변 공원의 해중 행차 영상을 끼워 넣었다. 주민이 앞장서 이루어 낸 '아래에서 위로' 물가 재생 성공 사례가 당시 도쿄가 자랑할 수 있는 중요한 자료였다. 이 '근본으로 돌아가는' 내용을 다룬 시나리오 만들기 경험은 이 책 곳곳에 생생하게 언급했다.

근래 새로운 물가 활용 가능성을 열어가기 위한 정부와 시민의 협동 프로젝트가 전국으로 확산하는 것을 본다. 그 과정에서 소개된, 오사카의 획기적인 물가 이용 성공 사례들에 압도되었다. 이 점에서도 도쿄는 상대가 되지 않는다. 이런 개인적인 경험을 통해 세계에 어필할 수 있는 도쿄만의 새로운 물의 도시상을 꼭 그려보고 싶었다.

발상을 전환하고 확장하며 새로운 마음으로 물의 도시 도쿄를 연구해 보면 이렇게 지형 변화가 많고 다양한 수자원의 혜택을 받은 도시는 국내외 어디에도 없다는 것이 뚜렷이 나타난다. 자연과 인간의 공존이 특징인 일본다운 물의 도시를 생각하는 것은, 한계를 드러내 온 도시 문명을 성찰하는 서구인들에게도 시사하는 바가 있을 것이다.

또 하나, 커다란 발상 전환의 열쇠는 1980년대 이후 이탈리아에서 배운 '테리토리오'라는 개념이다. 도쿄가 그러했듯, 본래 도시는 주변에 테리토리오를 만들어 왔다. 그러나 근대에는 도시의 확대·발전에만 힘을 쏟는 바람에 전원의 가치를 잊어버리고 농촌을 한쪽 구석으로 밀쳐두었다. 역사적 도시의 보존과 재생에 성공한 이탈리아에서는 이후 전원과 농촌에 잠재된 가능성을 살려내는 쪽으로 방향타를 크게 돌렸다. 슬로푸드 운동, 지산지소, 에노가스트로노미아와인+식문화, 농촌의 문화적 경관, 아그리투리스모농업관광 등 시대를 앞서가는 개념이 속속 등장했다.

이탈리아에서의 이런 운동에 자극받아 나의 원풍경인 스기나미와 나리무네 주변에서 출발하여 무사시노의 광범위한 지역, 나아가 다마의 히노와 고쿠분지 등으로 연구 대상을 넓혀감으로써 도쿄의 흥미진진한 새 모습을 발견할 수 있었다. 여기에 독자적인 '물의 지역'의 이미지를 그려보게 되었다. 이 책에는 이런 생각들이 담겨 있다.

이 책은 코로나 감염이 확산되던 어두운 시기에 출간되었다. 이 점에 대해서도 한마디 해두고 싶다. 분주한 가운데 좀처럼 집필이 진척되지 않았는데, 코로나 감염으로 격리됨으로써 생긴 시간을 이용하여 단숨에 마칠 수 있었다. 그만큼 이 책이 포스트 코로나 시대에 어떤 의미가 있을지도 많이 생각했다.

원격 근무가 확산하면서 도심 집중에서 벗어나 분산형 사회로 옮겨가고 교외가 다시 주목받고 있다. 가까운 고장과 지역이 재발견되어 지역 공동체와 사람들이 머무는 곳이 재평가된다. 도심에 구애되지 않고, 에도의 근교 농촌이자 전원이었던 무사시노와 다마의 숨겨진 매력과 잠들어 있던 가능성을 그려낸 '새로운 도쿄—물의 도시론'은 코로나 이후 사회의 가치관과도 통하는 바가 있을 것이다.

한편, 뉴욕의 레스토랑이 실외 테이블 영업을 허용하려는 것도 시사하는 바가 크다. 일본도 이참에 물가와 길가의 외부 공공공간을 다채롭게 활용하고자 발상을 전환해야 한다. 또한 도쿄도가 실험했던 수상버스를 이용한 통근은 출근 시간의 혼잡을 피하는 데도 도움이 되며, 향후 더욱 생생한 현실로 다가올 것에 틀림없다.

이 책이 나오기까지 많은 분의 도움을 받았다. 무엇보다 나의 도쿄 연구는 2018년 3월까지 있었던 호세이대학 진나이 연구실의 학생 여러분과의 현장 조사에 많은 토대를 두었다. 방대한 연구에 기여한 OB, OG 여러분께 깊이 감사드린다. 호세이대학 에코지역디자인연구소, 물의도시학 연구 그룹, 에도·도쿄 연구 센터의 여러분, 도시사학회를 비롯한 여러 학회, 그리고 열린 사회 활동으로서의 외호 시민 배움터, 물 순환 도시 도쿄의 연구 그룹, 마치후네미라이주쿠 등 다른 대학의 연구자들, 기업 및 시민 여러분과의 교류에서 큰 자극을 받았다. 해외에서 연구하는 분들과의 교류가 도쿄 연구에 힘이 되어 주고 큰 역할을 해낸 것은 물론이다. 신세를 진 많은 분께 깊이 감사드린다.

끝으로, 좀처럼 진전되지 않던 집필 작업을 참고 기다려주다가 본격적인 궤도에 오르자 열정적으로 몰두하며 많은 조언을 해준 치쿠마쇼보의 가와우치 씨에게도 깊이 감사드린다.

도판 출처 및 소장처

1장 시작 그림 다이토 구립 시타마치 풍속 자료관
1-1 우스키시臼杵市 교육위원회
1-2 Pitte, 2000
1-3 Clout, 1997
1-4 스미다 구립 미도리 도서관 편, 1990
1-5 도쿄 도립 중앙 도서관
1-7 호세이대학 에도·도쿄연구센터
1-9 Ross & Clark 2011
1-10 Beaudouin 1989
1-11 Ross & Clark 2011
1-13 나라 현립 미술관
1-15 《야나기바시 신문柳橋新聞》 제9호 12, 1958.10.15. 제공: 야나기바시 주민회町会.
2장 시작 그림 일본은행 아카이브
2-2 주오 구립 향토 천문관
2-3 일본은행 화폐 박물관
2-4 일본은행 아카이브
2-5 주오 구립 향토 천문관
2-6 『주식회사 도쿄 주식거래소 사진첩株式会社東京株式取引所寫真帖』, 헤이와平和 부동산
2-7 『주식회사 도쿄 주식거래소 사진첩』, 헤이와平和 부동산
2-8 『에도다리 창고 개요江戸橋倉庫概要』, 주오 구립 교바시 도서관
2-9 『에도다리 창고 개요』, 주오 구립 교바시 도서관
4-1 보스턴 퍼블릭 라이브러리 지도 센터
4-2 국문학 연구 자료관
4-4 마이니치신문사 제공
4-7 요코하마 개항 자료관
4-8 시나가와 구립 시나가와 역사관
4-11 도쿄도 공문서관
4-14 주오 구립 향토 천문관
5-3 우스키시臼杵市 교육위원회
5-6 나카마 1931
5-7 호세이대학 대학사위원회
5-9 신주쿠구 교육위원회 1982
6-6 히구치 1981
6-10 국립 국회 도서관
6-11 다이토 구립 중앙 도서관
7-10 『스기나미구세 개요杉並區勢概要』 1957년판
8-3 도쿄도 수도 역사관水道歴史館
8-4 국립 국회 도서관
8-14 하무라시 향토 박물관
9-10 국립 국회 도서관

***표지 그림(본문 도판 2-5)**
저작권사의 요청에 따라 아래와 같이 해당 도판과 출처를 명시합니다.

井上探景, 「江戸橋ヨリ鎧橋遠景」(中央区立郷土天文館蔵)
이노우에 단케이, 〈에도다리에서 요로이다리 일대의 원경〉(주오 구립 향토 천문관 소장)

주요 참고문헌

전체

- 貝塚爽平『東京の自然史』紀伊國屋書店, 1964(講談社学術文庫, 2011)
- 陣内秀信『東京の空間人類学』筑摩書房, 1985(ちくま学芸文庫, 1952)
- 陣内秀信編『水の東京(ビジュアルブック江戸東京5)』岩波書店, 1993
- 菅原謙二『川の地図辞典 江戸東京／23區編』之潮, 2007
- 菅原謙二『川の地図辞典 多摩東部編』之潮, 2010
- 土屋信行『首都水没』文春新書, 2014
- 中沢新一『アースダイバー』講談社, 2005
- 松田磐余『江戸·東京地理学散歩―災害史と防災の観点から』之潮, 2008

제1장

- 江戸東京博物館編『隅田川―江戸が愛した風景』図録, 2010
- 岡野友彦『家康はなぜ江戸を選んだか』教育出版, 1999
- 川田順造『江戸＝東京の下町から―生きられた記憶への旅』岩波書店, 2011
- クラウト, ヒュー編『ロンドン歴史地図』東京書籍, 中村英勝監訳, 1997
- 小山周子「隅田川流域の料理茶屋における文化活動について」東京都江戸東京博物館都市歴史研究室編『隅田川流域を考える―歴史と文化』2017, p.23～54
- コルバン, アラン·陣内秀信「都市とは何か」『環』17号, 藤原書店, 2004
- 近藤和彦「カナレットの描いた二つの橋―十八世紀ロンドンにおける表象の転換」近藤和彦·伊藤毅編『江戸とロンドン(別冊都市史研究)』山川出版社, 2007, p.224～239
- 佐川美加『パリが沈んだ日―セーヌ川の洪水史』白水社, 2009
- 陣内秀信「セーヌ川, テムズ川との比較の視点からみた隅田川の特質」前掲『隅田川流域を考える―歴史と文化』2017, p.71～96
- 鈴木理生『江戸と江戸城―家康入城まで』新人物往来社, 1975
- 鈴木理生『江戸の川·東京の川』日本放送出版協会, 1978
- 墨田區立緑図書館編『隅田川絵図集覧(墨田區立図書館叢書七)』墨田區立緑図書館, 1990.
- 竹内誠「聖空間としての隅田川」前掲『隅田川流域を考える―歴史と文化』2017, p.11～22
- 谷口榮『東京下町の開発と景観』古代編·中世編, 雄山閣, 2018.
- 谷口榮『江戸東京の下町と考古学―地域考古学のすすめ(増補改訂版)』雄山閣, 2019
- デーヴィス, マシュー「嵐·洪水とロンドンの発展―1300～1500年」渡辺浩一·デーヴィス, マシュー編『近世都市の常態と非常態―人為的自然環境と災害』勉誠出版, 2020, p.57～68
- ハーディング, ヴァネッサ「ロンドンの川に橋を架ける―ロンドン橋の建設·維持とテムズ川の管理」前掲『近世都市の常態と非常態―人為的自然環境と災害』勉誠出版, 2020, p.150～153
- バクーシュ, イザベル「セーヌ川とパリ(1750～1850)」高澤紀恵·ティレ, アラン·吉田伸之編『パリと江戸(別冊都市史研究)』山川出版社, 2009, p.149～150
- ピット, ジャン＝ロベール『パリ歴史地図』東京書籍, 木村尚三郎監訳, 2000
- 広末保『辺界の悪所』平凡社, 1973
- 渡辺浩一『江戸水没―寛政改革の水害対策』平凡社, 2019

- 渡辺浩一「江戸の水害と利根川·多摩川水系」前掲『近世都市の常態と非常態―人為的自然環境と災害』勉誠出版, 2020, p.12～19
- Beaudouin, F., *Paris/Seine ville fluviale*, Éditions Nathan: Paris, 1989
- Chadych, D. & Leborgne, D., *Atlas de Paris: Evolution d'un paysage urbain*, Parigramme: Paris, 1999
- Ross, C. & Clark, J., *London: The Illustrated History*, Penguin Books: London, 2011.

제2장

- 阿部彰編『日証館　基壇状構築物に関する調査報告書』まちふねみらい塾, 2017
- 網野善彦『無縁·公界·楽―日本中世の自由と平和』平凡社, 1978
- アンベール, エメ『アンベール幕末日本図絵』下巻, 高橋邦太郎訳, 雄松堂書店, 1970
- 石井元章『ヴェネツィアと日本―美術をめぐる交流』ブリュッケ, 1999
- 小野木重勝『様式の礎(日本の建築 明治大正昭和2)』三省堂, 1979
- 河東義之編『ジョサイア·コンドル建築図面集Ⅰ』中央公論美術出版, 1980
- 陣内秀信「東京に映し出されたヴェネツィアのイメージ」陣内秀信·高村雅彦編『水都学Ⅰ』法政大学出版局, 2013, p.49～68
- 高道昌志『外濠の近代―水都東京の再評価』法政大学出版局, 2018
- 玉井哲雄編『よみがえる明治の東京―東京十五區写真集』角川書店, 1992
- 千葉瑞夫「長沼守敬　触れ合いの人々」『長沼守敬とその時代展』図録, 一関市博物館, 2006, p.118～126
- 中村鎭「東京のヴェニス」『中村鎭遺稿』中村鎭遺稿刊行會, p.380～385, 1936
- 橋爪紳也『あったかもしれない日本―幻の都市建築史』紀伊國屋書店, 2005
- 長谷川堯『都市回廊―あるいは建築の中世主義』相模書房, 1975
- 平川祐弘『藝術にあらわれたヴェネチア』内田老鶴圃, 1962
- 藤森照信『国家のデザイン(日本の建築 明治大正昭和3)』三省堂, 1979
- 前田愛『都市空間のなかの文学』筑摩書房, 1982(ちくま学芸文庫, 1982)

제3장

- 磯田光一『思想としての東京―近代文学史論ノート』国文社, 1978
- 岡村芙美香「産業系建築ストックの形成とその再生―水のまち清澄白河の事例から」法政大学デザイン工学部建築学科 2017年度 卒業論文
- 川田順造『母の声, 川の匂い』筑摩書房, 2006
- 竹内誠「下町」『江戸東京学事典』三省堂, 1987, p.97～98
- 武田尚子『近代東京の地政学―青山·渋谷·表参道の開発と軍用地』吉川弘文館, 2019
- サッセン, サスキア『グローバル·シティ―ニューヨーク·ロンドン·東京から世界を読む』伊豫谷登士翁他訳, 筑摩書房, 2008
- 陣内秀信·三浦展編著『中央線がなかったら見えてくる東京の古層』ＮＴＴ出版, 2012
- 西村眞次監修『江戸深川情緒の研究』深川區史編纂会, 1926(復刻: 有峰書店, 1971)
- 長谷川徳之輔『東京山の手物語』三省堂, 2008
- 法政大学デザイン工学部建築学科陣内秀信研究室『水の都市墨田·江東の再生ヴィジョン― Slowater Cityをめざして』社団法人東京建設業協会都市機能更新研究会, 2013
- 松川淳子『水辺のまち 江東を旅する』萌文社, 2017
- 三浦展『「家族と郊外」の社会学―「第四山の手」型ライフスタイルの研究』PHP研究所, 1995

- 吉原健一郎「水の都·深川成立史」高田衛·吉原健一郎編『深川文化史の研究』下, 東京都江東區総務部広報課, 1987, p.1～62

제4장

- 淺川道夫『お台場—品川台場の設計·構造·機能』錦正社, 2009
- 池享·櫻井良樹 ·陣内秀信·西木浩一·吉田伸之編『みる·よむ·あるく 東京の歴史4 地帯編1 千代田區·港區·新宿區·文京區』吉川弘文館, 2018
- 大田區立郷土博物館編『特別展 消えた干潟とその漁業—写真が語る東京湾』図録, 1989
- 岡野友彦『家康はなぜ江戸を選んだか』教育出版, 1999
- 北川フラム·陣内秀信「海の復権—多島海, 人々の暮らし」『city & life』109号, 第一生命財団, 2013, p.2～7
- 小安幸子·佐藤勉·陣内秀信「柳橋の料亭と舟宿からはじまった 水辺の復活物語」『東京人』2013.6, p.116～123
- 品川區立品川歴史館編『海にひらかれたまち—中世都市·品川』図録, 1993
- 品川區立品川歴史館編『品川御台場—幕末期江戸湾防備の拠点』図録, 2011
- 品川區立品川歴史館編『江戸湾防備と品川御台場』岩田書院, 2014
- 志村秀明『東京湾岸地域づくり学—日本橋, 月島, 豊洲, 湾岸地域の解読とデザイン』鹿島出版会, 2018
- 陣内秀信·高村雅彦編『水都学Ⅳ』法政大学出版局, 2015
- 陣内秀信·法政大学東京のまち研究会『水辺都市—江戸東京のウォーターフロント探検』朝日選書, 1989
- 東京都港區教育委員会編『台場—内海御台場の構造と築造』図録, 2000
- 藤森照信『明治の東京計画』岩波書店, 1982(岩波現代文庫, 2004)
- 増山一成「幻の博覧都市計画—東京月島·日本万国博覧会」佐野真由子編『万国博覧会と人間の歴史』思文閣出版, 2015, p.267～295
- 横浜都市発展記念館·横浜開港資料館編『港をめぐる二都物語—江戸東京と横浜』横浜市ふるさと歴史財団, 2014
- 吉田峰弘「市街化する臨海部埋立地—戦前の芝浦地區の継承と変容」2009年度法政大学修士論文
- 渡邊大志『東京臨海論—港からみた都市構造史』東京大学出版会, 2017
- Cacciari, M., L'arciperago, Milano: Adelphi, 1997.

제5장

- 岩淵令治「江戸城の成立過程」『図説 江戸考古学研究事典』柏書房, 2001, p.72～74
- 岡野友彦『家康はなぜ江戸を選んだか』教育出版, 1999
- 岡本哲志「舟運と鉄道の物流拠点の開発」陣内秀信·法政大学陣内研究室編『水の都市 江戸·東京』講談社, p.94～95
- 北原糸子『江戸城外堀物語』ちくま新書, 1999(『江戸の城づくり—都市インフラはこうして築かれた』に改題, ちくま学芸文庫, 2012)
- 陣内秀信·法政大学陣内研究室編『水の都市 江戸·東京』講談社, 2013
- 鈴木理生『江戸と江戸城—家康入城まで』新人物往来社, 1975
- 鈴木理生『江戸の川·東京の川』日本放送出版協会, 1978
- 鈴木理生『幻の江戸百年』筑摩書房, 1991

- 鈴木理生「灌漑技術から転用された外濠」法政大学エコ地域デザイン研究所編『外濠―江戸東京の水回廊』鹿島出版会, 2012, p.142～143
- 高道昌志『外濠の近代―水都東京の再評価』法政大学出版局, 2018
- 千代田區『法政大学構内遺跡 II』大学法人法政大学・大成建設株式会社・加藤建設株式会社, 2015
- 千代田區教育委員会編『史跡 江戸城外堀跡の保存管理計画書』2008
- 仲摩照久編『日本地理風俗大系 第二巻』新光社, 1931
- 松田磐余『対話で学ぶ江戸東京・横浜の地形』之潮, 2013
- 吉田伸之『都市―江戸に生きる』岩波新書, 2015

제6장

- 岡本哲志・北川靖夫「渋谷―地形が生きている街」陣内秀信・法政大学・東京のまち研究会『江戸東京のみかた調べかた』鹿島出版会, 1989, p.142～153
- 小木新造他編『江戸東京学事典』三省堂, 1988
- オケ, チエリー「不可能のパリとしての東京―「都市風景」批判」安孫子信監修・法政大学江戸東京研究センター編『風土(Fudo)から江戸東京へ』法政大学出版局, 2020
- 陣内秀信『イタリア都市再生の論理』鹿島出版会, 1978
- 陣内秀信・板倉文雄他『東京の町を読む―下谷・根岸の歴史的生活環境』相模書房, 1981
- 陣内秀信・法政大学陣内研究室編『水の都市 江戸・東京』講談社, 2013
- 鈴木健一『不忍池ものがたり―江戸から東京へ』岩波書店, 2018
- 田中正大『東京の公園と原風景』けやき出版, 2005
- 田中優子「都市としての江戸」陣内秀信・高村雅彦編『建築史への挑戦―住居から都市, そしてテリトーリオへ』鹿島出版会, 2019, p.179～201
- 東京都新宿區教育委員會『地圖で見る新宿區の移り変わり―牛込編』1982
- 樋口忠彦『日本の景観―ふるさとの原形』春秋社, 1981(ちくま学芸文庫, 1993)
- 皆川典久『東京「スリバチ」地形散歩―凹凸を楽しむ』洋泉社, 2012

제7장

- 荻窪圭『東京古道散歩』中経の文庫, 2010
- 奥野健男『文学における原風景―原っぱ・洞窟の幻想』集英社, 1972
- 陣内秀信「都市風景―四十年の変容」『世界』第482号, 1985, p.57～76
- 陣内秀信・高村雅彦編『建築史への挑戦―住居から都市, そしてテリトーリオへ』鹿島出版会, 2019
- 陣内秀信・三浦展編著『中央線がなかったら見えてくる東京の古層』ＮＴＴ出版, 2012
- 陣内秀信・柳瀬有志『地中海の聖なる島 サルデーニャ』山川出版社, 2004
- 陣内秀信・柳瀬有志「聖域・湧水・古道・河川・釣り堀から読む阿佐ヶ谷周辺の地域構造」『東京人』2012.7
- 法政大学工学部建築学科陣内研究室・東京のまち研究会『東京郊外の地域学―日常的な風景から歴史を読む』法政大学工学部建築学科陣内研究室・東京のまち研究会, 1999
- 三浦展編著, 大月敏雄・志岐祐一・松本真澄『奇跡の団地阿佐ヶ谷住宅』王国社, 2010

제8장

- 伊藤好一『江戸上水道の歴史』吉川弘文館, 1996
- 小沢信男・冨田均『東京の池』作品社, 1989

- 小林章「江戸の大名庭園と水」『近世江戸の都市水利―江戸と西安 特別講演会 予稿集』中国水利史研究会, 2009, p.25～32
- 坂田正次『江戸東京の神田川』論創社, 1987
- 鈴木理生『江戸・東京の川と水辺の事典』柏書房, 2003
- 高橋賢一「歴史・エコ廻廊を創る」法政大学エコ地域デザイン研究所編『外濠 江戸東京の水回廊』鹿島出版会, 2012, p.146～149
- 高村雅彦「水の聖地の意味論」陣内秀信・高村雅彦編『水都学V』法政大学出版局, 2016, p.32～35
- 高村弘毅『東京湧水せせらぎ散歩』丸善出版, 2009
- 田原光泰『「春の小川」はなぜ消えたか―渋谷川にみる都市河川の歴史』之潮, 2011
- 東京都水道歴史館『玉川上水』東京都水道局, 2006
- 長崎潤一「初めて井の頭に来たヒトとは？」『講演会 井の頭の歴史を知る 講演会録』武蔵野教育委員会, 2019, p.13～43
- 馬場憲一「近世都市周辺の宗教施設の由緒と「名所」化の動向―江戸近郊の「井之頭弁財天社」と「井の頭池」を事例として」『法政大学多摩論集』第36号, 2020, p.137～157
- 濱野周泰「井の頭恩賜公園の景観と植生について」『講演会 井の頭の歴史を知る 講演会録』武蔵野教育委員会, p.45～55

제9장

- 石渡雄士「地形の変遷」「考古学から見た日野の原始・古代」「中世の世界」法政大学エコ地域デザイン研究所編『水の郷 日野―農ある風景の価値とその継承』鹿島出版会, 2010, p.18～23
- 進士五十八他『ルーラル・ランドスケープの手法―農に学ぶ小都市環境づくり』学芸出版社, 1994
- 田中正大『東京の公園と原風景』けやき出版, 2005
- 長野浩子『「水の郷 日野」のまちづくりにおける市民・行政・大学の役割とその連携による可能性に関する実証的研究』法政大学大学院デザイン工学系 2017年度学位論文
- 新倉芽具「国立の隠された歴史的背景―南北の比較を通して」法政大学デザイン工学部建築学科 2014年度卒業論文
- 日野市環境共生部緑と清流課水路清流係「水の郷 日野エコミュージアムマップ 豊田用水エリア」2012
- ファリーニ, P・植田曉編, 陣内秀信監修『イタリアの都市再生(造景別冊1)』建築資料研究社, 1998
- 法政大学エコ地域デザイン研究所編『水の郷日野―農ある風景の価値とその継承』鹿島出版会, 2010
- 法政大学エコ地域デザイン研究所企画・構成「水都日野 みず・くらし・まち―水辺のある風景 日野50選」日野市, 2014
- 法政大学陣内研究室・東京のまち研究会『東京 郊外の地域学―日常的な風景から歴史を読む』法政大学工学部建築学科, 1999
- 皆川典久・真貝康之『東京「スリバチ」地形散歩―凹凸を楽しむ 多摩武蔵野編』洋泉社, 2018

에도의 탄생

에도는 도쿠가와 이에야스1543~1616가 만든 도시다. 1590년, 이에야스는 히데요시1537~1598의 명으로 미카와, 슨푸 일대현재의 아이치현 동부와 시즈오카현 서부에서 간토 지방현재의 도쿄 및 수도권 일대으로 통치령을 옮기게 된다. 이때 이에야스가 새 근거지로 삼은 곳이 에도다.

당시 일본은 각 지방에 영주다이묘가 있었고, 영주의 권력은 대물림되었다. 도요토미 히데요시는 중앙집권적 권력 구조의 정점에 자리한 절대 권력이 아니라, 상당히 자율적인 지방 영주들을 헤게모니적으로 장악한 대영주에 가까웠다. 도쿠가와 이에야스는 히데요시 다음가는 영주였다. 적대적인 영주들을 모두 멸망시켜 통일을 이룬 히데요시는 1590년 당시 일본 수도 역할을 하던 오사카로부터 더 멀리 떨어진 간토 지방으로 이에야스의 통치령을 옮긴다. 여기에는 이에야스를 견제하려는 의도가 있다. 국내 권력 기반을 다졌다고 느낀 히데요시는 바로 다음 해에 임진왜란을 일으킨다.

히데요시 사망 후 2년이 지난 1600년, 일본 영주들은 도요토미파와 도쿠가와파로 나뉘어 격돌하고 최종적으로 도쿠가와 세력이 승리하여세키가하라 전투, 1603년 이에야스가 정이대장군에 오르면서 에도시대가 시작된다. 도쿠가와 가문이 일본을 지배하던 에도시대는 일본 역사상 가장 오랫동안 평화가 유지되던 시대로, 메이지유신이 성공한 1868년까지 약 270년간 지속되었다.

에도의 초고속 성장과 참근교대

1590년 이에야스가 입성했을 때만 해도 보잘것없는 작은 지역에 불과했던 에도는 18세기, 세계 최대 규모의 인구를 자랑하는 거대 도시로 변모한다. 에도의 급격한 성장은 도쿠가와 정권의 독특한 지배 체제와 관련이 있다.

에도시대가 막을 열 때 일본의 권력 형태는 지방분권 구조였다. 도쿠가와 정권의 권력의 토대를 확고히 하고자 제3대 쇼군 도쿠가와 이에미쓰는 1635년 '참근교대參勤交代'라는 제도를 만들어 200개가 넘는 각 지방 영주들에게 이를 지키도록 명한다. 참근교대의 뼈대는 모든 영주가 2년에 한 번씩 에도로 상경해 1년간 도쿠가와 정권을 위해 근무하게 하는 것으로, 지방분권적 바탕에 중앙집권적 요소를 가미한 지배 형태라 할 수 있다.

참근교대 제도는 에도의 급격한 발전을 가져왔다. 각 지방 영주다이묘들은 에도의 '다이묘 저택'에 여러 사람을 상주시켰고, 에도와 각 지방 간 물적·인적 교류도 급속도로 늘었으며, 자연스레 에도는 정치만이 아니라 상업의 중심지로 급부상한다.

무사 계급과 상공인 계급

참근교대와 더불어 에도를 이해하는 데 도움이 되는 또 하나의 요소가 '무사 계급과 조닌 계급의 구분'이다. 도쿠가와 정권은 중앙집권적 색깔을 강화하기 위해 유교 사상을 적극 도입하였고, 사농공상으로 대표되는 계급의 강화를 도모했다. 조선에서와 달리 '사士'는 에도시대 일본에서 지배 계급인 무사사무라이를 뜻한다. 참근교대로 에도에 상주하는 무사 인구가 늘었는데, 무사 계급은 생산 활동을 하지 않는 순수 소비 계급이기에 이들이 소비하는 상품을 생산하고 판매하는 조닌 계급의 인구도 급증했다.

이 책에서 자주 언급되는 용어로 '야마노테'와 '시타마치'가 있다. 야마노테는 참근교대를 위해 상경한 각 영주들이 거주하던 다이묘 저택이 주로 분포한 지역으로, 쇼군이 있던 에도성 서쪽이다. 무사 계급의 거주지였다고 할 수 있다. 한편 조닌 계급이 경제 활동을 하며 거주하던 구역이 시타마치다. 에도성을 기준으로 서쪽 고지대가 야마노테에, 동쪽 저지대가 시타마치에 해당한다. 야마노테는 고급 주택지, 시타마치는 상공업 지구로 구분할 수 있다. 현재 일본 국회의사당, 관청, 총리 관저 등이 에도성현재의 황거 서쪽인 야마노테에 자리하고, 일본은행을 비롯하여 일본을 대표하는 금융기관 본사가 에도성 동쪽인 오테마치, 니혼바시시타마치라 불리던 곳에 집중된 사실도 시사하는 바가 크다.

흥미롭게도 이 두 용어는 에도시대의 원래 뜻과 달리 다양한 뉘앙스를 함축한다. 야마노테는 고급스럽고 귀족적인 느낌이 나는 반면 시타마치는 서민적이고 자유로운 느낌이 난다. 서울 지하철 2호선처럼 도쿄 중심부를 순환하는 지하철 노선 이름이 'JR 야마노테선'인데, 그래서 지금은 야마노테라 하면 야마노테선 안쪽과 인근 고지대 지역을 가리키는 경우가 많고 고유명사에 가깝다. 이와 달리 시타마치라는 말은 훨씬 폭넓게 쓰인다. 단순히 도쿄의 동쪽 저지대가 아니라 서민들이 일상적으로 이용하는 전통적인 상점가나 생업에 종사하는 작은 공장이 자리한 곳을 가리키며, 일반명사에 가까운 용어로 정착했다. 저자는 3장에서 시타마치를, 6장에서 야마노테를 특히 자세히 다룬다.

매립을 통한 확장

마지막으로 언급하고 싶은 에도의 특징은 지속적으로 바다를 매립해 육지를 만들어 왔기 때문에 끊임없이 지도가 변했고, 이는 근대 도쿄가 되어서도 계속되었다는 점이다. 지금은 도쿄 한복판인 도쿄역, 히비야 공원 등도 이에야스가 에도에 입성했을 때는 바다였다. 에도시대 초창기에 이를 매립해 에도성 동쪽의 시타마치가 형성된다.

저자가 2장에서 언급했듯이 그 후에도 계속 바다를 매립해 에도·도쿄가 확장되었고, 에도가와구, 고토구, 주오구, 미나토구, 시나가와구, 오타구 등 현재 도쿄에서 바다에 면한 지역에는 모두 매립지가 있다. 대표적인 매립지로 하늘길 관문 하네다 공항, 관광 명소 오다이바, 가사이 임해 공원 등을 꼽을 수 있다.

도쿄 시절을 돌아보며

나는 2004년부터 도쿄에서 살고 있다. 이곳 생활도 거의 20년이 되어 간다. 처음 거주한 곳은 메구로구目黒區 고마바駒場로, 넓게 보면 야마노테에 해당한다. 가파른 언덕이 많아 자전거 타고 다니며 많이 불편했는데, 이 책 후반부에서 야마노테, 무사시노, 다마 지역을 다루며 자주 언급되는 '울퉁불퉁한 지형' 그 자체였다. 벼랑 바로 위 고지대에 살았고 북쪽에 자리한 골짜기를 사이에 둔 건너편 고지대에 다니던 대학교가 있어 날마다 골짜기를 오르내리며 통학했다. 슈퍼마켓에 물건을 사러 갈 때는 위험할 정도로 가파른 남쪽 경사길을 내려가야 했다. 고지대에 주택지가 있고 저지대에 상점가가 있는, 저자가 말한 전형적인 야마노테 모습이다.

도쿄 서쪽 고마바에서 5년쯤 지낸 뒤 동쪽 고토구江東區 미나미스나南砂라는 곳으로 이사했다. 미나미스나는 고마바와 전혀 달랐다. 바다를 매립해서 만든 땅이기에 높낮이 차가 거의 없는 드넓은 평지다. 남쪽으로 조금만 가면 바다가 펼쳐지며, 동쪽으로는 드넓은 아라강荒川이 유유히 흐른다. 그곳에서 오래 살아온 이웃에 따르면, 과거 이곳에는 전철 차량을 생산하는 큰 공장이 있었고 신칸센 차량도 만들었다. 하지만 1970년대에 공장이 폐쇄되고 그 부지에 아파트 단지가 들어서서 지금은 주택지로 바뀌었다. 도쿄 동쪽 일부 공업 지역이 주택지로 변해 가는 흐름과 궤를 같이 한다.

미나미스나에서 10년쯤 지내다 지금 사는 이타바시구板橋區 오오야마大山로 터전을 옮겼다. 이곳은 역동적일 정도로 울퉁불퉁한 고마바와도, 완벽에 가까운 평지 미나미스나와도 다르다. 이름에서 알 수 있듯이 상당히 높은 지대인데, 그렇다고 해서 경사가 급하지는 않다. 도쿄 북쪽에 위치한 고지대라 남쪽으로 도쿄 시내가 한눈에 들어오는데, 끝없이 펼쳐지는 지평선을 보며 도쿄 일대가 얼마나 광활한 평야인지 새삼 느낀다. 한국에서는 어디를 둘러보아도 끝에는 산이 자리하는 곳에서만 살아서인지 넓은 지평선을 볼 때마다 이국에서 살고 있음을 실감한다.

마지막으로

이 책 덕분에 지금껏 살아온 도쿄 각 지역 자연환경의 특성을 새롭게 느낄 수 있었다. 미처 생각지 못했던 의미를 새겨보게 되고, 그것을 체계화함으로써 삶을 돌아보는 것이야말로 책이 주는 최고의 선물 중 하나일 것이다. 한 사람의 독자로서 저자 진나이 히데노부

선생께 감사드린다.

나는 그동안 아즈마 히로키, 사사키 아타루 등 철학 분야 책을 번역해 왔다. 가장 최근에 옮긴 아즈마의 『느슨하게 철학하기』북노마드, 2021의 첫 꼭지가 「비탈진 도시, 도쿄」여서 번역하며 도쿄의 지형에 관심을 갖기는 했지만, 이처럼 본격적으로 도쿄를 다룬 책을 옮기게 되리라고는 생각지 못했다. 옮긴이를 믿고 번역을 맡겨 준 효형출판 여러분께 깊은 감사의 뜻을 전한다.

번역에 문제가 있다면 옮긴이의 불찰과 역량 부족 때문이다. 내용 가운데 궁금한 점이나 문제점을 발견한 분은 기탄 없이 의견을 보내주시기 바란다트위터 @aniooo. 소중한 가르침을 받는 자세로 경청하고, 개인 블로그https://aniooo.wordpress.com를 통해 바로잡아 가겠다.

2023년 7월 도쿄에서

안천

참고사진

1. 모쿠보지(木母寺) 사원에 있는 우메와카 무덤(왼쪽)과 우메와카도(梅若堂, 오른쪽)

어린 우메와카마루가 스미다강에 끌려와 병으로 죽은 것을 안타까이 여긴 주변 사람들이 강변에 그의 무덤을 만들어주었고, 아들을 찾아 헤메던 우메와카마루의 어머니가 우연히 이곳에서 그의 영혼과 만났다고 전해진다. 원래 무덤은 현재 위치에서 동쪽으로 약간 떨어진 곳에 있었다. 우메와카도는 어머니가 묘 옆에 세운 염불당이며, 어머니와 아들의 상이 모셔져 있다.

2, 3. 수미 소나무

구라마에다리 서쪽 끝의 왼쪽 도로변에 있다. '가지가 물에 닿을 듯한' 모습의 운치는 느껴지지 않는데, 근처 스미다강변에는 이 소나무와 관련된 이야기를 담은 우키요에 그림이 조형물로 세워져 있다.

4. 고마가타도 사원

고마가타다리 서쪽 끝 오른쪽 도로변에 세워져 있다. 고기잡이하던 형제가 우연히 스미다강에서 건져올린 불상을 처음 모신 곳으로, 센소지 사원의 기원이 되는 곳이다. 예전에는 사람들이 센소지 사원에 참배하러 가기 전에 이곳에 들러 예를 갖추었다.

5, 6. 이마도다리와 산야보리 공원

이마도다리는 산야보리 수로가 스미다강으로 흘러드는 곳에 세워져, 이 다리에서 왼쪽(북서쪽)으로 요시와라까지 배가 오갔다. 1975년경, 700여 미터에 이르는 산야보리 수로를 덮고 그 자리를 공원으로 만들었다. 군데군데 다리가 세워져 있던 곳에는 다리 이름을 새긴 작은 표석들을 옛 흔적으로 남겨두었다. 오늘날 도쿄에서 숨겨진 벚꽃 명소로 알려져 있으며, 공원이 끝나는 지점에서 멀지 않은 곳에 신요시와라가 있다.

7, 7-1. 야나기다리와 고마쓰야

간다강이 스미다강으로 흘러드는 곳에 야나기다리가 있다(위 사진 오른쪽 부분). 주위에는 야카타부네 등 옛 정취를 느끼게 하는 배들이 떠 있다. 1881년 창업한 고마쓰야는 야나기다리 북쪽 끝의 왼쪽에 있는 자그마한 요릿집이다.

8. 일증관

묵직한 외관의 건물들로 이루어진 경제의 중심지 니혼바시 가부토초의 분위기를 잘 전해주는 건물이다. 리노베이션을 했지만 내부에도 옛 모습을 잘 살려 놓았다. 1층에는 모던한 분위기의 초콜렛·아이스크림가게가 들어서 있는데, 문화재 등 건축물의 바람직한 재생 사례로 손꼽힌다.

9. 도쿄주식거래소

1988년 준공. 88쪽 사진에 나타난 모습과 정면 입구 쪽이 약간 다르다. 오른쪽은 가부토다리의 남쪽 끝.

10. 에도다리 창고 빌딩(니혼다리 다이야빌딩)

90쪽 사진처럼 에도다리 남쪽 끝 가까이에서 본 모습이다. 일부는 현대식 고층 건물이 우뚝 세워져 있다. 사진 오른쪽(남쪽)으로는 '일본 우편의 발상지'로 알려진 니혼바시 우체국이 있다.

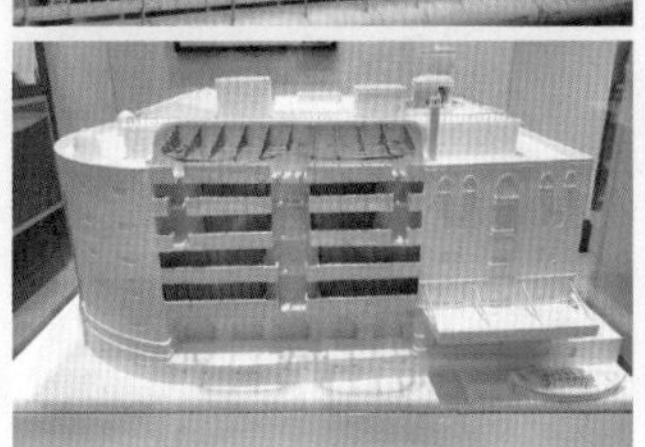

11. 에도다리 창고 모형

에도다리 창고 건물 1층 한쪽 전시관에 이 건물의 역사와 변천 과정을 알 수 있는 공간이 있다. 에도바시강에 면한 북쪽에서 본 모습으로, 화물을 싣고 내리던 광경을 떠올릴 수 있다.

12. 후카가와 자료관 거리 입구
기요스미 정원 맞은편에 있다. 조금 가면 후카가와 자료관이 있고, 더 가면 도쿄도 현대 미술관에 이른다. 고토구의 한적한 동네이던 이 일대에 오늘날엔 특징 있는 작은 카페와 식당, 상점 등이 있는데, 눈여겨보지 않으면 모르고 지나칠 수도 있다. 오랜 역사와 현대적 감각이 공존하는 곳으로 화제를 모은다.

13. 제3 포대 쪽에서 본 오다이바 해안
넓고 긴 모래사장이 ㄱ자 모양으로 펼쳐져 있다.

14, 15. 제3 포대 내부(위)와 위 부분(일부)
제3 포대는 1854년 준공 당시 해상에 있었는데 후에 바다 매립으로 육지와 연결되었다. 바깥쪽은 해수면에서 5~7미터가량 쌓은 돌축대로, 안쪽은 흙으로 다진 제방으로 둘러싸여 있다. 한 변이 160미터인 정사각형 모양이며, 가운데 움푹 들어간 평지에 진지 터와 건물 초석, 탄약고 자리 등이 있다.

16, 17. 시나가와다리와 시나가와주쿠 상점가

시나가와다리는 메구로강이 바다로 흘러드는 곳에 세워져 있다. 옛 도카이도가 지나가는 중요한 길목이었다. 이 다리 남북으로 이어지는 상점가가 옛 시나가와주쿠의 자취를 보여준다.

18. 호세이대학이 바라보이는 외호

184쪽 아래 사진에 해당하는 부분의 오늘날 모습이다. 호세이대학 이치가야 캠퍼스의 새 건물이 우뚝 솟아 있다.

19. 간다강과 젠푸쿠지강이 만나는 곳

마루노우치선 나카노후시미마치역에서 서쪽으로 약간 떨어진 곳에 있다. 위쪽 물길이 간다강. 두 강이 시작하는 지점에서 제법 떨어진 곳인데도 의외로 강폭이 좁다.

20. 간다강이 시작되는 곳
이노카시라 연못의 동남쪽 끝부분이며, '간다강의 원류(源流)'임을 알리는 표시판이 세워져 있다.

20-1. 고이시카와 고라쿠엔에서 옛 간다강 물길의 흔적을 보여주는 곳
왼쪽 아래 작은 표지판에 '간다 상수 터(神田上水跡)'라고 적혀 있다. 도쿄돔 바로 옆에 있는 고이시가와 고라쿠엔은 도쿄 시내에서 특히 아름다운 정원으로 손꼽히며, 봄 벚꽃과 초여름 창포꽃, 가을 단풍 등의 명소로 알려져 있다.

21. 무나쓰키자카(언덕)와 바쇼암(오른쪽)
'무나쓰키'는 길이 가팔라서 '오를 때 언덕이 나를 찌르듯이 다가온다'는 뜻에서 지어진 이름이다. 고마즈카다리 앞 입구에서 이 언덕을 오르는 초입에 바쇼암이 있다.

22. 히노주쿠 혼진
에도시대 역참 가운데 요충지 역할을 하던 곳이다. 내부에는 당시 생활 공간과 업무 공간 등을 잘 살려 놓았고, 뒤쪽으로는 운치 있는 정원도 있다.

23. 구로카와 청류 공원
잡목림 경사지 곳곳에서 솟아나는 용수로 이루어진 물길을 따라 만들어졌다. 전체 길이 약 600미터. 산책, 물놀이, 자연 탐사 등으로 많은 이가 찾는 곳이다.

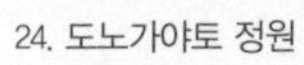

24. 도노가야토 정원
입구에 들어서면 여느 공원에서 보았음직한 익숙한 평지 정원이 펼쳐지는데, 지형과 풍광이 갑자기 이렇게 바뀌며 넓고 깊은 계곡에 들어온 느낌을 준다. 경사진 부분 곳곳에서 용수가 흘러나온다.

25. 송골매 길 한쪽 수로 일부
'반딧불이가 사는 시냇물'이라 표시되어 있다. 오른쪽으로는 고쿠분지, 왼쪽으로는 마스가타 연못과 벤자이텐으로 향한다.

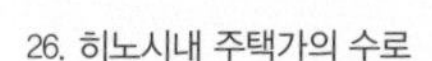

26. 히노시내 주택가의 수로
집집마다 승용차가 드나들 수 있을 정도의 공간만 덮고 나머지 부분은 노출시켜 두었다.

진나이 히데노부 陣内秀信

건축사가이자 공학박사. 건축사와 도시사를 전공했으며, 이탈리아를 중심으로 한 지중해 세계와 에도·도쿄가 주된 연구 영역이다. 호세이대학 에도·도쿄연구센터 특임교수. 주오 구립中央區立 향토 천문관 관장.

주요 저서로 『도쿄의 공간인류학』(치쿠마학예문고, 산토리 학예상 수상), 『베네치아』, 『남이탈리아에!』(고단샤 현대신서), 『이탈리아 해양도시의 정신』(고단샤 학술문고), 『주오선이 없으면 보이는 도쿄의 오래된 층위古層』(공저, NTT 출판), 『물의 도시학』 전5권(공편저, 호세이대학 출판국), 『건축사에의 도전』(공편저, 가지마출판회) 등이 있다.

옮긴이 **안천** 安天

고려대학교 정치외교학과를 졸업하고 동 대학원에서 현대 일본 문학을 전공했으며 도쿄대학교 총합문화연구과 박사과정을 수료했다. 「현대 일본의 새로운 '계급'을 둘러싼 지적 지형도」, 「'소설의 종언' 이후의 일본 소설론」, 「대전환의 예감, 보이지 않는 윤곽」 등의 글에서 아즈마 히로키東浩紀를 다뤘다.

옮긴 책으로 『일반 의지 2.0』, 『약한 연결』, 『이 치열한 무력을』, 『어려운 책을 읽는 기술』 등이 있다. 2020년에는 아즈마 히로키를 인터뷰한 책을 한국에서는 『철학의 태도』로, 일본에서는 『철학의 오배誤配』로 펴냈으며, 이후 그의 『관광객의 철학』과 『느슨하게 철학하기』를 옮겼다.

깊숙이 일본 01

물의 도시 도쿄

1판 1쇄 인쇄 2023년 8월 5일 | **1판 1쇄 발행** 2023년 8월 25일
지은이 진나이 히데노부 | **옮긴이** 안천
펴낸이 송영만 | **디자인 자문** 최웅림 | **편집위원** 송승호 | **디자인** 조희연
펴낸곳 효형출판 | **출판등록** 1994년 9월 16일 제406-2003-031호
주소 10881 경기도 파주시 회동길 125-11(파주출판도시)
전자우편 editor@hyohyung.co.kr | **홈페이지** www.hyohyung.co.kr | **전화** 031 955 7600

ISBN 978-89-5872-215-1 93910

값 22,000원